So funktioniert Österreichs Medienwelt

HARALD FIDLER

SO FUNKTIONIERT ÖSTERREICHS MEDIENWELT

MECHANISMEN, MACHTSPIELE
UND DIE ZUKUNFT DER MEDIEN

FALTER *VERLAG*

ISBN 978-3-85439-724-3

© 2023 Falter Verlagsgesellschaft m.b.H.
1011 Wien, Marc-Aurel-Straße 9
T: +43/1/536 60-0
E: bv@falter.at, service@falter.at
W: faltershop.at
Alle Rechte vorbehalten.

Autor: Harald Fidler
Lektorat: Helmut Gutbrunner
Umschlagdesign: Raphael Moser
Grafik und Layout: Raphael Moser, Marion Großschädl
Foto Cover: Wolf-Dieter Graber/theflow.cc
Druck: Finidr, s.r.o., 73701 Český Těšín

Wir haben bei diesem Buch im Sinne der Umwelt
auf die Verpackung mit Plastikfolie verzichtet.

Inhalt

Du entscheidest. Ja, Sie natürlich auch ... 8

1 ES GEHT UMS GANZE: JOURNALISMUS UND MEDIEN VOR EXISTENZIELLEN HERAUSFORDERUNGEN

Wozu eigentlich Journalismus, wozu Medien? ... 12
Das Geld ... 23
Digitale Werbegiganten ... 24
Zahlen, bitte! ... 28
Schöne Aussichten ... 34

2 WAS IST EINE STORY? WAS IST JOURNALISMUS? UND WAS IST QUALITÄTSJOURNALISMUS?

Journalismus? ... 38
Was wird zur Story?
Alexandra Föderl-Schmid: Wann ist eine Geschichte eine Geschichte? ... 41
Florian Klenk: Hast du DAS gelesen? ... 42
Anna Thalhammer: Kill your darling ... 43
Corinna Milborn: Relevanz nachvollziehbar machen ... 44
Christian Nusser: Eine Geschichte über die Geschichte ... 46
Was ist Journalismus?
Armin Wolf: Was ist Journalismus? ... 47
Gerold Riedmann: Guter Journalismus gegen falsche Nachrichten ... 48
Lisa Totzauer: Journalismus in fünf Punkten ... 51
Claus Pándi: Kickl, Porno, Delfin ... 54
Georg Renner: Dafür gibt es uns ... 56
Andreas Koller: Ein Schub in Richtung Unersetzlichkeit ... 58
Was ist Qualitätsjournalismus?
Armin Thurnher: Was ist Qualitätsjournalismus? ... 59
Oscar Bronner: Wie gründe ich ein Qualitätsmedium? ... 60
Florian Asamer: Qualitätsjournalismus ist kein Stück Zwieback ... 62

Und wie geht es weiter mit dem Journalismus?
Katharina Schell: Das Ende des Journalismus ist (schon wieder) da 64
Martin Kotynek: Wie geht es weiter mit dem Journalismus? 66
Künstliche Intelligenz 68
Wer macht Journalismus? Wie divers ist die Branche?...................... 71
#MeToo.. 73
(Ethnische) Diversity in Redaktionen 74

3 WIE ES IST: ÖSTERREICHS MEDIENLANDSCHAFT IN DATEN

Die Vermessung der Medienwelt: Nutzung, Vertrauen,
Zahlungsbereitschaft, Finanzierung 78
Das Vertrauen sinkt 79
Der Nachrichten müde 81
Woher kommen die Nachrichten? 82
Welche Social Media werden für News genutzt? 84
Wohin die Werbeerlöse gehen 85
Zahlungsbereitschaft für digitale News 86
Streaming vs. TV 87
Das klassische Fernsehen, vom ORF dominiert 90
Das klassische Radio, vom ORF beherrscht 92
Der Onlinemarkt zwischen ORF und Google 94
Printmarkt und Printmarken in Daten 96
Österreichs größte Medienhäuser 101

4 WIE ES LÄUFT – NOCH: ÖSTERREICHS MEDIENWELT, IHRE PLAYER, IHRE MECHANISMEN UND EIGENHEITEN IM ÜBERBLICK

Österreichs Medienwelt: Player, Mechanismen, Eigenheiten 104
Die großen Player in Österreichs Medienwelt 108

5 ÖSTERREICHISCHE SPEZIALITÄTEN – EIN MEDIALES KURIOSITÄTENKABINETT

Österreichische Spezialitäten 126
Medien und Medienpolitik:
Die ewigen Kämpfe und Deals – und der Big Bang 2023 127

Österreichs Medienpolitik macht der Verfassungsgerichtshof –
bei ORF-Beitrag, Politikeinfluss im ORF und Privatfunk 131
Der öffentlich-rechtliche Riese ORF – für den nun alle zahlen müssen.
Aber wofür eigentlich? 135
Das Land der Medienförderungen – formeller und ganz informeller 148
Medienförderung nach Gutsherrenart: Regierungswerbung und
Medientransparenz 155
Boulevard macht Politik, Politik macht Boulevard –
Krone, Heute, Österreich... 160
Der ewige Streit der Krone-Eigentümer 166
Aufstieg und Fall der Brüder Fellner 170
Wie man Österreichs größten Magazinkonzern praktisch gratis
übernimmt 173
Die Kartellrepublik: Aufsehenerregende Medienfusionen und
gescheiterte Zusammenschlüsse 176
Der Milliardär als Medienmacher mit Mission – und sein Wegscheider 179
Exxpress-Verbindung zwischen Türkis und Blau 182
Rechts um: Die freiheitliche Medienwelt 186
In Gottes Namen: Wenn Kirche und Co. Medien machen 188
Das Organ der Republik – das seltsame Leben und Sterben der
Wiener Zeitung 190
Wer kontrolliert die Medien? Medienrecht,
Medienaufsicht, Medienethik 192
Österreich weit hinter Osttimor, Samoa und Namibia:
Was ist eigentlich Medienfreiheit? 195
Klein, jung, anders 198

6 VON A BIS Z – WAS UND WER WO IM BUCH VORKOMMT

Index Medien 202
Index Personen 218
Mehr über Medien in Österreich 230

Du entscheidest.
Ja, Sie natürlich auch.

Was gehen mich die Medien an? Sie bringen doch nur schlechte Nachrichten, die mich unnötig aufregen, traurig machen oder mir das Gefühl der Ohnmacht geben. Ich versuche, Nachrichten links (oder rechts) liegen zu lassen, sie zu meiden. Die Medien mit ihren Bad News nerven mich.

Der Nachrichten müde ist mehr als ein Drittel der Menschen in Österreich, oder sagt das jedenfalls in Umfragen. Nachrichtenmüdigkeit oder News Avoidance, Nachrichtenvermeidung, nennt man das Phänomen. Es ist eine der großen Herausforderungen für den Journalismus und die Medienbranche. Eine von vielen existenziellen Herausforderungen für eine Aufgabe, die als eine tragende Säule des demokratischen Gefüges gilt. Und die doch zugleich ein Wirtschaftszweig ist.

Aggression und Spaltung. Nachrichtenmüdigkeit gesellte sich zur schon länger bekannten Politikverdrossenheit. Von Ohnmachtsgefühl und Frust war es nicht weit zur offenen Ablehnung und Aggression gegen Regierende – und gegen etablierte Medien. Befeuert durch Krisen von Coronavirus bis Ukraine-Krieg mit Energiepreis- und Inflationsturbo. Angeheizt vom emotionalisierenden Boulevard, von aufregungs- und wutgetriebenen Algorithmen sozialer Medien, von Trollen und Bots mit politischer oder wirtschaftlicher Agenda, von populistischen Scharfmachern in Politik und Gesellschaft. Sie alle machen mit einer tief gespaltenen, polarisierten Gesellschaft die besten Geschäfte.

Was kann man da tun? Man kann Populismus nicht verbieten – jedenfalls solange er innerhalb rechtsstaatlicher Grenzen bleibt. Meinungsfreiheit herrscht nur so lange, wie auch andere ihre andere Meinung frei äußern können. Man tut sich sichtlich schwer, polarisierende Algorithmen nur sozial genannter Plattformen ausreichend zu regulieren – aber immerhin wird das inzwischen etwa in der EU und den USA ernsthaft versucht. Man kann Massenblätter und Boulevardportale vielleicht regelmäßig an Medienethik erinnern, aber ihnen nicht verbieten, Politik und Gesellschaft zu emotionalisieren, zu polarisieren, zuzuspitzen zu Freund und Feind, zu: Wir hier – und dort die anderen.

Aber man muss da nicht mitmachen, muss all das nicht unterstützen und noch befeuern. Man – also Du, Sie und ich und wir – muss nicht Wut- und Hassbotschaften in einer Zehntelsekunde teilen. Wir können einen Moment nachdenken oder zwei, ob das in der Form stimmen kann, wie es sich in diesem Posting präsentiert. Wir können andere Quellen dazu suchen, am besten in anderen Wissenswelten und nicht immer in der einen, eigenen. Wir können hinterfragen, ob diese Behauptung wirklich in jener Studie steht, die da zitiert wird, und wer diese Studie gemacht hat. Ob das bekannte, anerkannte Medium, das da als Quelle aufgeführt wird, das wirklich so beschrieben hat. Klar, auch professionelle, als etabliert geltende Medien machen Fehler. Sie stellen sie nur hoffentlich ehestmöglich richtig.

Du entscheidest, und Sie natürlich auch. Wir alle entscheiden darüber, welchen Journalismus, welche Medien wir haben. Wir entscheiden, wer sich professionellen Journalismus leisten kann (warum ich über meinen Jobs als *Standard*-Redakteur hinaus glaube, dass es professionellen Journalismus braucht, versucht dieses Buch zu erklären). Wir entscheiden, welchen Medien wir Aufmerksamkeit widmen. Und mit unserer Aufmerksamkeit ermöglichen wir ihnen Werbeeinnahmen – das gilt für Medien wie Plattformen. Wir entscheiden, welche Inhalte wir glauben, hervorheben und weiterverbreiten, retweeten, teilen, liken. Wir entscheiden, welche Medien, welchen Journalismus wir selbst finanzieren – mit Abos, Heften und Artikeln, die wir bezahlen, mit Spenden/Contributions, mit einem „Beitrag" für den öffentlich-rechtlichen Rundfunk. Wobei, den „Beitrag" müssen ab 2024 ja alle zahlen, bis auf sehr einkommensschwache Haushalte. Aber auch dafür haben wir uns entschieden – wir haben eine Regierungsmehrheit gewählt, und die hat sich – ich finde: sinnvollerweise – für eine solche Haushaltsabgabe entschieden. Wir entscheiden darüber, wer welche Politik macht in diesem Land, und natürlich auch: welche Medienpolitik. Warum also Ohnmachtsgefühle?

Ich finde: Wenn wir schon all das entscheiden, schadet es nicht, wenn wir uns mit der Medienbranche und dem Journalismus beschäftigen. Wie sie funktionieren und vor welchen existenziellen Herausforderungen sie stehen. Das versuche ich in diesem Buch. Ich hoffe, das hilft gegen die Müdigkeit, gegen Verdrossenheit und Wut.

Harald Fidler, @DIEMEDIENat, Österreich, 2023

KAPITEL 1
ES GEHT UMS GANZE: JOURNALISMUS UND MEDIEN VOR EXISTENZIELLEN HERAUSFORDERUNGEN

Hier geht es um Wut und Empörung, um Fakten und Wahrheit, um Politik und Machthunger, um Ethik und um sehr viel Geld – hunderte Milliarden von Euro. Also um ganz grundlegende Herausforderungen für Journalismus und Medien.

Wozu eigentlich Journalismus, wozu Medien?

Jeder und jede kann publizieren, und das potenziell weltweit. Jede und jeder ist also quasi ein eigenes Medium. Bilder, Videos und Audios auf YouTube und TikTok und Insta und Facebook und X (früher Twitter) und vielleicht auch noch ganz oldschool auf irgendeiner Seite im Web, oder auch in Foren von Medienseiten. Ein globales Fest der Meinungsfreiheit, meist in den Clubs der digitalen Plattformen.

Empörung und andere Emotionen. Um in diesen Clubs gesehen und gehört zu werden, sollte man aufregen, Emotionen ansprechen. Am besten funktionieren Wut und Empörung. Wer aufregt, wird geteilt, wird ebenso emotional kommentiert, vielleicht gelikt. Emotionen erregen Aufmerksamkeit, regen zur Reaktion an, binden Zeit auf der jeweiligen Plattform. Und darum geht es, damit verdienen die Plattformen Werbegeld. Sachliche Information und Faktenlage, nüchtern bewertet, haben nicht dieses Erregungspotenzial. Aber sie spielt auf demselben Spielfeld – auf Augenhöhe mit Posts voll Empörung und Erregung oder auch mit süßen Katzenbildern – um die Aufmerksamkeit der Userinnen und User.

Die große Freiheit geht über Meinungsfreiheit weit hinaus. Die Freiheit des Publizierens ist auch die Freiheit, Fakten zu ignorieren, von Überprüfbarkeit oder auch Realitätsnähe abzusehen. Jeder und jede kann publizieren, was er oder sie mag. Und das ist grundsätzlich auch gut so. Kann ja auch jeder und jede glauben, was er oder sie mag. Solange sie nicht andere damit manipulieren, gefährden, beeinträchtigen, einschränken oder in ihrer Rede- und Meinungsfreiheit behindern.

Aber: Sinnvolle Entscheidungen, ob persönliche, gesellschaftliche, politische oder wirtschaftliche, können nur auf der Basis von Fakten getroffen werden. Auf einer möglichst gemeinsamen Basis, einem gemeinsamen Verständnis von Realität, so fundiert und überprüft wie möglich. So wahr wie möglich. Doch von einem gemeinsamen Verständnis sind wir weit entfernt.

Für einen wesentlichen Teil der Menschen, Umfragen und professionelle Beobachtung kommen auf etwa ein Drittel, scheint eine Bestätigung ihrer Weltsicht wesentlicher zu sein als eine Überprüfung dieser Weltsicht an der Realität da draußen. Soziale Medien und Messagerdienste geben ihnen gerne die Möglichkeit, Menschen – oder Meinungsbilder mit spezieller Agenda und Trolle und vielleicht auch Bots – in aller Welt zu finden, die ihre Sicht bestätigen, in einer der vielzitierten Filterblasen der Gleichgesinnten.

Immer perfektere Bearbeitungs- und Fälschungstools, nicht zuletzt mithilfe Künstlicher Intelligenz (KI), bestätigen jede erdenkliche Weltsicht, womöglich mit Bildern und Videos, Fakes und Deep Fakes und allen Spielarten dazwischen. Sie führen auch Menschen hinters Licht, die Fakten suchen.

Ein perfektes digitales Spielfeld für Propaganda zu politischen, wirtschaftlichen, gesellschaftlichen, persönlichen Zwecken, für Diffamierung und Hetze, Destabilisierung, Spaltung von Gesellschaften.

Plattformen reagieren, spätestens auf politischen Druck, mit prominent besetzten Aufsichtsgremien (wie Meta/Facebook) und verstärkter Moderation – oder zumindest Versprechungen, etwa Werbebuchungen nach diskriminierenden Merkmalen zu beschränken.

Ihr grundlegendes Geschäftsmodell aber baut auf möglichst viel Aufmerksamkeit und Interaktion auf – und das funktioniert mit diesen Mechaniken am besten. Als bei Meta 2022 erstmals Werbeerlöse stagnieren und der erratische Tesla-Magnat Elon Musk Twitter (inzwischen: X) vielmilliardenschwer übernimmt, sind Moderation und Verhaltensregeln für User die ersten Opfer.

Wer holt uns da raus? Niemand, denn hier gibt es keinen Ausgang in eine bessere Welt. Es bleibt wieder alles an uns hängen. Ganz grundsätzlich: Man muss schon wissen wollen, wie etwas ist. Dann helfen Wissenschaftlerinnen und Experten und sachkundige Menschen aller Art, auch auf sozialen Medien. Wenn man herausgefunden hat, auf wen man da vertrauen kann und will. All das herauszufinden und verfügbar zu machen, ist auch eine Aufgabe von Journalismus, wie ich ihn verstehe.

Der Medienwissenschaftler Bernhard Pörksen entwarf in seinem 2018 erschienenen Buch „Die große Gereiztheit. Wege aus der kollektiven Erregung" die Idee einer „redaktionellen Gesellschaft". Jeder und jede müsse sich in dieser digitalen Welt fragen: Was ist relevante, glaubwürdige, publikationsreife Information? Was verdient es, veröffentlicht zu werden - und was sollte besser nicht öffentlich werden?

Das sind journalistische und medienethische Fragen, die sich viele Redaktionen ständig stellen - und sich alle jedenfalls stellen sollten. Aber warum diese Einschränkung, dieser Nachsatz?

Welcher Journalismus? Ich verstehe Journalismus als eine professionelle Aufgabe, über relevante Entwicklungen möglichst realitätsnah und verantwortungsvoll zu berichten, sie einzuordnen, zu erklären und so zu informierten Entscheidungen der Menschen beizutragen.

Wieso nur „möglichst realitätsnah"? Natürlich geht es im Journalismus in meinem Verständnis darum, Wahres zu berichten. Aber wer schon einmal zwei oder mehr Augenzeuginnen und Augenzeugen unabhängig voneinander ein und denselben Vorfall schildern hörte, kann meine vorsichtige Formulierung vermutlich nachvollziehen.

Journalistinnen und Journalisten berichten über Vorgänge, die sie oft nicht selbst gesehen haben, die ihnen Menschen, womöglich mit bestimmten Interessen, zugetragen haben. Sie müssen versuchen, der Wahrheit so nahe wie möglich zu kommen, mit möglichst vielen voneinander unabhängigen Quellen, und sie müssen bedenken, mit welchen Motiven ihnen diese

Quellen das zutragen. Aber es kann auch sein, dass nur eine Quelle zugänglich ist – deren Glaubwürdigkeit es dann einzuschätzen gilt.

Carl Bernstein, der mit Bob Woodward 1973 für die *Washington Post* die Watergate-Affäre, den kriminellen Machtmissbrauch durch US-Präsident Richard Nixon, aufdeckte, spricht von der Suche nach „the best obtainable Version of the Truth". Der bestmöglichen Version der Wahrheit.

Wieso nicht objektiv? Kein Begriff fällt häufiger, wenn es um die Aufgaben und Ziele von Journalismus geht: objektiv. Und vermutlich wird auch keine andere Zuschreibung für Journalismus so vielfältig interpretiert. Politiker und Politikerinnen zum Beispiel vermissen gerne „Objektivität", wenn Journalistinnen und Journalisten ihre Aussagen, Positionen und Erklärungen hinterfragen, infrage stellen oder mit anderen Positionen zum Thema konfrontieren. Die Geschichte der Objektivität ist eine Geschichte voller Missverständnisse.

Objektiv zu berichten ist ein Ziel, dem man sich nur bestmöglich annähern kann, so ähnlich wie der Wahrheit. Auch wenn ein Verfassungsgesetz in Österreich dem Rundfunk, ganz besonders dem öffentlich-rechtlichen, „Objektivität" vorschreibt. Dieses Bundesverfassungsgesetz Rundfunk, das sich beim Beschluss 1974 mangels Konkurrenz alleine auf den ORF bezog, sieht aber noch andere zentrale Aufgaben und Ziele von Journalismus vor: unparteilich soll die Berichterstattung demnach sein, die Meinungsvielfalt berücksichtigen; Unabhängigkeit ist zu wahren, und das Programm soll ausgewogen sein. Das definiert Journalismus insgesamt schon ganz gut, finde ich. *Mehr über den Sinn und die Aufgabe von Journalismus ab Seite 38.*

Wo bleibt die Unterhaltung? Journalismus ist Information, Einordnung und Kommentierung, aber auch Wissensvermittlung und – Unterhaltung. *Educate, entertain and inform* – mit diesen drei Feldern umreißt schon wieder ein öffentlich-rechtlicher Rundfunk seine Aufgaben, die britische BBC. Und schon wieder kann man die drei Schlagwörter grob auf Journalismus insgesamt umlegen.

Unterhaltsam und lebensnah relevant kann und muss wohl auch Qualitätsjournalismus sein. Und wenn er dann auch noch Lösungsmöglichkeiten und Perspektiven aufzeigt, können das tragfähige Strategien gegen Nachrichtenvermeidung und Newsmüdigkeit sein.

Als unterhaltenden Journalismus kann man aber auch Yellow-Press- oder Klatschmagazine missverstehen, die Woche für Woche Schlagzeilen über Prominente aller Art formulieren, die sich nicht unbedingt der Wahrheit annähern wollen und Titelstorys einfach erfinden wie etwa *Echo der Frau*, das die vor dreißig Jahren verschwundene Tochter von Al Bano und Romina Power alle paar Wochen ohne nennenswerte Faktenbasis irgendwo wieder auftauchen ließ. Wenn das Journalismus ist, dann eine andere Art von Journalismus, als ich ihn hier im Auge habe. Unter den Begriff Medien aber kann man dieses Genre allemal einordnen. Und diese Medien sind natürlich Teil der Medienbranche, um die es hier geht, einer Medienbranche mit besonderen Privilegien.

Öffentliche Aufgabe und Privilegien. Rechtliche Privilegien von Medien gründen auf der besonderen Funktion von Journalismus in demokratischen Systemen – insbesondere Kontrolle der Politik: Er stellt politische Entwicklungen und Entscheidungen dar, erklärt, hinterfragt und bewertet sie und unterstützt so den öffentlichen Diskurs darüber. Medien sehen sich meist als vierte Säule der Demokratie neben Gesetzgebung, Verwaltung und Rechtsprechung.

Diese öffentliche Aufgabe von öffentlich-rechtlichen wie privaten Medien beschert ihnen gesetzliche Vorrechte: den Schutz journalistischer Quellen und von Recherchematerial durch das Redaktionsgeheimnis etwa. Ebenso aber wirtschaftliche Vorteile wie vergünstigte Mehrwertsteuertarife, günstigere Posttarife in vielen Ländern für den Zeitungsvertrieb und arbeitsrechtliche Sonderregelungen für Vertriebsmitarbeiter etwa auch in Österreich. Und eine Vielzahl von Subventionen. Rund eine

Milliarde Euro machen formelle und informelle Medienförderungen in Österreich pro Jahr aus. Mehr über Medienförderungen auf den Seiten 145, 148 und 155.

Gesellschaftliche Aufgabe und Geschäft. Aber Medien sind neben dieser öffentlichen, journalistischen Aufgabe zugleich auch Wirtschaftsunternehmen. Man kann Medienunternehmen, sehr zugespitzt, im Grunde nach zwei Zugängen unterscheiden:
→ Medien brauchen Geld, um möglichst gute, relevante Inhalte zu produzieren und sie ans Publikum zu bringen und damit der öffentlichen Aufgabe von Medien gerecht zu werden.
→ Oder Medien brauchen Inhalte, um damit möglichst viel Geld zu machen.

Das mag sehr pointiert sein, vielleicht zu schwarz-weiß gemalt. Aber man kann in Österreichs Medienlandschaft viele Medienunternehmer und Medienmanager ausmachen, die einen publizistischen Beitrag zu Aufklärung und Demokratie leisten und finanzieren wollen und diesen womöglich vor Gewinnmaximierung setzen. Es lassen sich ebenso Unternehmer und Manager ausmachen, die Prioritäten anders setzen – und die Publizistik vor allem als Mittel zum Geschäft sehen. Dazwischen gibt es viele Nuancen, und alle reklamieren für sich publizistische Prioritäten. Und profitieren von den aus der demokratiepolitischen Aufgabe abgeleiteten Vorrechten von Medien.

Privilegien nehmen gern auch Medienunternehmen in Anspruch, die sich eher nicht kontrollierendem, aufklärendem Journalismus widmen. Promi-Klatschmagazine etwa, oder auch Onlinemedien mit besonderer Neigung zu parteiisch-einseitiger Weltsicht (wie der *Exxpress*) oder auch mit Faible für angeblich drohende Weltuntergänge (wie *Oe24*). Und manche Medienmacher versuchen etwa das Redaktionsgeheimnis für sich in Anspruch zu nehmen, wenn die Wirtschafts- und Korruptionsstaatsanwaltschaft Handykommunikation einsehen will, um ihre Inseratengeschäfte mit der Politik und den Verdacht redaktioneller Gegenleistungen dafür zu dokumentieren (wie

2021/22 Wolfgang und Helmuth Fellner von der Mediengruppe Österreich). Nicht um derlei zu schützen, wurden die Vorrechte für journalistische Medien erfunden - im Gegenteil.

Eine strikte Trennung zwischen Redaktion und Werbung, zwischen Inhalten und Geschäft gebieten Medienethik und Recht. Gegengeschäfte – wohlwollende Berichterstattung gegen Werbebuchungen – verbietet der freiwillige Ehrenkodex der österreichischen Presse. Das sieht der eine oder andere Medienmacher anders, und die Politik assistiert gerne. Nationalratspräsident Wolfgang Sobotka (ÖVP) etwa erwartet, wie er im Oe24 TV sagte, wobei ihm Herausgeber Wolfgang Fellner lachend zustimmte: für jedes Inserat ein Gegengeschäft. Sebastian Kurz, damals noch Kanzler und ÖVP-Chef, sprach 2021 in der „ZiB 2" ganz selbstverständlich davon, dass man doch Gegenleistungen für Inserate erwarten könne. Er klang zumindest so, als ob er da redaktionelle Gegenleistungen meinte.

Leicht kommt man bei solchen Gegengeschäften und dem Verdacht darauf – etwa wenn politische Amtsträger involviert sind – mit dem Strafrecht in Kontakt, wie die spektakulären Ermittlungen zu den Chats von Thomas Schmid zeigen. Da können – von allen Betroffenen als falsch zurückgewiesene - Vorwürfe und Verdachtsmomente etwa von Untreue und von Bestechung und Bestechlichkeit aufkommen wie bei Ermittlungen gegen die Mediengruppe Österreich ab 2021 und *Heute* 2022/2023. Schmid war als Generalsekretär im Finanzministerium zwischen 2015 und 2019 einer der zentralen Machtmanager von Sebastian Kurz und seiner ÖVP.

Das Vertrauen und die Chats. Thomas Schmids zigtausend WhatsApp-Nachrichten, Mails und andere Chats, sichergestellt von der Wirtschafts- und Korruptionsstaatsanwaltschaft, seine späteren „Offenbarungen" vor der Behörde und deren weitere, hartnäckige Ermittlungen haben nicht nur Sebastian Kurz die Funktionen des Bundeskanzlers und des ÖVP-Chefs gekostet und vielen seiner Getreuen ihre Jobs, sie haben auch Österreichs Medienbranche und ihr Bild in der Öffentlichkeit nachhaltig – sagen wir – geprägt. Hier sah man nun schwarz auf weiß, in Chatprotokollen, was längst begründeter, aber schwer beweisbarer Branchenverdacht war.

→ Hausdurchsuchungen 2021 bei der Mediengruppe Österreich der Familie Fellner, Herausgeber Wolfgang Fellner und sein für die Finanzen zuständiger Bruder Helmuth wurden als Beschuldigte geführt. Die WKStA ermittelte wegen des Verdachts von Gegengeschäften – Werbebuchungen gegen Berichterstattung und Veröffentlichung von Umfragen. Kurz' Getreue manipulierten mutmaßlich in dessen Sinne Umfragen des – von ihnen vermittelten – damaligen Hausinstituts der Fellner-Mediengruppe Österreich. Im Gefolge der Hausdurchsuchungen bei den Fellners und im Bundeskanzleramt trat Kurz zurück. Die Fellners weisen die Vorwürfe der WKStA als falsch zurück.

→ Zwei Chefredakteure traten 2022 zurück, weil sie mit politischen Funktionären chatteten: Rainer Nowak von der *Presse* kommunizierte mit Thomas Schmid etwa über die wechselseitige Förderung bei der weiteren Karriere (der Posten des ORF-Generals schwebte ihm da vor), Matthias Schrom verdankte einen großen Karriereschritt, nämlich den zum ORF-Chefredakteur, dem damaligen FPÖ-Chef und Vizekanzler Heinz-Christian Strache und dankte es ihm mit Tipps für Interventionen gegen andere ORF-Journalisten.

→ Hausdurchsuchungen im Verlag der Gratiszeitung *Heute* im März 2023. Hier führte die Staatsanwaltschaft insbesondere auch *Heute*-Herausgeberin Eva Dichand und ihren Mann, *Kronen Zeitung*-Herausgeber Christoph Dichand, zu der Zeit als Beschuldigte. Auch in diesem Fall schließt die WKStA aus sichergestellten Chats und der Aussage Schmids vor der Behörde auf zumindest in Aussicht gestellte oder erwartete Tauschgeschäfte – freundliche Berichterstattung für Kurz einerseits und, nach diesbezüglichen Beschwerden Eva Dichands, deutlich hochgefahrene Inseratenvolumina. Aus einer geplanten Reform des Stiftungsrechts gegen die

Interessen der Dichands wurde damals nichts (aus von den Dichands erwünschten günstigeren Regelungen allerdings ebenso wenig). Eva Dichand, ihre Chefredakteure und der Verlag haben die Vorwürfe öffentlich als falsch zurückgewiesen, Christoph Dichand intern gegenüber der *Krone*-Belegschaft.

So sind wir nicht! Mit den Chats und dem Behördeneinsatz im Hause Fellner und im Kanzleramt, nach den Rücktritten des Kanzlers und seiner Entourage, den Rücktritten der Chefredakteure von *Presse* und ORF-Fernsehen litt das Bild der gesamten Branche massiv. Leitartikel wurden mit „So sind wir nicht" betitelt und – beim *Standard* – Transparenzblogs mit Selbstreflexion unter dem Titel „So sind wir" zur Klarstellung veröffentlicht. Aber ein Generalverdacht bleibt wohl bei einigenMenschen hängen, über Medien wie über Politik. Bei den einen mit Berechtigung, zu Unrecht und Rufschädigung bei den vielen, die sich täglich um korrektes, medienethisches und rechtskonformes Handeln bemühen. Bei denen mit Inseraten nicht auch gleich das Versprechen redaktioneller Berichterstattung verkauft wird. Zwischen diesen Positionen gibt es in der Branchenrealität noch einige Graustufen.

Nicht alleine die Chat-Affäre belastet das Vertrauen in Medien (und Politik), aber sie dokumentiert ein Sittenbild und bestärkt einen ohnehin bestehenden Generalverdacht gegen „die da oben". Eine gemeinhin brachialpopulistische Sammelbewegung der Unzufriedenen, der gefühlt Erniedrigten und Beleidigten versteht dieses Misstrauen gekonnt zu schüren und darauf zu surfen. Ihre drastisch zugespitzten, emotionalisierenden Verbalattacken und ihre einfachen Lösungen machten und machen sie zum idealen Partner von Boulevardmedien, insbesondere auf sozialen Plattformen. Man pusht einander im Pingpong hoch.

40 Prozent vertrauen Medien „meistens". Jeweils zu Beginn des jeweiligen Jahres erhebt das Reuters Institute an der Universität Oxford per Onlineumfrage in Dutzenden Ländern rund um den Globus das Meinungsbild gegenüber Medien und Trends der Nutzung. Man fragt auch Jahr für Jahr ab, ob die Menschen den Newsmedien im Allgemeinen und den von ihnen selbst genutzten Medien „meistens" und „großteils" vertrauen. Stand 2023: Nur 40 Prozent im globalen Schnitt äußerten Vertrauen in die Medien allgemein. Und nur 46 Prozent im internationalen Schnitt vertrauen „meistens" dem Großteil der von ihnen genutzten Medien.

Österreich liegt mit 38 Prozent Vertrauen in Medien allgemein gleichauf etwa mit den Philippinen, Indonesien, Hongkong und Indien, vor den polarisierten USA mit nur 32 Prozent und Ungarn mit 25, der Slowakei mit 27 und Kroatien mit 34 Prozent, auch vor Frankreich mit 30 Prozent. In der Schweiz äußern 42 Prozent Vertrauen in die Medien, in Deutschland 43, in Schweden 50 Prozent und in Finnland gleich 69 Prozent. („Digital News Report" 2023)

Verfilzung, Verhaberung und Geschäfte zwischen Medien und Politik, zwischen Geschäft und Berichterstattung: Die Chats und Aussagen vor der Wirtschafts- und Korruptionsstaatsanwaltschaft zeichnen ein Bild, das dieses Misstrauen nährt. Und es ist ein realistisches Bild von Teilen der Medienbranche – das, so ist zu befürchten, auf die übrigen abfärbt.

Medienpolitik in Österreich (und nicht alleine hier) wird vielfach und geradezu traditionell als Machtpolitik, Einflusspolitik missverstanden. Medienpolitik muss aber dafür sorgen, dass kontrollierender, aufklärender, kritischer Journalismus so unabhängig wie möglich arbeiten kann, um seiner gesellschaftlichen Aufgabe gerecht zu werden. Ja, das ist potenziell Politik gegen die eigenen Interessen – die man pragmatisch umreißen kann mit: möglichst unhinterfragt die eigenen Botschaften unter die Leute zu bringen, gut dazustehen und wiedergewählt zu werden. Medienpolitik indes wäre eine Politik im Interesse des demokratischen Gesamtgefüges, einer informierten Gesellschaft.

Medienpolitik als Einflusspolitik: Sie zeigt sich in 200 Millionen Euro oder mehr Werbebuchungen öffentlicher Stellen pro

Jahr, ein international herausragender Wert. In deren Fokus auf emotionalisierende Boulevardmedien, teils weit über ihre Reichweite hinaus. Sie zeigt sich in der Vergabe einzelner Medienförderungen. Sie zeigt sich spätestens alle fünf Jahre bei der Bestellung des ORF-Generaldirektors oder der Generaldirektorin und von Direktorinnen und Direktoren, beim Gezerre um Positionen von Chefredaktionen und Ressortleitungen abwärts – und sie zeigt sich gelegentlich auch in der Enttäuschung mancher Kanzlerpartei, dass die Journalistinnen und Journalisten des ORF noch immer ein kritisches Bild von ihr zeichnen. Sie zeigt sich im jahrzehntelangen Schutz der dominierenden Stellung des ORF im Markt – in der Hoffnung auf Einfluss im größten Medium. Die Einflusspolitik zeigt sich in immer größeren PR-Stäben etwa der Bundesminister und des Kanzleramts, größer als die meisten Politikredaktionen im Land. Sie zeigt sich aber auch in einer Sonderkonjunktur parteinaher und Parteimedien, die einen Bypass vorbei an kontrollierendem, kritischem Journalismus zur direkten, ungefilterten Selbstdarstellung legen. Und die gern auch unabhängige journalistische Medien desavouieren.

Medien werden auch Blätter, Sender und Portale genannt, die in den vergangenen Jahren besonders munter gegründet wurden, besonders auch in Österreich: Partei- und parteiische oder auch politisch ideengetriebene Medien – von *Breitbart* in den USA bis zum *Exxpress* in Österreich, vielleicht kann man auch Servus TV unter Senderchef Ferdinand Wegscheider hier verorten. Die FPÖ war mit eigenen „Medien" besonders früh dran und recht erfolgreich.

Owned Media im weitesten Sinne sind das. Viele davon Medien, die sich nicht oder kaum unter meine engere Definition von Journalismus einreihen lassen. Viele davon Medien, die eher nach anderen „Wahrheiten" suchen als klassische Medien. Einige Medien, die man unter parteiische Propaganda einreihen kann.

Es sind Medien, die gezielt versuchen, traditionelle, im engeren Sinne journalistische Medien zu diskreditieren, etwa als „Mainstreammedien". Als wäre etwa eine breiter akzeptierte

– und im Anspruch dieser „Mainstream"-Medien bestmöglich faktenbasiert überprüfte – Sicht der Welt ein Makel.

Etablierte Medien zu desavouieren dient dem Eigenmarketing dieser parteiischen „Medien". Wir sagen die ganze Wahrheit, wir schreiben, was andere verschweigen.

Dieses angebliche „Verschweigen" kann übrigens auch daran liegen, dass sich etwas nicht mit Fakten erhärten oder belegen lässt, am gebotenen Persönlichkeitsschutz oder anderen medienethischen Überlegungen.

Es ist dies ein Typus Medium, der gut zu den Dynamiken der Empörung und der Selbstbestätigung auf sozialen Medien passt und von ihnen profitiert. Und auf diesem Spielfeld der Emotionen begegnen journalistische Medien im engeren Sinn diesen Wutmedien. Sie konkurrieren mit ihnen um Aufmerksamkeit – und um Geld.

Das Geld

Journalismus und Medien finanzieren sich im Prinzip aus zwei großen Erlösquellen: Beiträgen des Publikums und Werbung. Und beide stehen unter Druck.

Kostenfaktor Mensch. 2023 rollt die nächste Sparwelle durch Österreich, nur beginnend mit *Kleiner Zeitung* und *Kurier*, werden Jobs und damit Personalkosten gekürzt. Wirtschaftlich betrachtet sind Menschen im Journalismus, im Mediengeschäft der gewichtigste Kostenfaktor. Das regt die Fantasie des Medienmanagements an, über Künstliche Intelligenz im Mediengeschäft nicht nur nachzudenken. Bei auch journalistischen Routinetätigkeiten ist sie, etwa bei Nachrichtenagenturen, längst im Einsatz. Der deutsche Boulevardriese *Bild* erklärt 2023 ein Sparpaket intern damit, dass KI die Zeitungsgestaltung übernehmen soll, einschließlich journalistischer Gewichtung, für die es bisher einen Print-Chef vom Dienst gibt. KI kann Onlinemedien nach Nutzerinteresse gewichten – je nach Verantwortung der Betreiber unter menschlicher Kontrolle und mit Eingriffen nach journalistischer Gewichtung oder eben rein zugriffsgesteuert. Möglich sind aus anderen Medieninhalten generierte Medienangebote, mit oder womöglich ohne Einverständnis und Rücksicht auf Copyrights, neu formuliert und übersetzt, für bestimmte Zielgruppen konfektioniert, zusammengestellt und auf sozialen Plattformen ausgespielt. Von KI passend konfigurierte und ausformulierte Suchergebnisse von Googles KI Bard, in denen die Quellen nur noch Nebenrollen spielen, zeigen diesen Weg. Oder sind vielleicht ohnehin schon selbst die Perspektive.

Digitale Werbegiganten

Rund 225 Milliarden US-Dollar: Das war der weltweit größte Werbeumsatz eines Unternehmens 2022; er ging an den Weltmarktbeherrscher in Sachen Suche und Werbung, Alphabet mit Google und YouTube. Mit Jahr für Jahr meist gewaltigen Steigerungen.

Nur etwas mehr als die Hälfte des Weltmarktführers Alphabet erwirtschaftete der zweitplatzierte Meta-Konzern (Facebook, Instagram, WhatsApp) mit Werbung: rund 114 Milliarden Dollar, erstmals eine Milliarde weniger als im Vorjahr.

Danach folgen weit abgeschlagen Digitalkonzerne wie Bytedance (TikTok) mit rund 47 Milliarden, Amazon mit um die 40 Milliarden und der chinesische Tech-Riese Alibaba sowie Microsoft mit LinkedIn.

Unter den klassischen Medienkonzernen macht der US-Kabelriese Comcast (NBC Universal, Sky) noch das meiste Werbegeld mit rund 16 Milliarden Dollar. Google kam auf 14-mal mehr Werbeumsatz. Facebook auf gut siebenmal mehr.

Der große europäische Medienkonzern Bertelsmann mit der RTL Group setzte 2022 mit Werbung umgerechnet rund vier Milliarden Dollar um.

Zwei vor allem werbefinanzierte digitale US-Medienangebote, die sich als Zukunftsmodell der Medienbranche feierten, machten im Frühjahr 2023 ihr Scheitern offiziell: Vice Media beantragte ein Insolvenzverfahren; 2017 noch mit 5,7 Milliarden Dollar bewertet und mit Investoren wie Rupert Murdoch

Werbeumsatz in Milliarden US-Dollar   2022

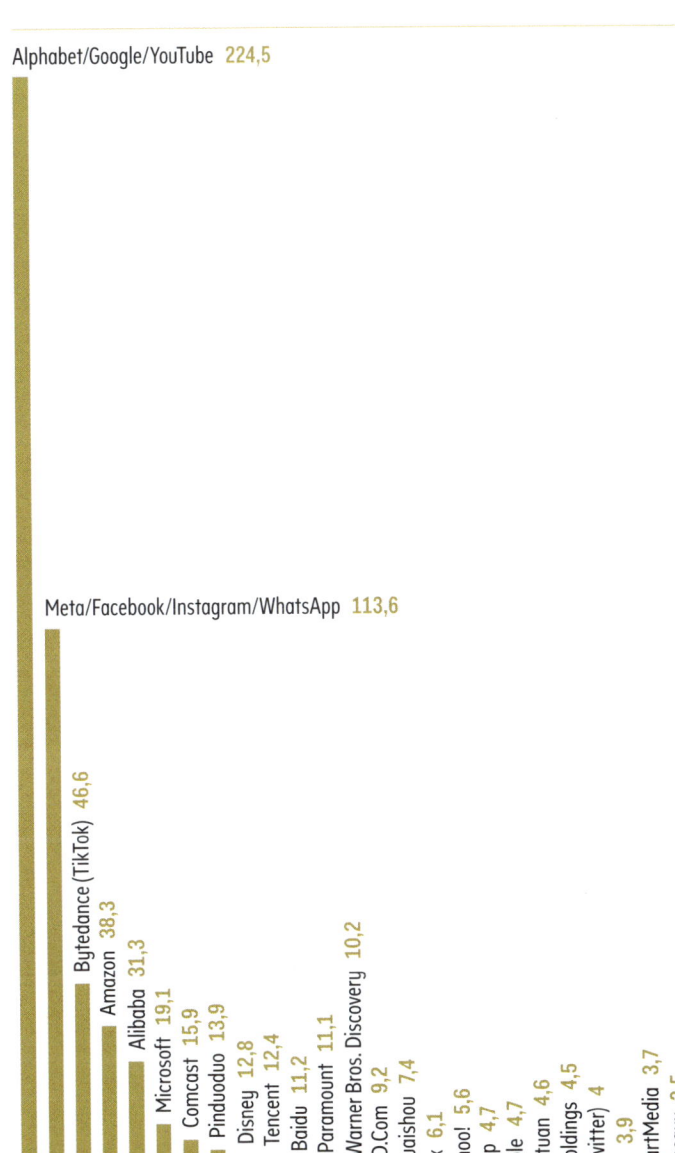

Alphabet/Google/YouTube 224,5
Meta/Facebook/Instagram/WhatsApp 113,6
Bytedance (TikTok) 46,6
Amazon 38,3
Alibaba 31,3
Microsoft 19,1
Comcast 15,9
Pinduoduo 13,9
Disney 12,8
Tencent 12,4
Baidu 11,2
Paramount 11,1
Warner Bros. Discovery 10,2
JD.Com 9,2
Kuaishou 7,4
Fox 6,1
Yahoo! 5,6
Snap 4,7
Apple 4,7
Meituan 4,6
Z Holdings 4,5
X (Twitter) 4
RTL 3,9
iHeartMedia 3,7
JCDecaux 3,5

Quelle: Geschäftsberichte/Group M

an Bord, nun verramscht für 225 Millionen Dollar. Traffic-Artist Buzzfeed stellte das Nachrichtenangebot Buzzfeed News ein. (Buzzfeed Deutschland wird in Lizenz von der Mediengruppe Ippen betrieben.)

In Österreich holen internationale Digitalkonzerne etwa gleich viel Werbegeld wie alle klassischen Medien zusammen ab. Das Nettovolumen für beide Gruppen lässt sich einfach hochrechnen, weil Österreich einerseits eine Digitalsteuer auf Werbeeinnahmen internationaler Digitalkonzerne einhebt, andererseits eine Werbeabgabe auf klassische Medienschaltungen. 2022 lagen die Einnahmen laut Finanzministerium mit 96 Millionen aus der Digitalsteuer und 98 Millionen aus der Werbeabgabe erstmals praktisch gleichauf. Macht hochgerechnet jeweils rund zwei Milliarden Euro für Google und Co. einerseits und die österreichischen Medien andererseits.

Werbebuchungen bei internationalen Digitalkonzernen aus Österreich legten um rund 20 Prozent gegenüber 2021 zu. Die klassischen Medien stagnieren. Für 2023 rechnet das Finanzministerium mit 120 Millionen aus der Digitalsteuer. Damit lassen Google und Co. alle österreichischen Medien zusammen weit hinter sich.

Google kontrolliert zudem die Abwicklung von Onlinewerbung zu großen Teilen. Anfang 2022 haben Verlagshäuser von der *New York Times* bis zum *Standard* eine Wettbewerbsbeschwerde dagegen bei der EU-Kommission eingebracht. Die Argumentation: Alphabet habe jede Stufe des Online-Werbegeschäfts mit Marktanteilen von 90 bis 100 Prozent „monopolisiert" und missbrauche seine marktbeherrschende Stellung auf Kosten der klassischen Medien, die Werbung benötigen, um Journalismus und andere Inhalte zu finanzieren. Google weist Vorwürfe wettbewerbswidrigen Verhaltens im Ad-Tech-Sektor zurück.

Medienkonzerne finanzieren mit Werbung und Usereinnahmen Inhalte. Plattformkonzerne produzieren praktisch keine solchen Inhalte – die steuern Userinnen und User, Unternehmen und Medienunternehmen bei.

Leistungsschutz. Daraus entwickelte sich die Forderung von Medienunternehmen, die Plattformen mögen ihnen ihre Inhalte abgelten – und ein jahrzehntelanges Ringen um Leistungsschutzrechte und andere Abgeltungsmodelle.

Alphabet, Meta und Co. halten den Forderungen meist entgegen, dass sie mit Medieninhalten kaum etwas verdienten, dass Medienunternehmen im Gegenteil stark von der Verbreitung über ihre Plattformen profitierten und sie für große Teile des Onlinetraffics sorgten. Stimmt durchaus: Google liefert zumindest ein gutes Drittel des Traffics, oft auch weit mehr, auf Medienseiten. Alphabet und Meta reagierten auf Leistungsschutzvorwürfe mit vielmillionenschweren Unterstützungs- und Förderprogrammen wie der Google News Initiative, die Medien(projekte) und Entwicklungen unterstützten.

Auf gesetzliche Vorgaben für die Abgeltung durch Leistungsschutzrechte reagierten Alphabet und Meta mehrfach radikal: In Frankreich etwa, in Australien und in Kanada warfen sie Medieninhalte erst einmal aus ihrem Newsangebot. Vorübergehend jedenfalls. Inzwischen gibt es Leistungsschutzvereinbarungen im weiteren Sinne etwa in Frankreich und in Australien darüber und mehrstellige Millionenzahlungen.

In Österreich schlossen rund hundert Medien im Frühjahr 2022 vor Inkrafttreten des neuen Urheber- und Leistungsschutzrechts vorläufige Vereinbarungen mit Google. Wer keine Vereinbarung hat, dessen Inhalte werden nur noch mit Schlagzeile und Link aufgeführt, die unter Vertrag mit längeren Auszügen.

Medienunternehmen erhalten in Österreich – Stand 2022 – fünf- bis sechsstellige Abgeltungen pro Jahr von Google; wer häufig auf Google Search, Google News oder Google Discover präsent ist, bekommt mehr. Das kann Medien zusätzlich motivieren, verstärkt auf ihre Präsenz auf diesen Kanälen zu achten.

Werbeeinnahmen von klassischen Medienunternehmen sind also unter Druck. Von 2001 bis 2019 haben sich in Deutschland die Netto-Werbeeinnahmen von Tageszeitungen, Wochenzeitungen und Sonntagszeitungen mehr als halbiert – von 5,6 Milliarden Anfang der 2000er-Jahre auf nur noch fast 2,1 Milliarden Euro zwei Jahrzehnte später.

Aber diese Daten zeigen doch nur die Werbeeinnahmen auf gedrucktem Papier – und inzwischen haben ja praktisch alle Printmedien auch Onlineportale und verdienen dort Geld mit Onlinewerbung. Stimmt – aber auf diesem Spielfeld warten die digitalen Riesen und räumen einen großen Teil des Volumens ab, in Österreich geschätzt 90 Prozent des Gesamtvolumens in der Digitalwerbung. Onlinewerbung ist auch wegen dieser Konkurrenz sehr günstig – was sich wiederum sehr ungünstig auf die Einnahmen von Medienunternehmen auswirkt. Ein Ausgleich der Printwerberückgänge durch Onlinewerbeeinnahmen gelingt kaum. In Österreich dürfte bei vielen verlegerischen Medienunternehmen der größere Teil der Werbeeinnahmen noch aus Print kommen.

Zahlen, bitte!

In Österreich führt der Verband der Kaufzeitungen VÖZ eine Statistik über die Gesamteinnahmen seiner Mitglieder aus Vertrieb, Anzeigen und sonstigen Erlösen. 2008 brachte Werbung den Zeitungshäusern von Mediaprint bis Russmedia im Schnitt rund 60 Prozent ihrer Einnahmen, Abos und Einzelverkauf steuerten rund 40 Prozent bei. 2015 kreuzten sich die Kurven – und 2019 machte Werbung nur noch 45 Prozent der Einnahmen aus, der Vertrieb schon 50 Prozent. User-Beiträge treten also in der Medienwirtschaft in den Vordergrund.

Vertriebseinnahmen fehlten schon bisher bei praktisch rein werbefinanziertem privatem Free-TV. Ebenso den ebenfalls werbefinanzieren Gratiszeitungen wie *Heute* und *Oe24* oder dem Gratiswochenzeitungsring Regionalmedien Austria (RMA) mit weit mehr als 100 regionalen *Bezirksblättern*, *Meine Woche* und Co. Eine Mediengattung, die Kaufzeitungen seit den 2000er-Jahren ernste Konkurrenz um Werbeeinnahmen und User-Interesse machte, gerät hier unter Druck – besonders in Kombination mit den seit 2021 gewaltig gestiegenen Papierpreisen.

Die vervielfachten Papierpreise der Jahre 2021, 2022 und noch 2023 treffen natürlich auch die Kostenstruktur der Kaufzeitungen schwer. Den Vertrieb von Zeitungen belasten zudem massiv gestiegene Treibstoffkosten und die Schwierigkeit, für den mühsamen und nicht gerade üppig bezahlten Nacht- und Frühmorgenjob Personal zu finden. Zusammen mit den inflationsgetrieben massiv gestiegenen Personalkosten ergibt das eine existenzielle Herausforderung für private Medienunternehmen mit verlegerischem Geschäftsmodell.

Aber wozu überhaupt noch mit großem CO_2-Fußabdruck Papier bedrucken und mit oft motorisierten Fahrzeugen aller Art nachts und frühmorgens durch das ganze bergige und relativ langgestreckte Land transportieren? Wenn es das Netz gibt, wenn das E-Paper längst erfunden und bei allen größeren Zeitungshäusern zu haben ist? Wenn jüngere Generationen ohnehin nicht ganz so drängend nach Papier verlangen und ihre Smartphones praktisch nie aus der Hand geben?

Medienunternehmen hängen nicht am Papier, aber viele hängen noch sehr an seinen Einnahmen – die Bezahlbereitschaft für Gedrucktes ist deutlich höher als für Digitalangebote. So lange sich das mit einem aufwendigen, kostspieligen Produktionsprozess rechnet. Und so lange ihr Publikum nicht in Scharen zum E-Paper oder zum Digitalabo wechselt. Das ist bisher nicht wirklich der Fall.

14 Prozent der Menschen in Österreich ab 18 Jahren und mit Onlinezugang sagten 2023 laut „Digital News Report" (Reuters Institute/Yougov), sie hätten im Vorjahr schon für Onlinenachrichten bezahlt. Das können allerdings auch einzelne Artikelkäufe im Centbereich oder Medienzugänge in Bündel-Angeboten sein.

Etwas mehr als 14 Prozent der 1,27 Millionen Abos der elf großen Kaufzeitungen in Österreich sind E-Paper (Montag bis Samstag, Jahresschnitt 2022). Höchstwerte erreichen *Die Presse* und *Österreich* mit gut 41 Prozent E-Paper-Anteil an den Abos. Aber wir schauen uns hier die Abos ja aus dem Blickwinkel der Einnahmen an. Ein Digitalabo der *Presse* gibt es im ersten Jahr laut regulären Tarifen um 220 Euro, ohne üblichen Einstiegsrabatt um 264 Euro. Ein Printabo kostete 2022 660 Euro – da gibt's das E-Paper bei vielen Verlagen kostenlos dazu. Bei *Österreich* kostet ein E-Paper-Abo nach regulärem Tarif von 2023 ein Viertel des Printabos, es gab aber auch schon Einführungsangebote für einen Euro im Monat vor den offiziellen 9,99 Euro fürs Digitalabo anno 2023.

Fazit: E-Paper und Digitalabos kosten weniger, sie bringen aber – vorerst jedenfalls – deutlich weniger Geld als gedruckte Zeitungen. Und die veröffentlichten Daten können durchaus täuschen. Selbst eine früh und besonders auf digitale Vertriebseinnahmen fokussierte Zeitung hat Stand 2023 zwar gut 30.000 digitale Abobeziehungen, aber nur rund die Hälfte bringt nach internen Angaben tatsächliche relevante Umsätze. Und diese Zahlen sind, positiv formuliert, seit Jahren stabil. Weniger positiv formuliert: Sie wollen und wollen nicht wachsen – während Printabos üblicherweise Jahr für Jahr zurückgehen.

Und warum kann man am Wochenende in Österreich an jeder Ecke kostspielig gedruckte Zeitungen aus Taschen entnehmen und sich de facto selbst überlegen, ob und wie viel man dafür zahlt? Die *Krone* schafft damit ihre gewaltige Sonntagsauflage, mit der sie einst Marktbeherrscher wurde und mit der sie noch immer gutes Werbegeld einspielt. Mit inzwischen wieder verstärkten Appellen an die Zahlungsmoral der Zugreifenden.

Die strategische Zukunftsfrage lautet: Wie lange rechnet es sich für welchen Titel noch, ihn zu drucken. Und wie finanzieren wir danach unsere Inhalte, vor allem: unseren Journalismus?

Die Bereitschaft, für digitale Inhalte zu bezahlen, ist in Skandinavien hoch, wo Medienhäuser früh und sehr konsequent, sehr geschickt und sehr datengetrieben an solchen Modellen gearbeitet haben – auch aus geografischer Notwendigkeit eines sehr kostspieligen Printvertriebs.

Die Einnahmen mit digitalen Paidmodellen sind beeindruckend hoch, wenn sie neben einem gewaltigen (Heim-)Markt wie den USA ein internationales, ja globales Publikum ansprechen – wie bei *New York Times, Wall Street Journal, Financial Times* oder *Guardian* und *Economist*. Kluge Modelle funktionieren, wie es aussieht, auch im deutschsprachigen Markt – wie etwa bei der *Zeit* – mit Deutschland, Österreich und der Schweiz.

Um die Medienbudgets der Menschen konkurrieren Newsmarken aber nicht alleine in ihrem Metier, sondern auch mit Bezahlangeboten aus anderen Genres – Streamingplattformen etwa von Netflix, Amazon Prime Video, Disney+ und Dazn bis zu Audioangeboten wie Spotify oder Apple Music. Wer nur ein Bezahlangebot wählen kann, greift eher zu Videostreaming auf Newsportalen, bei drei wählbaren Bezahlangeboten kommt ein News-Angebot vielleicht gerade noch in die Top drei, erfragte der „Digital News Report". Und da ist ja auch noch der ORF-Beitrag ab 2024 von allen, auch den Streamingnutzern, im Haushaltsbudget für Medien.

Der ORF kann auf seinem weiteren Weg ins Streamingzeitalter auf Zahlungspflicht aller Haushalte bauen, mit Ausnahme besonders einkommensschwacher. Dort warten längst Netflix und Co. mit ihren Abomodellen, neuerdings auch werbefinanzierten Varianten, und bieten fürs Geld Filme und Serien mit insgesamt vielmilliardenschweren Produktionsbudgets.

Wer bisher sein gutes Geschäft mit Werbung in privaten linearen Fernseh- oder Radiokanälen einspielte, macht sich längst mehr als nur Gedanken über die Zukunft. Kurzfristigen Trost spendet noch die Reichweitenstudie Radiotest, wenn sie die Nutzung von Streamingangeboten wie Spotify ausblendet, ebenso der Teletest fürs Fernsehen. Die jährliche Bewegtbildstudie im Auftrag der Fernsehsender zeigt: Beim Publikum unter 30 hat Streaming lineares TV klar überholt. YouTube und Netflix haben in der Werbezielgruppe der Menschen unter 50 schon höhere Marktanteile als jeder Privatsender in Österreich, schließe ich aus zwei Studien, die nicht unmittelbar vergleichbar sind. Kein leichter Weg für die TV- und Radiobranche.

Öffentliche Aufgabe hinter Bezahlschranken. Paid-Content-Modelle als Hoffnung einer wirtschaftlich gebeutelten Branche werfen zugleich aber eine demokratiepolitische Frage zu ihrer Rolle im gesellschaftlichen Interesse als privilegierte und geförderte vierte Säule der Demokratie auf. Führen solche Schranken nicht dazu, dass nur noch jene Zugang zu journalistischer Qualität haben, die dafür zahlen?

Der von einer nicht gewinnorientierten und gut dotierten Stiftung getragene *Guardian* hat sich deshalb für ein grundsätzlich frei zugängliches Onlineangebot entschieden und setzt auf ein freiwilliges Spendenmodell, sogenannte Contributions. Mit einem starken Heimmarkt und einer starken globalen Präsenz von den USA bis nach Australien kommen da wirtschaftlich wesentliche Beiträge zusammen. Extras gibt es allerdings auch beim *Guardian* nur über eine Art Bezahlabo.

Der *Standard* setzt seit der ersten Corona-Welle mit Lockdowns ebenfalls auf Contributions. Und er hat mit dem „Pur"-Abo – Bezahlen für werbe- und trackingfreie Nutzung der Seite – eine andere Variante des Paid-Modells im deutschsprachigen Raum erfunden, so bestätigen es jedenfalls *Zeit*, *Spiegel* und Co., die seither ähnliche „Pur"-Abos im Angebot haben.

Private Verleger sehen ihre Geschäftschancen mit digitalen Abo- und Paid-Modellen durch die Dominanz des öffentlich-rechtlichen ORF im Onlinemarkt behindert. Die bereits mit Gebühren finanzierte „blaue Seite" ORF.at sei ja frei zugänglich – und sie ist seit Jahrzehnten schon Marktführer unter österreichischen Newsseiten.

Nun dürfte sich ORF.at eher aus Onlinewerbung finanzieren – 2022 nahm der ORF damit 19,5 Millionen Euro ein. Aber auch da ist ORF.at natürlich unmittelbare Konkurrenz für private Medienunternehmen. Der ORF ist ein dominierender österreichischer Player im Onlinewerbemarkt.

Zum Riesen im vergleichsweise kleinen österreichischen Medienmarkt machen den ORF insgesamt aber vor allem die öffentlichen Beihilfen – 710 Millionen Euro oder mehr erhält er mit dem ORF-Beitrag für alle Haushalte ab 2024, dazu zunächst 100, später 70 Millionen aus dem Bundesbudget, eine Abgeltung für den Entfall des Vorsteuerabzugs.

Dazu kommen beim ORF – Stand 2022 – rund 250 Millionen Euro an Werbe- und sonstige Einnahmen, in Summe: gut eine Milliarde Euro pro Jahr. Der bisher größte private Player – das Red Bull Media House mit Servus TV – liegt etwa bei der Hälfte des ORF-Umsatzes. Die größten Zeitungsverlagshäuser Mediaprint und Styria deutlich unter der Hälfte.

In einem kleinen, von einem großteils öffentlich finanzierten Unternehmen dominierten Medienmarkt, in Konkurrenz mit digitalen Riesen und einem Bündel anderer Herausforderungen rufen die privaten Medien ebenfalls nach öffentlichen Förderungen.

Zur seit Jahrzehnten ausgeschütteten Presseförderung von inzwischen acht Millionen Euro pro Jahr und der winzigen Publizistikförderung gesellte sich eine Privatrundfunkförderung von – Stand 2023 – 20 Millionen und fünf Millionen für nicht kommerzielle Private wie Okto und freie Radios. 2022 kam eine Digitaltransformationsförderung dazu, mit im ersten Jahr 54 und ab dem zweiten Jahr ebenfalls 20 Millionen. 2023 legt der Bund eine Journalismusqualitätsförderung von weiteren 20 Millionen Euro drauf, die vor allem nach der Anzahl journalistischer Arbeitsplätze in Print und Online ausgeschüttet wird (wird zu Redaktionsschluss noch von der EU-Kommission geprüft).

73 Millionen Euro Bundesförderung (inklusive neuer Qualitätsförderung) gehen so 2023 an private Medien. Weitere rund 200 Millionen oder mehr umfassen Werbebuchungen öffentlicher Stellen bei private Medien und ORF; Werbebuchungen, die einige dieser Stellen als informelle Medienförderungen einsetzen – gerne mit Fokus auf Boulevardmedien, teils mit Erwartungen an redaktionelle Inhalte.

Etwa zehnmal mehr als die privaten Medienförderungen erhält der öffentlich-rechtliche ORF. Er darf die 710 Millionen laut Gesetz alleine dafür einsetzen, den öffentlich-rechtlichen Auftrag des ORF-Gesetzes zu erfüllen. Der Auftrag ist weit gefasst, zu weit, kritisiert der private Mitbewerb.

Die republikseigene *Wiener Zeitung*, sie erscheint ab Mitte 2023 nur noch als Onlinemedium, erhält nun 16,5 Millionen Euro vom Bund für den Medienbetrieb, für eine von ihr organisierte Journalismusausbildung und für einen Start-up-Hub.

Bis auf diesen Teil des Mediahub bei der staatlichen *Wiener Zeitung* gibt es übrigens 2023 keine Medienförderung des Bundes für Mediengründungen und Start-ups. Das übernimmt die Stadt Wien mit rund 2,5 Millionen Euro pro Jahr.

Viele österreichische Medien brauchen die in den vergangenen Jahren deutlich aufgestockten Förderungen offenkundig.

Um Inhalte, vor allem um Journalismus zu finanzieren. Journalismus, der seiner Idee nach möglichst kritisch, möglichst unbequem, möglichst unabhängig sein sollte.

Das ist keine gesunde Situation. Selbst wenn eine Regierung zur wirtschaftlichen Absicherung bereit ist, ungeachtet spürbarer Unzufriedenheit mit der Berichterstattung. Solche Unzufriedenheit ist tendenziell ein gutes Zeichen, das hoffentlich auf kritischen, unabhängigen Journalismus schließen lässt.

Schöne Aussichten

2024 wird der Nationalrat gewählt. Und wie jede Nationalratswahl ist diese entscheidend auch für die Medienpolitik des Landes, für Österreichs Medien unter all den existenziellen Herausforderungen vermutlich entscheidender als vieles andere. Spannend für Österreichs Medien, was die über die vergangenen krisenhaften Jahre vervielfachten und vielfach wirtschaftlich gewichtigen Förderungen betrifft. Spannend für die weiterhin nach Gutsherrenart, aber von einer neuen Regierung womöglich etwas anders verteilten öffentlichen Werbegelder. Und spannend für den öffentlich-rechtlichen Rundfunk.

Mögliche Zukunftsaussichten kann man aus der Vergangenheit ableiten: Österreichs Boulevard verdankt seine Größe und seinen Einfluss machthungrigen Politikern.

→ Reichweitenkaiser Kronen Zeitung wurde einst mit den Mitteln eines SPÖ-Funktionärs und Gewerkschafters (Franz Olah) gegründet, gezielt als mediale Machtbasis. Sie verselbstständigte sich, wurde auch mit rechtem Ressentiment groß und gefürchtet – und viele Regierungen, nicht nur sozialdemokratisch geführte, machten sie reich, um sie zu besänftigen und für sich zu gewinnen.
→ *Heute* verdankte seine Gründung und seinen wirtschaftlichen Aufstieg wesentlich einer kleinen SPÖ-Clique von Machttaktikern mit Kanzleranspruch um Werner Faymann. Sein Pressesprecher Wolfgang Jansky gründete das Gra-

tisblatt, zur Freude der von Faymann innig umworbenen *Krone*-Familie Dichand.
→ Die Fellner-Familie gründete, pushte und verkaufte über Jahrzehnte reihenweise (Boulevard-)Medien, meist Seite an Seite mit der Kanzlerpartei SPÖ. Bis die unter einem neuen Chef, Christian Kern, nicht mehr wunschgemäß einzahlte – und andere mit Kanzleranspruch das Buchen übernahmen, die man fürderhin feierte.
→ Eine kleine, von Skrupeln ungebremste ÖVP-Clique von jungen Machttaktikern um Sebastian Kurz drehte 2015 den Geldhahn im Finanzministerium für den Boulevard auf Anschlag (und damit es nicht so auffiel, auch für alle anderen), sie frisierte mutmaßlich Umfragen und dealte mit Fellners und Dichands, deren Medien den neuen Zahler bejubelten. Die Wirtschafts- und Korruptionsstaatsanwaltschaft recherchiert und dokumentiert das akribisch – vor allem dank der Kommunikationsfreude eines Thomas Schmid.
→ Politik, Machthunger und Medien – wo bleibt da der ORF? Die Konstruktion eines öffentlich finanzierten, öffentlich kontrollierten und beaufsichtigten Medienkonzerns ist stete Hoffnung noch jeder Regierung auf Einfluss auf dieses Medienhaus und seine Berichterstattung – diese Hoffnung ist mit ein Grund für seine marktbeherrschende Größe. Ein großteils politisch besetzter Stiftungsrat bestimmt den Alleingeschäftsführer und die übrigen Direktoren, der Alleingeschäftsführer Chefredakteure und andere Führungskräfte. Noch jede Regierung versuchte zumindest, Vertrauensleute auf allen Ebenen zu installieren. Viele Journalistinnen und Journalisten im ORF versuchen dagegenzuhalten und unabhängig zu berichten, wie es ein Verfassungsgesetz vorgibt.

Eine Rückblende noch, ins Jahr 2019: Ein neues ORF-Gesetz der Koalition von ÖVP und FPÖ lag schon in einer Schublade des Kanzleramts, geführt von Sebastian Kurz, der persönlich eigentlich keinen Sinn in öffentlich-rechtlichem Rundfunk sah. Ein ORF-Gesetz, akkordiert mit der FPÖ. Das Ibiza-Video des damaligen FPÖ-Chefs Heinz-Christian Strache – etwa mit Fantasien, die *Kronen Zeitung* zu übernehmen und redaktionelle Schüsselstellen umzubesetzen – sprengte am 18. Mai 2019 die Koalition wenige Tage bevor ÖVP und FPÖ dieses ORF-Gesetz einbringen konnten.

Im Jänner dieses Jahres 2019 schrieb der damalige Vorsitzende des ORF-Stiftungsrats, Norbert Steger (FPÖ), dem damaligen Parteichef Strache eine Chatnachricht: „Ohne Personelles wird trotzdem kein einziger FP-Beitrag objektiver oder freundlicher werden! Dazu muss wer rausgeschmissen werden!!!" Strache antwortete: „Deshalb braucht es ein ORF-Gesetz, wo totale Personalrochaden, Neubesetzungen möglich werden!"

Die Strache-FPÖ wollte die GIS-Rundfunkgebühr abschaffen, den ORF aus dem Bundesbudget finanzieren und seine Mittel erheblich kürzen. Straches Nachfolger Herbert Kickl, dessen FPÖ 2023 in Umfragen vorne liegt, hat schon angekündigt, dass er den im Jänner 2024 in Kraft tretenden neuen ORF-Beitrag gleich wieder abschaffen, den ORF aus dem Bundesbudget finanzieren und die Mittel deutlich kürzen will.

Den ORF würde das noch abhängiger von der Politik machen. Wie in den Chats beschrieben.

Mit der Koalition von Sebastian Kurz' ÖVP und Heinz-Christian Straches FPÖ 2017 verschoben sich auch Werbebuchungen von Ministerien – in Richtung befreundeter oder zumindest freundlicher Medien, und jedenfalls weiter Richtung Boulevard. Bei Medienförderungen – vor allem jenen nach klar definierten Kriterien – sind Verschiebungen nach Gutsherrenart etwas schwieriger. Aber auch die Kriterien kann eine Regierungsmehrheit ändern oder Förderungen wieder streichen.

Apropos Chats: Die nächste Nationalratswahl wird auch darüber mit entscheiden, ob und in welchem Umfang eine weitere Aufarbeitung der Chat-Affäre um Sebastian Kurz und Thomas Schmid, um die Fellners und die Dichands möglich ist.

KAPITEL 2

**WAS IST EINE STORY?
WAS IST JOURNALISMUS?
UND WAS IST QUALITÄTS-
JOURNALISMUS?**

Journalismus?

Ist das wesentlich? Und wenn ja, für wen? Und warum? Damit fängt es an. Im Journalismus. Gleich nach der Frage, ob etwas wahr ist. Diese Fragen stellen sich vor jedem Beitrag. Oder sollten sich an dem Punkt jedenfalls stellen.

„Wesentlich" kann man auch „relevant" nennen. Man kann noch fragen, inwiefern, für wen und wofür etwas wesentlich oder relevant ist. Ob relevant für informierte demokratische Entscheidungen oder wesentlich für Wohlbefinden, für Gesundheit, für Unterhaltung. Kenntnis über Bedrohung kann relevant sein, wichtig kann es aber auch sein, konstruktive Lösungen für eine solche Bedrohung zu vermitteln.

Woher kommt eine Geschichte? Am aufregendsten klingt: von Informantinnen und Informanten, die Journalistinnen und Journalisten Hinweise geben, ihnen erzählen, was sie wissen, was sie beobachtet haben, was sie vielleicht selbst nur gehört haben. Die Aufgabe ist nun herauszufinden: Stimmt das, ist es auch wahr, wie es einem zugetragen wird? Ist die Quelle bekannt und vertrauenswürdig? Welches Interesse hat diese Quelle an der Veröffentlichung dieser Information? Kann sie namentlich zitiert werden? Gibt es dazu andere Quellen? Was sagen die Beteiligten, Betroffenen? Kann das Foto, die Information überhaupt aus der Gegend, aus der genannten Zeit, von der genannten Person stammen? Zeigt ein Bild tatsächlich, was darüber behauptet wird? Was ist der Zusammenhang, der Kontext?

Geschichten können ebenso aus Beobachtungen von Journalistinnen und Journalisten entstehen, Infos von Nachrichtenagenturen, Material von Social Media oder Diskussionen dort, Suchanfragen zu Themen. Von Pressekonferenzen und Presseaussendungen, PR-Agenturen. Immer gilt es die Information, die Quelle und ihre Absicht, den Kontext zu bewerten und so transparent wie möglich zu machen. Überprüfung, Diskussion, Bewertung, Veröffentlichung sind Schritte in einem Prozess, an dem üblicherweise mehrere Menschen mit journalistischer Erfahrung beteiligt sind.

Wie erkennt man, bemisst man, ob etwas relevant ist? Professioneller Journalismus hat dafür Kriterien entwickelt: von Nähe über Besonderheit bis Bedeutung für Publikum, Gesellschaft, Gemeinwesen. Erfahrung spielt dabei eine Rolle, Diskussion in Redaktionen und Austausch mit Expertinnen. Wesentliche Anhaltspunkte für Relevanz liefern nicht zuletzt Daten über das Interesse von Menschen, für die Inhalte gedacht sind. Diese liefern schon lange Verkaufszahlen, Entnahmen von Gratismedien und in großen Intervallen per Umfrage erhobene Reichweiten, später kamen dann minuten- und sekundengenaue TV-Quoten hinzu, inzwischen sind es längst Visits, Page Impressions, Verweilzeiten pro Artikel, Postings auf Medienseiten und Kommentare, Likes, das Teilen auf sozialen Plattformen, Anfragen auf Suchmaschinen.

Ist das wesentlich? Für wen? Und warum? Diesen Fragen muss sich professioneller Journalismus längst selbst stellen im großen Wettbewerb der vielen Stimmen auf sozialen Medien und Plattformen.

Journalismus muss sich erklären. Ist er wesentlich, wofür, was tut er eigentlich, wie arbeitet er? Ich schreibe zwar als Journalist seit ein paar Jahrzehnten über Medien und Journalismus, aber die Aufgabe, Journalismus grundlegend zu erklären, wollte ich hier nicht alleine schultern.

Ich habe eine Reihe von sachkundigen, erfahrenen Chefredakteurinnen und Herausgebern, Journalistinnen und Journalisten gebeten, für dieses Buch zu erklären: Was ist Journalismus? Was ist Qualitätsjournalismus? Und, eine ständige Frage in jeder Redaktion und Redaktionskonferenz: Was ist eine Geschichte, eine Story?

Was ist eine Geschichte?
Alexandra Föderl-Schmid, Süddeutsche Zeitung
Florian Klenk, Falter
Anna Thalhammer, Profil
Corinna Milborn, ProSiebenSat1Puls4
Christian Nusser, Heute

Was ist Journalismus?
Armin Wolf, ORF
Gerold Riedmann, Vorarlberger Nachrichten
Lisa Totzauer, ORF
Claus Pándi, Kronen Zeitung
Georg Renner, Ist das wichtig?
Andreas Koller, Salzburger Nachrichten

Was ist Qualitätsjournalismus?
Armin Thurnher, Falter
Oscar Bronner, Der Standard
Florian Asamer, Die Presse

Und wie geht es weiter mit dem Journalismus?
Katharina Schell, APA
Martin Kotynek, Der Standard

Was wird zur Story?

Alexandra Föderl-Schmid,
stellvertretende Chefredakteurin Süddeutsche Zeitung,
davor Chefredakteurin und Herausgeberin Der Standard

Wann ist eine Geschichte eine Geschichte?

Diese Frage ist nicht einfach zu beantworten – kommt darauf an, muss es ehrlicherweise lauten. Während meines Publizistikstudiums habe ich viele Definitionen gelernt, am besten hat es meine Oma auf den Punkt gebracht, als ihre Nachbarin sie fragte, was die Enkelin eigentlich so macht: „Wenn etwas passiert, dann schaut sie sich das an: Fährt hin oder fragt nach. Und wenn es was Wichtiges ist, dann schreibt sie das auf." So ist es!

Aufschreiben heißt beschreiben. Aber was ist der Auslöser dafür? Relevanz lautet hier die Antwort und auf die erwartbare Nachfrage, wie man das nun erkennt, kann man nur erwidern – kommt darauf an: auf das Medium, für das man arbeitet. Was für eine Lokalzeitung spannend ist, muss nicht zwingend berichtenswert sein für ein überregionales Medium.

Abweichen von der Norm ist jedenfalls ein wichtiges Kriterium für Relevanz: Das kann eine Aussage sein – etwa die Kritik an einem Parteifreund, Minister, Unternehmen etc. Oder eine Anomalie, die sich in Zahlen oder dem Ereignis an sich zeigt. Es gibt aber auch historische Abweichungen, aus denen sich Relevanz ergeben kann. Oder schlicht: Neuigkeiten.

Genauso schwierig ist die Antwort auf die Frage, was ist keine Geschichte: Privates und andere Boulevardthemen. Oder wenn es rechtliche Bedenken gegen eine Veröffentlichung gibt. Ansonsten gilt: Kommt darauf an. Denn wenn eine Geschichte lokal wichtig ist, muss das nicht unbedingt für ein überregionales Medium gelten – siehe oben. Und so drehen wir uns im Kreis.

Es kommt tatsächlich darauf an, wann eine Geschichte eine Geschichte ist – oder nicht. Aber genau das macht die DNA eines Mediums aus. Am besten lernen kann man, was relevant ist und was nicht, indem man mit erfahreneren Kolleginnen und Kollegen darüber diskutiert und die Entscheidungsgrundlagen studiert – warum ein Thema für berichtenswert gehalten wurde und wann nicht.

***

Florian Klenk, Chefredakteur Falter

Hast du DAS gelesen?

Wer Journalismus lernt, der erfährt von den fünf „W": Wer, wann, was, wie und wo – das sei die Grundlage für eine gute „G'schicht". Doch das reicht nicht.

Eine Geschichte muss mehr bieten, um gut zu sein. Sie muss, erstens, die Leser überraschen. Sie muss etwas – das kann auch ein bekanntes Thema sein – neu erzählen, einordnen, analysieren, Neues eröffnen – aus einer ungewöhnlichen Perspektive, mit ungewöhnlichen Protagonistinnen und Protagonisten und einem überraschenden Ausgang. Nichts ist langweiliger, als dem ohnedies schon bekehrten Leser ein bekanntes Gebet vorzutragen, wie wir das leider nur allzu oft erleben. Im Klimajournalismus, im Menschenrechtsjournalismus, aber auch im Korruptionsjournalismus reicht es nicht, die Guten von den Bösen zu trennen. Spannend sind die Figuren, die böse scheinen, aber dann doch irgendwie gut sind – oder umgekehrt. Spannend ist die Ambivalenz.

Eine gute Geschichte muss also packen, fesseln und am Ende im besten Falle aufklären, sie darf aber nicht belehrend sein. Denn die Leser wollen durch die Lektüre etwas lernen und nicht wie kleine Kinder „erzogen" werden. Sie wollen keine Indokrination, sondern Information, gerne auch verabreicht mit einem Löffel Humor.

Eine gute Geschichte muss die Leserschaft buchstäblich berühren. Ein Beispiel: Wir können eine Geschichte über Globalisierung erzählen, indem wir einen Experten interviewen.

Das ist meistens langweilig. Oder wir können die Geschichte eines Rasierapparats erzählen, der uns täglich buchstäblich berührt, im Gesicht oder an den Beinen. Wir können erzählen, woher die einzelnen Teile kommen, wie sie produziert werden, wer daran verdient und wer ausgebeutet wird. Das ist eine spannende Geschichte. Die Klimakrise aus der Sicht eines Bergbauern ist meist spannender als aus der Sicht eines Aktivisten, der immer schon alles gewusst hat.

Eine gute G'schicht wird nicht eine sein, die von den Kollegen mit den Worten „wos soi dabei auskommen?" quittiert wird, sondern eine, bei der sie ausrufen: „Das muss ich lesen!" Eine gute Geschichte provoziert den sogenannten „Küchen-Zuruf". Sie sitzt im Wohnzimmer, liest eine Story und ruft ihrem Liebsten, der in der Küche die Essensreste von den Tellern spült, zu: „Hast du *das* gelesen?!" Das ist eine gute G'schicht.

***

Anna Thalhammer, Chefredakteurin Profil, davor langjährige Investigativjournalistin Die Presse

Kill your darling

„Und was genau ist jetzt die G'schicht?" Das ist wohl der Satz, der in Redaktionskonferenzen am häufigsten fällt und Journalisten ihr ganzes Berufsleben lang täglich quält. Denn Themen gibt es viele – aber was ist jener spezifische Aspekt, der Phänomene am besten beschreibt, die Leserin, den Leser bindet und emotionalisiert? Was ist der Kern von brennenden Debatten, die oft viele Sichtweisen haben? Wie schafft man es, sich anzunähern? Was ist nur eine Überschrift und was ein guter Titel? Hat etwas genug Newswert, um gerade jetzt erzählt zu werden? „Ja, was ist denn jetzt genau die G'schicht?"

Die Antwort darauf, was eine gut funktionierende Story ist, ist unbefriedigend wie vielschichtig: Vieles ist Bauchgefühl. Manches kann in Diskussionen extrahiert werden – aber mindestens genauso oft wird alles zerredet, und man ist am Ende genauso schlau wie vorher. Einiges ist schlicht Erfahrung und Handwerkszeug. Ein Trick, den mir vor vielen Jahren ein Kollege gegeben hat, hilft fast immer: „Erzähl deiner Oma oder einem anderen alten Menschen, worüber du schreiben willst." Beim Erzählen ordnen sich deine Gedanken. Schaut die Oma gelangweilt oder versteht nicht, worum es geht – noch eine Runde Hirnschmalz einlegen, oder die Geschichte auch bleiben lassen. Am Ende des Prozesses sollte man die Story auf zwei Sätze und einen fetzigen Titel herunterbrechen können. Die optische Ebene ist genauso relevant wie der Text! Und das Wichtigste: "Kill your darling." Bleib beim Thema, lass dich nicht von den vielen schönen Recherchedetails ablenken.

***

Corinna Milborn, Infochefin bei ProSiebenSat1Puls4

Relevanz nachvollziehbar machen

Welche der Millionen Ereignisse eines Tages sind so relevant, dass sie in die Abendnachrichten, auf die Startseite oder in die Printausgabe kommen? Die Antwort ist zunächst einfach: Als Erstes das, was die Userinnen wissen müssen – eine Unwetterwarnung, ein neues Gesetz, eine Wahl, ein aufgedeckter Skandal. Als Letztes etwas, das sie unterhält: Je nach Zielgruppe können das die neuen Eskapaden von Trump sein oder der neue Hut von Meghan Markle, ein Katzenvideo oder ein Konzert. Dazwischen tut sich ein Feld von wichtigen, aber nicht überlebensnotwendigen Informationen auf, über die täglich zu entscheiden ist: Welche davon ist es wert, recherchiert, bearbeitet und als Beitrag serviert zu werden? Traditionell traf diese Entscheidung der Chefredakteur (weibliche Formen nicht notwendig) nach der Blattlinie, aber vorrangig aus dem Bauch heraus: „Is a G'schicht / is ka G'schicht" lautete das Verdikt. Das konnte je nach Chefredakteur dazu beitragen, dass Journalismus seine Aufgabe als vierte Gewalt wahrnimmt – aber auch das Gegenteil bewirken.

Wir haben uns bei Puls 24 vorgenommen, die Einschätzung der Relevanz nachvollziehbarer zu gestalten und uns die Frage zu stellen: Welche Geschichte bringt unsere Seher weiter oder zeigt auf, wo etwas schiefläuft – und wo Verbesserungen notwendig sind? Erstaunlich nützlich sind dabei die Menschenrechte und die Sustainable Development Goals der UNO, ein Weltverbesserungsprogramm mit 17 sehr konkreten Zielen. Wir haben uns davon einige herausgenommen, die wir für besonders relevant halten: etwa Klimaschutz (13), Armutsbekämpfung (1), Geschlechtergerechtigkeit (5), Demokratie und Antikorruption (16), Wirtschaft & Innovation (9), Ungleichheiten (10). Wo also Menschenrechte oder die Erfüllung dieser Ziele betroffen sind, entscheiden wir: Das ist eine Geschichte. Wir berichten darüber öfter, recherchieren intensiver, fragen besonders hartnäckig nach. Und, besonders wichtig: Wir suchen nach und berichten über mögliche Lösungen. Wir wollen nicht, dass unsere Userinnen ratlos und erschlagen zurückbleiben, sondern Handlungsmöglichkeiten zeigen. So entstand das mittlerweile tägliche Magazin „KlimaheldInnen"*, das über Menschen und Unternehmen berichtet, die Klimaschutz aktiv betreiben.

Es gibt nicht wenige auf der Seite der Macht, denen diese Linie unangenehm ist. Die finden das „nervig", „negativ", „links". Doch Menschenrechte stehen in der Verfassung, sie müssen die Basis des Handelns aller Politik sein. Und zu den Nachhaltigkeitsziele hat sich die Republik Österreich vertraglich verpflichtet, Regierende haben sich an sie zu halten. Aufzudecken, wo sie das nicht tun – und hinzuweisen, wie sie es verbessern können, ist eine der wichtigsten Aufgaben des Journalismus. Und immer „a G'schicht".

***

---

* 2023 aus Kostengründen eingestellt.

Christian Nusser, Heute

Eine Geschichte über die Geschichte

Ein Mädchen verlor in der U4 ihr Stofftier. Tränen! Viele! Die Mutter meldete sich bei *Heute,* wir baten unsere Leserschaft um Hilfe. Das verlorene Lieblingsstück wurde nicht gefunden, aber ein beinahe baugleiches. Es wurde dem Mädchen übergeben. Wieder Tränen, diesmal der Glückseligkeit. Bekannte meldeten sich bei mir, fragten, ob ich endgültig übergeschnappt sei. Da der Weltfrieden in Gefahr, dort die Alltagsbagatelle. Aus der Leserschaft aber flogen uns die Herzen zu. Kein Wunder, das nennt sich Leben.

In diesem Leben erzählen gute Journalisten Geschichten, schlechte Märchen. Immer, unerheblich wo. Auf Papier, in der App, auf TikTok. Geschichten sind der heilige Gral der Zunft, sie sind die Luft im Fußball, unsichtbar, aber ohne ist der Ball nur ein Stück Leder. Medien geben der Luft eine Haut, beide sind nichts ohne einander, außer da. Geschichten sind das, was man seiner Oma erzählt, worüber man mit dem besten Freund telefoniert. Sie informieren, bewegen, erregen, rühren und rühren auf, lassen staunen. Wenn sie kalt lassen, sind sie keine. Geschichten sind die Wunderkerzen in der Medienarena, nicht alle zünden. Auch das nennt sich Leben.

Gute Geschichten haben einen Anfang, ein Ende und ein Dazwischen, das auf Interesse stößt, in Massenzeitungen bei möglichst vielen, sonst zumindest bei größer gleich eins. Relevanz ist bedeutsam, hat aber eine flatterhafte Seele. Wer wägt ab? Wer entscheidet überhaupt, was eine Geschichte ist und ob sie gut genug ist, um aufs Spielfeld geschickt zu werden? Momentan noch Menschen, keine KI. Sie haben ein zumindest ungefähres Bild ihres Publikums, das mischen sie ab mit ihren Erfahrungen, mit Aktualität, klären, ob sich alles im ethischen Verfassungsbogen befindet und sich gut in die Landschaft einfügt, in der sich das jeweilige Medium sieht. Nicht immer geschieht das fehlerfrei. Auch das ein Lebensspiegel.

Das gute Geschichtenerzählen hat sich etwas verloren im Journalismus. Erzählt wird schon noch, mehr denn je, aber die Themenwahl gleicht oft einer Irrlichterei. Der viele Erzählstoff und sein Publikum finden nicht mehr gern zueinander. Beide sind weiter da, die Leserschaft und die Geschichten, aber auch nicht. Wie das falsche richtige Stofftier aus der U-Bahn.

Was ist Journalismus?

Armin Wolf, Vize-Chefredakteur ORF, Anchorman „ZiB 2"

Was ist Journalismus?

Pressefreiheit ist längst nicht mehr „die Freiheit von 200 reichen Leuten, ihre Meinung zu verbreiten", wie der deutsche Journalist Paul Sethe einst spottete. Pressefreiheit ist heute die Freiheit von Milliarden Menschen mit Internetzugang, ihre Meinung ins Netz zu stellen – und damit potenziell ein Millionenpublikum zu erreichen.

Jede:r kann heute ein Massenmedium gründen. Doch nicht alles, was dort veröffentlicht wird, ist Journalismus.

Journalismus ist ein Handwerk mit Regeln und Routinen.

Und eine öffentliche Dienstleistung.

Journalist:innen versorgen die Gesellschaft mit der Faktenbasis, die sie als Grundlage für einen sinnvollen Diskurs über ihre gemeinsamen Angelegenheiten benötigt. Im Zeitalter „alternativer Fakten" ist diese Basis nicht mehr selbstverständlich. Die „Deregulierung des Wahrheitsmarkts" (Michael Seemann) durch die allumfassende Digitalisierung hat den öffentlichen Raum mit einer unüberschaubaren Masse an Propaganda, Fake News, Verschwörungsfantasien und belanglosem Entertainment geflutet.

Die ergebnisoffene Recherche, Übepüfung, Auswahl, Gewichtung, Aufbereitung und Veröffentlichung gesellschaftlich relevanter Fakten – Journalismus als „bestmögliche Version der Wahrheit" (Carl Bernstein) – wird in dieser Situation immer elementarer.

„Journalismus ist Unterscheidung", hat der legendäre ORF-Chef Gerd Bacher gesagt: „Zwischen wichtig und unwichtig, zwischen wahr und unwahr, zwischen Sinn und Unsinn".

Dieser Satz ist drei Jahrzehnte alt. Nie war er aktueller.

***

Gerold Riedmann, Chefredakteur Vorarlberger Nachrichten und Geschäftsführer von Russmedia.

Guter Journalismus gegen falsche Nachrichten

Angekommen im Immer-und-überall-Zeitalter. Ständig Bilder, Videos, Textchen. Der Geräuschpegel ist am Anschlag. Und doch werden künftige künstliche Intelligenzen uns noch stärkere Filter aufzwingen. Was wollen wir an uns heranlassen? Wie die Quellen sorgfältig auswählen? Und bei dieser Gelegenheit: Was eigentlich ist Journalismus?

Die Grundsatzfrage, auf die es keine einfache Antwort gibt, ist in diesen unübersichtlichen Zeiten nicht einfacher geworden zu beantworten. Eine Näherung.

Mein erster Presseausweis wurde auf der Rückseite noch unterschrieben vom Innenminister. Das war seit den 1960-Jahren so gewesen. Das Ziel sollte sein, einen gewissen Auskunftsanspruch von Behörden zu erwirken und dem Dokument ein offizielleres Antlitz zu verleihen. Der Umkehrschluss, dass somit der Innenminister definierte, wer eine richtige Journalistin, ein richtiger Journalist sei, befremdete mich schon lange bevor FPÖ-Politiker Herbert Kickl in Österreich Kurzzeit-Innenminister war. Überhaupt gibt es das heute nicht mehr in dieser Form. Auf dem österreichischen Presseausweis ist noch ein Vermerk des Innenministeriums, auf dem deutschen die Unterschrift des Vorsitzenden der Innenministerkonferenz aufgedruckt. Aber das Regierungspersonal entscheidet natürlich nicht, wer journalistisch tätig sein darf.

Irgendwann um 2015 bei einem Workshop eines globalen Tech-Konzerns. Wie so oft ging es um den Umgang mit Journalismus, das Erkennen von seriösen Quellen und, schon damals, um die Bekämpfung von Fake News. Wer denn sagen könne, fragte ein der Diskussion aufmerksam zuhörender Programmierer, was nun „richtiger" Journalismus sei und was nicht. Die Antwort lag so manchem Medien-Menschen wohl auf der Zunge: Also wir könnten das freilich, das erkennt man ja. Das hätte der Techniker nicht gelten lassen. Er war auf der Suche nach einer unabhängigen „third party", einer Zertifizierungsstelle für richtigen Journalismus sozusagen.

Diskussion mit einem Journalismus-Professor, der sich zum damaligen Zeitpunkt sicher war, dass das eben von Dietrich Mateschitz ins Leben gerufene Rechercheprojekt *Addendum* kein richtig unabhängiger Journalismus sei. Weshalb? Na, glasklar, das Unternehmen sei vom Investment eines mindestens millionenschweren Eigentümers abhängig. Ich hielt dagegen, dass dann privatwirtschaftlich finanzierter Journalismus unmöglich und überhaupt den allermeisten Medien von der *Washington Post* über die *Zeit* bis zu den *Vorarlberger Nachrichten* im außerjournalistischen Bereich tätig wären. Das Eigentümer-Argument kann kein Kriterium sein.

Unabhängigkeit ist ein Wort, dass sich schnell vereinnahmen lässt. Unabhängigkeit muss aber im Alltag bewiesen werden. Von privatwirtschaftlichen Medien genauso wie vom öffentlich-rechtlichen Rundfunk. Die Drohung von Werbeboykott da, politische Einflussnahmeversuche dort. Widerstehen muss man beidem. Sich Grundsätze verordnen und journalistischen Prinzipien verpflichten. Nicht müde werden, ausführlich zu erklären, was wir tun.

Die *New York Times* änderte vor kurzem eine redaktionelle Tradition, die Spitzmarke beziehungsweise *dateline*. Gespräche mit Leserinnen und Lesern hatten gezeigt, dass, wenn bislang „Paris" vor einem Artikeltext stand, die Mehrheit dachte, der Text handle von der französischen Hauptstadt. Dass die

Geschichte über den Ukrainekrieg zwar von dort abgesetzt wurde, aber bis zu zwölf Reporter aus der Ukraine zur Entstehung beigetragen hatten, wäre auch schwierig zu erraten gewesen. Deshalb stehen dort nun Erklärungen, wo recherchiert wurde, wer dazu beigetragen hat.

Die Verwirrung mit aus der Zeit gefallenen Traditionen gibt es auch bei uns: das Autorenkürzel, das immer noch in Printausgaben zu finden ist. Weshalb Journalisten sich hinter diesen Codes versteckten, ob sie nicht zum Geschriebenen stünden, fragte ein Schüler beim Redaktionsbesuch bei den *Vorarlberger Nachrichten*. Wir wären nie auf die Idee gekommen, dass das so verstanden werden könnte.

Wir müssen viel mehr erklären, was wir tun, wie wir arbeiten. Das schafft Vertrauen.

Jedes gedruckte Wort, jede Recherche bestimmt in Summe die Flughöhe des Vertrauens – und damit auch die Erwartungshaltung bei jenen Menschen, die wir früher als Publikum bezeichnet hatten. Die Erwartungshaltung auf ‚guten Journalismus' macht journalistische Marken so wertvoll.

Journalismus hat die Aufgabe, nachprüfbare Fakten zu berichten, nichts weniger als die Wahrheit also. „Sagen, was ist", sagt *Spiegel*-Gründer Rudolf Augstein dazu, und eine bessere und kompaktere Beschreibung scheint unmöglich.

Ganz im Gegensatz zu den sogenannten „sozialen" Medien, die algo-gestützt die Disziplin des digitalen Schulterklopfens perfektioniert haben: Nicht sagen, was ist. Sondern sagen, was die höchste Wahrscheinlichkeit hat, als Nächstes geklickt zu werden, möglichst viel Beifall zu bekommen. Egal, ob falsch, simuliert – oder echt. Aufregender *content* von *creators*!

Je mehr Journalismus imitiert wird, von Parteien, von Interessengruppen, von *corporate newsrooms,* um so mehr braucht es das, was sich so schwer definieren lässt: gute, unabhängige Berichte, dazu klar gekennzeichnete Meinung zur Einordnung. Recherchiert von Journalistinnen und Journalisten, die nicht anonym posten, sondern mit ihrem Namen zu jedem Wort stehen, gemeinsam mit der Herausgeberschaft mit aller presserechtlicher Verantwortung.

Lisa Totzauer, Magazinchefin des ORF.

Journalismus in fünf Punkten

1. Journalismus hat die Aufgabe, eine Gesellschaft zusammenzuhalten.

Gesellschaften sind immer bis zu einem gewissen Grad „erdachte" Gemeinschaften, und Journalismus ist Teil des Zaubers, diese Imagination zur Realität werden zu lassen. Journalisten beschreiben und schreiben über Sachverhalte in begrenzten Räumen, und die Passanten dieser Räume werden dadurch zu Beteiligten an einer gemeinsamen Sache. Journalismus hilft also, Gesellschaft erst zu formen, und verleiht ihren Mitgliedern dann die kritischen Fähigkeiten, die Gesellschaft, in der sie leben, voranzutreiben und sie als Ganzes zu schützen. Journalismus ist also insofern konstruktiv, als er – ohne dass es so intendiert ist – an Gesellschaften mitbaut und sie durch seinen kommunikativen Kitt zusammenhalten hilft.

2. Es ist staatliche Aufgabe, dafür zu sorgen, dass Journalismus seine Kernaufgaben erfüllen kann.

Der Rechtsphilosoph Ernst-Wolfgang Böckenförde meinte in seinem bekannten Diktum: „Der freiheitliche, säkularisierte Staat lebt von Voraussetzungen, die er selbst nicht garantieren kann. Das ist das große Wagnis, das er, um der Freiheit willen, eingegangen ist."** Später zur „vierten Gewalt" stilisiert, ist Journalismus ein solches Wagnis, er ist ein demokratischer Grundpfeiler avant la lettre. Ohne freien Journalismus gibt es keine freie Gesellschaft. Journalismus gibt unserer Gesellschaft das Werkzeug in die Hand, sich selbst besser zu verstehen, zu schützen und zu beschützen. Dieses Werkzeug ist das Wissen über Vorgänge. Je ehrlicher, präziser und konsequenter Journalismus dieses Wissen weitergibt, desto stärker jeder Einzelne:

** Ernst-Wolfgang Böckenförde: „Die Entstehung des Staates als Vorgang der Säkularisation". In: Recht, Staat, Freiheit. 2006, S. 112 f.

das ist die Grundvoraussetzung für eine gesunde Demokratie, das ist die Voraussetzung, die der Staat nicht selbst garantieren kann – also gelebte Gewaltentrennung. Oftmals wohl ein hehrer Wunsch, wenngleich Journalismus, genauso wie Politik, der Gesellschaft zu dienen hat und kein Selbstzweck ist.

3. Bedrohungen für Journalismus: PR, KI, Social Media, Fake News

Das Konstante auch am Journalismus ist der Wandel, er muss sich regelmäßig und oft unter Druck immer neu erfinden und bleibt doch konstant in seiner Aufgabe. Ob es sich nun einst „Werbung", „Schmierenblatt" nannte oder „Boulevard" und heute „PR", „Fake News" oder „KI" nennen mag, diesen gemeinen „Journaloiden" ist immer und überall raffinierte Human Intelligence in Form von gutem Journalismus entgegenzusetzen. Die Gefahr, sich Social Media und Fake News anzubiedern, um sie zu übertrumpfen, ist real und abzulehnen. Die Reibung mit Veränderung erzeugt Wärme, aber wir leben auch in einem „sozio-medialen Klimawandel": Statt des „digitalen Lagerfeuers" herkömmlicher Medien, die zur großen Erzählung einer Gesellschaft zusammenführen, haben wir oft nur mehr lauter Zündfunken mit Gefahr eines gesellschaftlichen Flächenbrandes, angefacht durch „Shitstorms" in einer ausgedorrten Mediensteppe. Die *old media* werden daher verstärkt zur unfreiwilligen journalistischen Feuerwehr, ohne dass wir jedoch die wärmende Funktion des Feuers unterschätzen dürfen.

4. Journalismus als Gegengewicht zu Angeboten, die sich als Journalismus ausgeben

Journalistische Kriterien wie Unabhängigkeit, Objektivität, Äquidistanz sind nach wie vor die Grundlagen gegen menschlich oder künstlich generierte „Journaloide". Daraus folgt – um nicht selbst zu einem solchen „Journaloid" zu werden – sich selbst nicht gemein zu machen: „Distanz halten, sich nicht gemein machen mit einer Sache, auch nicht mit einer guten, nicht in öffentliche Betroffenheit versinken, im Umgang mit Katastrophen cool bleiben, ohne kalt zu sein. Nur so schaffst du es, dass die Zuschauer dir vertrauen, dich zu einem Familienmitglied machen, dich jeden Abend einschalten und dir zuhören."*** Darin unterscheiden wir uns von *fake journalism* und falschen Öffentlichkeitsräumen, wir erklären und klären auf, ohne unsere eigene Meinung darin zu verpacken. Um dieser Aufklärungsarbeit medial optimal nachkommen zu können, dürfen wir heute nicht mehr auf die Nutzer warten, sondern müssen ihnen ein gutes Stück des Weges in den fragmentierten Medienräumen entgegengehen.

5. Wem glaubt man?

Wir befinden uns als Journalist:innen in einem gewissen „Aufmerksamkeits-/Glaubwürdigkeitsdilemma", ohne ausreichend Aufmerksamkeit finden wir auch keine Glaubwürdigkeit. Die Aufgabe von Journalismus heute ist ein vertrauenswürdiges Gegengewicht zu den meist unlauteren Inhalten zu bilden, die eine sichtbare oder intransparente Agenda verfolgen. Durch Beharrlichkeit müssen wir trotz Schnelllebigkeit das Relevante im Tagesgeschäft im Auge behalten und dem Wichtigen in populistischen Marktschreiereien eine seh- und hörbare Stimme geben. Eine vernünftige, leise Stimme wird oft schwerer gehört und muss deshalb umso konsequenter vertreten sein. Guter Journalismus holt ab, nimmt mit, hält zusammen und guter Journalismus macht kein Geschäft mit dem Populismus, sondern eine Gesellschaft frei. Denn journalistische Aufklärung ist auch der „Ausgang des Menschen aus seiner selbstverschuldeten Unmündigkeit". Je aufgeklärter Mediennutzer:innen und größer das Vertrauen in die überbrachten Botschaften, desto größer die Chance auf eine funktionierende Gesellschaft.

*** „Cool bleiben, nicht kalt" – Der Fernsehmoderator Hanns Joachim Friedrichs über sein Journalistenleben. Interview. In: Der Spiegel. Nr. 13/1995, 27. März 1995, ISSN 0038-7452, S. 112–119; hier: S. 113–115.

Claus Pándi, Chefredakteur Salzburg-Krone

Kickl, Porno, Delfin

Der Titel zu diesem Beitrag ist Unsinn. Für einen Moment habe ich damit allerdings Ihre volle Aufmerksamkeit. Auf den Titel bin ich beiläufig gekommen. Mit Messmethoden im digitalen Raum konnte über einen längeren Zeitraum deutlich höhere Reaktionsaktivität bei der Nennung des Namens von FPÖ-Chef Herbert Kickl registriert werden. Wenig überraschend stellt sich diese Wirkung auch bei Porno ein. Unerwartet kam für mich die Wirkung des Delfins, der gleichauf mit der Erwähnung von Katze liegt. Prostatakrebs funktioniert auch gut. Ein viertes Wort im Titel könnte aber schon zu viel an Information sein. Obwohl von Information im klassischen Sinn keine Rede sein kann, weil mit Information hat der Titel „Kickl, Porno, Delfin" nichts zu tun.

Neu ist die Methode nicht. Es ist die alte „Bier, Bambi, Busen"-Technik. Die hat immer und jedenfalls schon lange vor den Onlinemedien funktioniert. In den auch schon wieder weiter zurückliegenden Glanzzeiten des *Spiegel* wusste das Verlagsteam vorzugsweise in den heißen August-Monaten: *Sex and Hitler sells.* Hitler hat in einer einerseits geschichtslosen und andererseits scharf nach rechts gerückten Welt an Attraktion verloren. Man hat so oft Nazi gerufen, dass man gar nicht mehr erschreckt, wenn der oder die Nazis plötzlich wirklich vor der Tür oder sogar im Haus stehen. So sind viele von uns unempfindlicher geworden für die unmerklichen Veränderungen. Das Prinzip der Erregungskultur ist dem Grunde nach unverändert geblieben. Bloß die Schlagzahl hat sich erhöht. Kam man noch vor einigen Jahren, jedenfalls bis 9/11, mit einer gröberen Aufregung im Quartal aus, führt in der Gegenwart eine Stunde ohne neuem Empörungsfutter zu Erlahmung in den Netzen. Und was früher Hitler, ist heute im Zweifel Putin. Putin geht immer. Interesse lässt sich in Österreich neuerdings auch mit Marx erzeugen. Das liegt an der turbulenten, komplexen und auch angsterfüllten Gegenwart, in der die Antwort auf das Gefühl der Ohnmacht und Orientierungslosigkeit vor allem Vereinfachung bis hin zur Sinnentleerung zu sein scheint.

Aber dafür Journalist sein? Man biegt und streckt sich schon unter den höhnischen „Ihr schreibt ja gegen eure Leser"-Zurufen der rechtspopulistischen Lobbyisten ohnehin schon öfter an den prekären Grenzraum der Vernunft als einem lieb ist. Suchten früher alle die Mitte, drängt jetzt alles an die Grenzen. Dort verlässt die Berichterstattung im Sinne einer Abbildung und meinetwegen auch dezenten Überzeichnung den Raum des Trivialen und wächst sich zum Surrealen aus.

Aufgewachsen mit Serienvorbildern wie Ed Asner, der als Lou Grant den Größen der Politik und der Baubranche in Los Angeles die Stirn bot, wurde mein romantisches Bild des Boulevardreporters geprägt. Nicht erst zu reden von Robert Redford und Dustin Hofman, die als Bob Woodward und Carl Bernstein einen US-Präsidenten aus dem Weißen Haus jagten. Das waren die Fantasien für Generationen, die alles Lesbare verschlangen, und doch nur beobachten und beschreiben wollten. Die großen Idole aus dem Olymp waren Hunter S. Thompson, Tom Wolfe, George Orwell, Joan Didion, Ryszard Kapuscinski, der Afrika und Despoten erklärte, auch wenn nie ganz klar war, wie viel Wirklichkeit und wie viel Fantasie die Geschichten aus einer damals unbekannten Welt enthielten. Doch machen wir uns nichts vor, Journalisten sind Archäologen der Wirklichkeit: Man sammelt die Scherben der Amphoren zusammen und klebt daraus die ganz Amphore – die fehlenden Teile müssen aus frisch gebranntem Lehm zu einer ganzen Amphore gemacht werden. Im Boulevard macht man vielleicht manchmal aus einem Öllämpchen eine Amphore mit Öl – aber immer muss sie Öl enthalten, alles andere wäre Gift.

Irgendwann reichten die Beschreibungen nicht mehr. Journalisten mussten und wollten einordnen. Mit den Jahren kam jeder zu seinen Meinungen, die jetzt als Haltungsjournalismus verspottet werden.

Diese Suppe haben wir uns selbst eingebrockt. Viele auf den wunderbaren Dampfern der Informations- und Unterhaltungsflotten standen bald samt Kapelle mit nassen Füßen auf dem Oberdeck und versuchten Kurs zu halten. Die Glaubwürdigkeitslücken wurden größer. Zum Trost: Hannah Arendt schrieb schon vor einem halben Jahrhundert vom Flugsand unwahrer Behauptungen, die dem Leser den Atem nehmen. Wir stehen seit jeher auf den Ruinen der Wirklichkeit. Das hat nicht allein mit den Fake News zu tun hat. Diese Lüge gab es immer schon. Schon seit der Niederlage gegen die Hethiter, die Pharao Ramses durch ein monumentales Relief umdeuten ließ, und dem „Great Moon Hoax" über Fledermausmenschen vor fast 200 Jahren bis hin zu Claas Relotius sollte man eigentlich immunisiert oder zumindest mit einer gesunden Skepsis gegen den allgegenwärtigen Nonsens sein. Das Netz macht alles nur schneller und die Fantasien stehen im ununterbrochenen Kampf gegen die Wirklichkeit.

Es gibt keine Alternative: Der Kampf geht weiter. Egal auf welchem Kanal. Im Artusroman zerbricht die Tafelrunde von innen, das Schwert kehrt ins Meer zurück, die Geschichte beginnt von neuem. Menschen wollen immer Geschichten erzählen und Geschichten hören. Wenn am Ende alles kaputt ist, setzen sich alle wieder rund ums Lagerfeuer und erzählen sich von früher und was kommen könnte. Ich kann auch aus einem Öllämpchen eine Amphore machen. Sie muss nur das Öl enthalten.

***

Georg Renner, Gründer des Podcasts „Ist das wichtig?",
war Innenpolitikchef der Kleinen Zeitung davor bei Die Presse,
NZZ.at und Addendum.

Dafür gibt es uns

Während der Pandemie haben österreichische Medien eine kuriose, wenn auch nicht unerfreuliche Erfahrung gemacht: Ihre Zugriffszahlen bewegten sich steil nach oben. Ob die Regierungs-PKs des „Corona-Quartetts", Interviews mit Expertinnen und Experten, Tipps zum Leben im Lockdown oder mit der Maske: Alles wurde von der Leserschaft gieriger aufgenommen, als es viele von uns auf unseren Webseiten bisher gewohnt waren.

Im Nachhinein ist dieser „Covid-Peak" – seither haben sich die Zugriffszahlen bei den meisten wieder auf Vor-Pandemie-Level eingependelt – nicht überraschend. So unangenehm die ganze Angelegenheit gewesen sein mag, so sehr haben Corona-Geschichten den *sweet spot* der Nachrichtenwerttheorie besetzt: Sie waren sowohl sehr relevant als auch interessant.

Ein signifikanter Anteil unserer Arbeit besteht darin, die Geschichten, die auf uns täglich hereinprasseln, in dieser Matrix zu verorten. Stellen wir uns ein einfaches Koordinatensystem vor: Die waagrechte x-Achse nennen wir „Relevanz", die y-Achse „Interesse". Über beide Kriterien ist endlos viel geschrieben worden[****], aber der Einfachheit halber sagen wir so: einen hohen „Interesse"-Wert haben Geschichten, die wir in unserer Peergroup weitererzählen werden; „Relevanz" haben Geschichten, die tatsächlich Auswirkungen auf unser Leben haben.

Die Covid-Artikel hatten auf beiden Achsen gute Werte. Klar, denn wenn die Politik entscheidet, ab Montag bleiben die meisten Geschäfte wieder zu und wir bitteschön zuhause, ist das natürlich Gesprächsthema – und betroffen waren buchstäblich alle.

Jetzt ist es (relativ) einfach, solche Geschichten zu erzählen, die schon ihrem Kern nach interessant und relevant für viele sind. Aber recht oft ist die Nachrichtenlage eben nicht so – dann kommen Geschichten daher, die vielleicht interessant, aber nicht besonders relevant sind (die Kinder nach dem Flugzeugabsturz im kolumbianischen Dschungel zum Beispiel), oder relevant, aber nun wirklich nicht interessant (der Streit um das Mercosur-Abkommen).

Die große Kunst liegt in solchen Fällen darin, diese beiden Achsen zu verschneiden. Darin, das Relevante im Interessan-

---

[****] Z.B. im Standardwerk „Das neue Handbuch des Journalismus und des Online-Journalismus" von Wolf Schneider und Paul-Josef Raue.

ten zu finden (die *Kurier*-Kollegen haben aus dem Dschungel-Absturz einen Survival-Guide mit Bundesheer-Spezialisten destilliert) und das bloß Relevante interessant zu machen (indem man ein Handelsabkommen auf die Geschichte eines Bauern und seinen Kampf gegen Importe herunterbricht zum Beispiel).

Das ist ein kreativer Prozess. Oft harte Arbeit, ein Handwerk. Und je größer und langsamer ein Thema scheint (der Klimawandel zum Beispiel), desto schwieriger ist es, diese Brücke zu schlagen. Aber Leserinnen und Lesern vermitteln zu können, warum die Dinge, die in der Welt passieren, für sie wichtig sind, auch wenn deswegen nicht gleich der Rollladen vor der Nase herunterrasselt: Dafür gibt es uns. Das ist der Job.

***

Andreas Koller, stellvertretender Chefredakteur und Innenpolitikchef Salzburger Nachrichten, Präsident Presseclub Concordia

Ein Schub in Richtung Unersetzlichkeit

Gäbe es den Journalismus nicht – spätestens jetzt müsste man ihn erfinden. Die landläufige Meinung, wonach in Zeiten der mobilen und digitalen Kommunikation jedermann und jedefrau Journalist sein könne, weshalb die hauptberuflichen Welterklärer und Wissensvermittler unnötig geworden seien, hat sich längst als großes Missverständnis entpuppt. Das Gegenteil ist richtig. Journalisten sind wichtiger denn je. Die gute alte Gatekeeperfunktion, der sich der Qualitätsjournalismus verpflichtet fühlt, hat den Rang einer für die Demokratie systemrelevanten Einrichtung gewonnen: Nie war es so wichtig wie jetzt, die Spreu des weltweit zirkulierenden Info-Unfugs vom Weizen der wirklichen Nachrichten zu trennen. Nie war es so wichtig wie jetzt, Lügen Lügen zu nennen (oder meinetwegen Fake News) und Behauptungen auf ihre Faktizität zu überprüfen. Nie war es so wichtig wie jetzt, den Lesern und Leserinnen,

Zusehern und Hörerinnen Orientierung in einer komplexen Welt zu bieten.

Ja, aber die KI? Sie kann doch in Zukunft den Job der Journalisten erledigen? Weit gefehlt. KI wird vielmehr dem Journalismus einen weiteren Schub in Richtung Unersetzlichkeit geben. Denn einerlei, wie intelligent die Künstliche Intelligenz ist: Am Anfang und am Ende der Informations-Nahrungskette muss nach wie vor ein professioneller News- und Informationsmanager in Menschengestalt stehen. Weil nämlich auch – besser: vor allem – in der Kommunikation und Information der Mensch das Maß der Dinge bleiben muss. Und nicht ein noch so ausgetüfteltes Computerprogramm. Eine Gesellschaft, die das nicht berücksichtigt, hat die Kontrolle über sich selbst verloren.

Was ist Qualitätsjournalismus?

Armin Thurnher, Herausgeber, Chefredakteur, Mitgründer Falter

Was ist Qualitätsjournalismus?

Das ist so schwer und einfach zu beantworten wie die Frage, was heute links ist. Negativ geht es immer leichter: also, Qualitätsjournalismus ist das, was in der digitalen Ära zuerst abgeschafft und durch publizierende Einzelne ersetzt werden soll. Es ist jener autoritative Journalismus, der einer Redaktion bedarf, also sich einer gemeinsamen Korrektur und Diskussion unterwirft, ehe er etwas publiziert. Der die Kriterien dieser Publikation nicht an kommerziellen Maßstäben oder jenen der generierten Aufmerksamkeit misst, sondern an entwickelten Verfahren von Überprüfung von Fakten. Der die Integrität von Personen beachtet, über die er berichtet. Der versucht, in Wort, Bild und Ton das höchstmögliche stilistische Niveau zu erreichen.

Redaktioneller Journalismus hängt nicht vom Medium ab, in dem er praktiziert wird. Er ist autoritativ, weil sich die ihn Ausübenden seinen Verfahren unterziehen und deswegen Glaubwürdigkeit beanspruchen können. Hoffentlich, möchte ich hinzufügen, nicht mit Sendungsbewusstsein, sondern mit dem nötigen Quantum Selbstkritik. Qualitätsjournalismus? Vielleicht sage wir besser: einfach guter, sachgerechter Journalismus.

***

Oscar Bronner, Gründer und Herausgeber Der Standard, Gründer Profil und Trend.

Wie gründe ich ein Qualitätsmedium?

Vor der Gründung des *Standard* habe ich mehrere Jahre in New York gelebt und als Leser täglich die *New York Times* genossen. Als ich beschloss, wieder nachhause zu kommen, hat mich die Aussicht abgeschreckt, eine der besten Zeitungen der Welt gegen die damaligen Blätter in Österreich einzutauschen. Das war eines der Motive zur Überlegung, ob die Gründung einer Qualitätszeitung für Österreich möglich wäre.

Da ich auch öffentlich von der *New York Times* als Vorbild sprach, habe ich es schlaumeierischen Kritikern leicht gemacht. Ich wurde gelegentlich genüsslich darauf hingewiesen, dass der *Standard* von der selbst gelegten Latte noch ein Stück entfernt sei. Dabei war es allen und daher auch mir klar, dass der kleine österreichische Markt eine Redaktion mit 1400 Journalistinnen und Journalisten nie finanzieren kann. Es macht zum Beispiel einen Unterschied, ob man für einen Artikel tage-, manchmal wochenlang recherchieren kann. Qualität hat auch mit Quantität zu tun.

Aber nicht nur. Noch wichtiger ist der Zugang zum Journalismus. Wird er nach bestem Wissen und Gewissen betrieben? Agiert er ohne „Hidden Agenda"? Ist er anständig? Ist er fair? Werden Fehler richtiggestellt? Ich wollte, dass es in Österreich endlich eine von allen Interessengruppen unabhängige, liberale, überregionale Qualitätszeitung gibt, die mit den Leserinnen und Lesern auf Augenhöhe kommuniziert – wie die *New York Times*. Und in all diesen Aspekten entsprechen wir unserem Vorbild seit dem ersten Tag.

Bei aller Unabhängigkeit und Überparteilichkeit: Eine Zeitung wird von Menschen gemacht, die politische Überzeugungen haben. Ich habe bei jeder Anstellung versucht, nur nach professionellen Kriterien zu urteilen, nie habe ich jemanden zur politischen Einstellung gefragt. Bei manchen konnte ich es mir ausrechnen: Einige kamen von der kurz zuvor eingegangenen *Südost-Tagespost*, dem Organ der steirischen ÖVP. Als etwas später auch die *Arbeiterzeitung* unterging, griff ich wieder zu.

Ein Wirtschaftsredakteur der APA ließ mich beim Anstellungsgespräch wissen, dass er SPÖ-Sympathisant sei. Mein Kommentar: Das ist mir gleichgültig, ich will es nur nicht in seinen Texten erkennen. Als mir ein Kollege mitteilte, dass er bei der letzten Wahl FPÖ gewählt hat, musste ich doch schlucken. Er ist bis heute ein wertvoller Redakteur der Zeitung.

Aber es ist nicht nur die Politik, von der wir unabhängig berichten wollen. Wir alle sind eingebettet in Netzwerke von Freundschaften, Vereinigungen und Verpflichtungen. Und wir müssen uns bemühen, dass dies auf die Berichterstattung keinen Einfluss hat. Das betrifft uns alle: von der Redaktion bis zu den Eigentümern. Wenn ich zum Beispiel ein Thema für einen Artikel vorschlage, das mit meinem Bekanntenkreis zu tun hat, lege ich das offen; die Redaktion kann dann ihre Rückschlüsse ziehen.

Auf der anderen Seite erwarte ich, dass jemand, der bei einer Geschichte irgendwie befangen ist, dies ebenfalls bekanntgibt, damit gemeinsam entschieden werden kann, ob nicht lieber jemand anderer übernehmen soll. Und immer gilt: Eine Geschichte muss die dahinterliegende Recherche wiedergeben, auch wenn sie zu einem anderen Ergebnis führt, als man am Beginn der Arbeit angenommen oder erhofft hat.

Diese Bemühung um Unabhängigkeit von unseren eigenen Vorlieben ist nicht immer leicht – auch vom zwischenmenschlichen Standpunkt aus. Alle unsere Freunde finden es natürlich prinzipiell löblich, dass wir Verhaberung und Freunderlwirtschaft ablehnen – nur im eigenen Fall ist das etwas ganz anderes.

Aber ich habe die Erfahrung gemacht: Freunde, die man auf diese Art verliert, waren wohl keine.

(Anmerkung: Oscar Bronner stellte für dieses Buch seinen Beitrag zum *Standard*-Transparenzblog zur Verfügung.)

***

Florian Asamer, Chefredakteur Die Presse

Qualitätsjournalismus ist kein Stück Zwieback – Versuch einer Definition von Qualitätsjournalismus, der seriösen Spielart des Zeitungmachens

Mit Qual hat es nichts zu tun. Obwohl manche Medienmanager sich mit der Frage quälen, was denn das genau sei, dieser Qualitätsjournalismus, der Tag für Tag so viele Ressourcen verschlingt. Nun, professionelle journalistische Arbeit (Qualitätsjournalismus ist da jene Spielform, die sich verpflichtet, relevante Inhalte ungeachtet anderer als ausschließlich redaktioneller Einschätzungen in ihrer ganzen Komplexität zu beleuchten) setzt voraus:

1. Eine personell ausreichend besetzte Redaktion als verlässlicher Absender und stabile Struktur, die professionellen Journalismus erst möglich macht. Das ist der entscheidende Unterschied zu nicht redaktionellen News-Quellen, die sich journalistisch geben, aber die Voraussetzungen dafür selten erfüllen. Damit so eine Redaktion funktionieren kann, braucht es eine Verfassung wie etwa in der *Presse* das Redaktionsstatut, das den Redaktionsmitgliedern Unabhängigkeit garantiert, ihre Rechte und Pflichten festlegt, Mitwirkung bei der Besetzung der Chefredaktion einräumt und regelmäßige Einbeziehung bei grundlegenden Entscheidungen garantiert. So ist auch die

allen offenstehende Redaktionskonferenz, als wichtigstes Instrument der täglichen Entscheidungsfindung, im *Presse*-Statut verankert: Um Hinterzimmer-Blattmachereien einen Riegel vorzuschieben. Compliance-Regeln, die Pflichten in Bezug auf das Verhältnis zu Externen und Zuwendungen aller Art regeln, dazu die Anerkennung des Presserats.

Die zweite Säule, die Qualitätsjournalismus trägt, sind die ehernen Regeln des Handwerks: Check, Re-Check, Double-Check, *audiatur et altera pars,* die unbedingte Achtung des Persönlichkeitsschutzes, der Privatsphäre und der Menschenwürde derjenigen, über die berichtet wird; das Offenlegen von Quellen (soweit diese nicht zu schützen sind), Trennung von Bericht und Kommentar, Sorgfalt im Umgang mit der Sprache, keine Zuspitzung auf Kosten der Fakten. Und das verpflichtende Geradestehen für die veröffentlichten Inhalte: Fehlerkultur durch Blattkritik nach innen und Richtigstellung nach außen.

Drittens sollten Redakteurinnen und Redakteure in einer Qualitätszeitung auch eine nicht-journalistische Ausbildung auf zumindest einem Fachgebiet haben. So können Informationen qualifiziert auf ihre Plausibilität und Relevanz geprüft werden. Zusätzlich braucht es ein verlässliches Netzwerk an Experten, Informanten sowie die Verankerung in der jeweiligen Community.

Während die bisher genannten Punkte im weitesten Sinne klassisch sind, wird auf die vierte Säule gerne vergessen: Auch die trockensten Geschichten werden immer für ein Publikum erzählt. Sie machen komplexe Zusammenhänge verständlich, orientieren sich in (Platt-)Form und Inhalt an den Menschen, die sie erreichen wollen, und (oft unterschätzt) sind im weitesten Sinne unterhaltsam. Weil Qualitätsjournalismus kein Stück Zwieback ist. Und letztlich nur die Selbstfinanzierungskraft eines Mediums seine journalistische Unabhängigkeit sichern kann.

Und wie geht es weiter mit dem Journalismus?

Katharina Schell, Vize-Chefredakteurin APA – Austria Presse Agentur

Das Ende des Journalismus[*] ist (schon wieder) da

Journalismus ohne menschliches Zutun. Maschinen, die besser schreiben als Menschen. Schneller sowieso. Entvölkerte Redaktionen, entfesselte Algorithmen. Fake News und eine erodierte Informationsgesellschaft, die zu keinen informierten Entscheidungen mehr fähig ist.

Die Wiedergeburt des Qualitätsjournalismus. Maschinen, die es Menschen ermöglichen, ihre Arbeit besser zu machen. Hochspezialisierte Redaktionen, die mithilfe von Algorithmen zuverlässiger und faktenbasierter berichten können denn je zuvor. Eine AI-kompetente Informationsgesellschaft, die sich nicht täuschen oder gar manipulieren lässt.

Utopie und Dystopie: Was wird's werden? Wo leben wir im Jahr 2028? Und – als Journalistin und damit in eigener Sache gefragt – wie arbeiten wir, wenn überhaupt?

Die Szenarien sind zu schwarz beziehungsweise zu weiß, keine Frage. Doch spiegeln sie wider, zu welchen überzogenen Prognosen sich das Reden über die Zukunft des Journalismus hinreißen lässt, seit ChatGPT veröffentlicht wurde: Angst und Euphorie und dazwischen ganz viel Weißraum.

Weder Angst noch Euphorie sind gute Ratgeber, wenn es darum geht, strategische Weichen zu stellen. Die Zukunft des Journalismus ist ungewiss, weil eine neue Technologie daherkommt, die viel kann, die aber auch viel kaputtmachen kann? Das klingt ungemütlich, es ist aber nun wirklich kein neues Phänomen. Journalismus war stets ein technik- und technologiegetriebenes Metier. Die Rohrpost hat ausgedient, der Fernschreiber auch, und rasende Reporter tragen keine Schlapphüte,

---

[*] Journalismus, wie wir ihn kennen.

brauchen keine Telefonzellen und sind oft Frauen. Journalismus wird immer noch gemacht.

Was sich geändert hat, und was wieder und wieder disruptiert – kaputtgemacht – wird, sind die Trägermedien der Storys. Doch die Wege zu den User:innen und die Art, wie sie Journalismus konsumieren und was sie sich von ihm erwarten, werden wieder und wieder als gegeben, als unveränderlich betrachtet. Die Vorstellung, dass man als Redaktion und als Medienhaus noch diese eine digitale Herausforderung zu meistern hat, und dann wurde endlich fertig transformiert, dann ist alles wieder gut: Diese Vorstellung gefährdet Journalismus, weil sie ihm die wirtschaftliche Basis ebenso zerstört wie die Beziehung zum Publikum.

Was das nun alles mit KI zu tun hat? Wir erleben im Jahr 2023 die nächste Eskalationsstufe der digitalen Transformation. Was sie uns als Branche und als Zunft kaputtmachen wird, liegt in unseren Händen. Was werden wir richtig gemacht haben, wenn unsere Medienwelt in fünf Jahren Richtung Utopie tendiert?

AI Literacy: Kluge Journalist:innen und Medienhäuser wissen um ihre Werkzeuge Bescheid. Sie wissen auch, diese Werkzeuge auf Basis ihrer redaktionellen Grund- und Markenwerte zu nutzen.

Digital Business: Kluge Medienhäuser wissen, dass es nicht ausreicht, ihren Redaktionen digitales Denken zu verordnen. Auch die Geschäftsmodelle müssen digital neu gedacht werden.

AI-Strategie: An welcher Stelle ist es sinnvoll, AI-Unterstützung einzusetzen – sinnvoll für das Produkt, die Marke, das Geschäft? Was ist ein strategisches No-Go, und wo geht es sicher nicht viel länger ohne Künstliche Intelligenz? Wie viel journalistische Autonomie kann und will die Redaktion an Maschinen abgeben – und warum? Das sind Fragen, die hoffentlich im Jahr 2023 die Köpfe rauchen lassen. Voraussetzung für Antworten darauf sind unter anderem: erraten, AI Literacy und eine Vorstellung vom digitalen Geschäftsmodell der nahen Zukunft.

Vertrauen: Ein schönes Wort, dass man nicht nur in Sonntagsreden und auf Podiumsdiskussionen in den Mund nehmen sollte. Das Vertrauen der User:innen in echten Journalismus, mit einem verlässlichen *human in control* wird spielentscheidend in einer nahen Zukunft, in der die User:innen weniger denn je beurteilen können, ob sie mit täuschend echten Informationen geflutet werden.

Ob schwarz, ob weiß: Journalismus, wie wir ihn kennen, hat keine Zukunft. Wieder einmal. Höchste Zeit, über seinen Nachfolger nachzudenken.

***

Martin Kotynek, Chefredakteur Der Standard, davor Stellvertretender Chefredakteur Zeit Online

Wie geht es weiter mit dem Journalismus?

Man kann Journalismus als etwas verstehen, das in gedruckten Zeitungen und in linearen Rundfunksendungen geschieht. Dann wird die Sicht auf die Zukunft des Journalismus anders ausfallen, als wenn man Journalismus als eine Sammlung von medienethischen Prinzipien versteht; als einen Prozess, der das Relevante aus dem Grundrauschen filtert, als ein unbeugsames Streben nach der Wahrheit; als eine Aufgabe, jenes ans Licht zu bringen, was die Mächtigen lieber im Dunklen belassen würden. Wenn man Journalismus also als das begreift, was den Menschen helfen will, die Welt ein Stück weit besser zu verstehen und sich selbst eine Meinung zu bilden, blickt man in eine gute Zukunft.

Egal, ob Journalismus als Text zu lesen, als Podcast zu hören, als Video zu sehen oder mit einer VR-Brille zu erleben ist. Egal, ob Journalismus in großen Verlagen und Rundfunkanstalten entsteht oder ob Einzelne oder kleine Gruppen Blogs, YouTube-Videos, Instagram-Kanäle oder TikTok-Accounts betreiben: Es wird auch in Zukunft Journalismus geben.

Der Journalismus wird sich neue Verbreitungswege erschließen, mit den Nutzerinnen und Nutzern auf neue Weise interagieren. Er wird vielleicht als KI-Chatbot mit ihnen sprechen oder als Erlebnis in einer virtuellen Welt existieren. Er wird überall dort sein, wo die Menschen ihn gerade brauchen.

Und auch dort wird sich der Journalismus abgrenzen müssen gegenüber PR, Werbung und Propaganda, er wird auch dort imitiert werden von Parteien, Konzernen und Interessenvertretungen, er wird auch dort attackiert werden von Feinden der Demokratie, er wird kämpfen müssen gegen Interventionen und Bedrohungen. Und es wird weiter guten und auch schlechten Journalismus geben. Gutem Journalismus wird diese Abgrenzung nützen, denn sie verleiht ihm auch künftig das, was ihn so besonders macht: seine Glaubwürdigkeit.

Noch nie war es so einfach und billig, mit KI beliebige Inhalte zu produzieren. Man braucht keine Redaktion, nicht einmal einen Menschen dazu. In dieser Flut an wertlosen Inhalten und Falschinfos wird der Wert von sorgfältig recherchierten, genau geprüften, gut erzählten und nach Relevanz gewichteten Informationen steigen. Es ist eine große Chance für den Journalismus, zu beweisen, was er auch in Zukunft ist: unverzichtbar.

Künstliche Intelligenz

Angst und Euphorie und dazwischen ganz viel Weißraum: Ich greife Katharina Schells Branchenbefund zu KI nach dem Einschlag von ChatGPT auf und nütze den Weißraum zur Illustration mit einigen Schlaglichtern auf und Beispielen von Künstlicher Intelligenz in Journalismus und Medien.

Der deutsche Springer-Medienkonzern streicht beim Boulevardriesen *Bild* im Sommer 200 Jobs, die künftig KI übernehmen soll: „Wir müssen uns damit leider auch von Kollegen trennen, die Aufgaben haben, die in der digitalen Welt durch KI und/oder Prozesse ersetzt werden oder sich in dieser neuen Aufstellung mit ihren derzeitigen Fähigkeiten nicht wiederfinden", teilte der Konzern der Belegschaft mit und liefert gleich ein Beispiel: „So wird im Layout die Rolle des klassischen Print-CvDs (Chefs vom Dienst) überflüssig werden und KI schon bald das Layouten der gedruckten Zeitung komplett übernehmen können."

Denk- und machbar sind alleine von der Maschine nach Nutzungsintensität ausgesteuerte Medienseiten. Und Szenarien, in denen Künstliche Intelligenz aus Newsangeboten neu formulierte, neu konfektionierte Inhalte, übersetzt in andere Sprachen, generiert (oder auch zusammenklaut) und daraus ein neues „Medium" komponiert. Größter Kostenfaktor im Journalismus ist der Mensch, und die Einnahmen stehen massiv unter Druck.

Künstliche Intelligenz übernimmt da schon seit Jahren, teils Jahrzehnten bei Nachrichtenagenturen wie AP und Reuters das Verfassen von Meldungen über Quartalsberichte von Unternehmen anhand deren Kennzahlen oder Sportergebnisse von Regionalligen, bei der APA Textmeldungen über regionale Sprengel-Wahlergebnisse. Roboterjournalismus nennt man das gerne plakativ und illustrationstauglich. Maschinen nehmen Menschen einfache, redundante, in dem Umfang mit menschlicher Arbeit nicht leist- oder finanzierbare Tätigkeiten ab. Bei der APA etwa auch mit automatisierter Metadaten-Codierung von Meldungen.

KI oder AI, Artificial Intelligence, hilft längst auch in Newsrooms, Mitschnitte in Text umzuwandeln, Videos oder Audios zu schneiden und zu untertiteln, Fotos zu bearbeiten, Text in Audio umzuwandeln, mit Midjourney und Dall-E Beiträge zu illustrieren. Oder, wie es etwa das US-Medium *Semafor* am Beispiel des Kriegs in der Ukraine demonstrierte, Augenzeugenberichte in Video-Illustrationen umzuwandeln. Die Möglichkeiten erfordern – verantwortungsvoll journalistisch angewandt – die klare Kennzeichnung, Offenlegung der Prompts an die KI. Kennzeichnung, die ebenfalls KI wieder sehr gut entfernen kann.

KI eröffnet atemberaubende Möglichkeiten für Fake News und Propaganda. Da fordert der ukrainische Präsident Wolodymyr Selenskyj seine Landsleute kurz nach dem russischen Angriff per Video – vermeintlich – auf, ihre Waffen niederzulegen. Wasserzeichen? Siehe oben. „Ich glaube fast nichts mehr, was ich sehe", sagte Shazna Nessa, Global Head of Visuals beim *Wall Street Journal,* beim Journalismusfestival 2023 in Perugia bei einem Panel über KI.

Wer ChatGPT – wie wir vermutlich alle – schon einmal aufgefordert hat, über einen selbst einen Text zu verfassen, eine Biografie oder ein Porträt, kann daraus erheitert ableiten, dass solche großen Sprachmodelle sehr beeindruckend Material aus dem Web nach sprachlicher Wahrscheinlichkeit kompilieren können, stilistisch nach Wunsch formuliert, aber eben auch recht frei im Umgang mit Realitätstreue.

APA-Geschäftsführer Clemens Pig setzt auf einen „gemeinsamen Wissensraum" der österreichischen Medienunternehmen, „in dem künstliche Intelligenz auf Basis faktenbasierter Informationen trainiert und genutzt werden kann".

KI wie ChatGPT und Bard von Google nützen den „Wissensraum" auch von Medien längst – für ihr Geschäft. AP-Präsident und CEO Daisy Veerasingham staunte etwa, wie viel Material der Nachrichtenagentur Associated Press (AP) im „Wissen" dieser KI steckt. Das führt zu einer neuen Dimension von Copyright- und Leistungsschutzfragen: „Da geht es um die Monetarisierung mit Werbung und Suche – wir brauchen das

Geld, um unsere journalistische Arbeit zu machen", sagt Veerasingham.

Laura Hazard Owen von Nieman Lab, einem US-Medienthinktank, umreißt mögliche Konsequenzen der KI-gestützten Suche von Google mit Bard im Frühjahr 2023 so dramatisch: Die neue Suche könnte für Medien die massivste Veränderung des Internets seit langem bedeuten. Sie könnte bedeuten, dass Google signifikant weniger Traffic auf Medienseiten bringt, wenn das Suchergebnis selbst ausformulierte Antworten liefert statt Links. Weniger Traffic auf Medienseiten bedeutet (noch) weniger Werbeeinnahmen, womöglich auch weniger Einnahmen mit Produktempfehlungen auf Medienseiten.

Bard weist in seiner ersten Version schon Quellen und passende Links etwa auf Medienseiten in seinem KI-Suchergebnis aus, freilich könnten sie etwa mobil von einer ausführlichen und vielen Menschen vermutlich schon ausreichenden KI-generierten Antwort auf die nächste oder übernächste Seite verdrängt werden.

Einstweilen reicht menschliche Intelligenz (oder auch nur die Abwesenheit, jedenfalls von Ethik oder Moral) vollkommen für Irrwitz im Journalismus. Im April 2023 geht *Die Aktuelle* einen Schritt über ihr Genre hinaus, das bisher ohne künstliches Zutun mit Halb- oder Unwahrheiten über prominente Menschen schlagzeilt. Auf dem Cover ein Foto des 2013 schwer verunglückten Ex-Formel-1-Weltmeisters Michael Schumacher und der Titel „Michael Schuhmacher: Das erste Interview!" Darunter, kleiner: „Es klingt täuschend echt". Und erst gegen Ende des Texts die Erklärung, das „Interview" stamme von einer KI-Seite im Web. Mutterkonzern Funke-Gruppe wirft die Chefredakteurin raus, entschuldigt und distanziert sich. Schumachers Familie wollte rechtlich dagegen vorgehen. Der deutsche Presserat verurteilt die Aktion: „Diese schwere Irreführung der Leserschaft ist dazu geeignet, die Glaubwürdigkeit der Presse zu schädigen."

Wer macht Journalismus? Wie divers ist die Branche?

Wie viele Journalistinnen und Journalisten gibt es in Österreich? Wann ist man Journalist oder Journalistin? Und wie divers ist Österreichs Journalismus?

„Würde man den Prototyp unter heimischen JournalistInnen beschreiben wollen, mit Charakteristika, die jeweils mehrheitsfähig sind: Er wäre – mit nur noch knappem Branchenvorsprung – ein Mann, ca. 46 Jahre alt, er wäre in Wien bei einem Printmedium angestellt, würde Vollzeit arbeiten und hätte keinen Studienabschluss. Verdienen würde er ca. 4.100 Euro brutto im Monat."

So beschreibt Der österreichische „Journalismus-Report", Ausgabe VI, erschienen 2020 im Facultas-Verlag, den prototypischen Journalisten in diesem Land. Wie kommt die Forschungsgesellschaft Medienhaus Wien darauf? Sie hat mit der Österreichischen Akademie der Wissenschaften und der Universität Klagenfurt 2018/19 ihre zweite große Grundlagenstudie über Journalistinnen und Journalisten in Österreich durchgeführt, Daten von Medienunternehmen zusammengetragen, 501 Journalistinnen und Journalisten befragt. Auf der Erhebung basiert der „Journalismus-Report".

Wer ist Journalistin oder Journalist für die Studienautorinnen und Autoren? „Wer für den Lebensunterhalt in einem/für ein Medium, das regelmäßig erscheint und das sich der Sicherung und Förderung der Demokratie verpflichtet, journalistisch tätig ist. Zur Gewährleistung dieses Anspruches werden dabei die journalistischen Prinzipien – wie Unabhängigkeit/Autonomie, Überparteilichkeit, Aktualität, Relevanz, Richtigkeit, Kontrolle, Allgemeinverständlichkeit – angewendet." Die Mitarbeiterinnen und Mitarbeiter des Red Bull Media House inklusive Servus TV zum Beispiel zählte der „Journalismus-Report" nicht dazu – weil das internationale Impressum die Aufgabe des Unternehmens definierte mit „Distribution von print, audiovisual and multimedia material from the World of Red Bull".

Ich greife für diesen Überblick zur Lage von Journalistinnen und Journalisten in Österreich auf die Daten, Erkenntnisse und Schlüsse von Andy Kaltenbrunner, Renée Lugschitz, Matthias Karmasin und Sonja Luef vom Medienhaus Wien zurück, Erhebungsstand 2018/19 – vor einem größeren allgemeinen Pensionsschub etwa im ORF.

Das Gesamtbild der Branche, von dem einzelne Medien natürlich in die eine oder andere Richtung deutlich abweichen können:
→ **5346 (hauptberufliche) Journalistinnen und Journalisten** gab es 2018/19 laut „Journalismus-Report". Ein Viertel weniger als bei der ersten Erhebung 2006, die auf 7067 kam. Einzelne Medien wurden seither eingestellt, Finanz- und Wirtschaftskrisen und andere Herausforderungen für die Medienwirtschaft zwangen zu Sparmaßnahmen.
→ **Links? Rechts? Mitte?** „2008 konnten wir mit noch knapp mehr als ein Drittel ‚Nähe' der österreichischen JournalistInnen die Grünen als Sympathieträger identifizieren", konstatieren die Autorinnen des „Journalismus-Report" 2020: „Heute sind umgekehrt fast zwei Drittel der JournalistInnen gar nicht mehr parteipolitisch zuordenbar, der Rest verteilt sich lose mit ‚Nähe' über alle Parteien im Spektrum. Angesichts der immer geringer werdenden Zahlen von JournalistInnen, die damit klar Sympathien für eine Partei in Befragungen aussprechen, haben Detailauswertungen kaum noch Aussagekraft."
→ **Die meisten über 50.** Nur zehn Prozent der Menschen in der Branche waren 2018/19 unter 30. 34 Prozent der Journalistinnen und Journalisten waren über 50, die größte Gruppe. Das Durchschnittsalter liegt bei 44,5 Jahren, 2006 waren es noch 40,2 Jahre. Jeder zweite Mensch im Kulturressort war 2018/19 über 50, ähnlich war es im Wirtschaftsressort. Im Rundfunk lag der Schnitt bei 46,4 Jahren.
→ **48 Prozent Hochschulabschluss** – tendenziell haben ihn eher die Jüngeren und Frauen als Ältere und Männer.
→ **Wien-Fokus.** Rund 3000 Journalistinnen und Journalisten, also mehr als die Hälfte der erfassten, arbeiten in Wien.

- → **53 Prozent Journalisten, 47 Prozent Journalistinnen.** 2006 lag der Männeranteil noch bei 58 Prozent.
- → **45 Prozent der Journalistinnen** arbeiten in Teilzeit, aber nur 20 Prozent der Journalisten.
- → **Pay Gap.** Das Durchschnittsgehalt einer Journalistin lag 2018/19 bei 3446 Euro, ihre männlichen Kollegen verdienten im Schnitt 4177 Euro – also 17,5 Prozent mehr. Bei jeweils Vollzeitbeschäftigten steht es 3856 Euro zu 4313 Euro. Journalistinnen in leitender Funktion verdienen 11,2 Prozent weniger als ihre männlichen Kollegen. (Diese Daten beziehen sich alleine auf die Printbranche. Der ORF machte dazu gegenüber dem „Journalismus-Report" keine Angaben, der Gehaltsbericht des Rechnungshofs zeigt allgemein für Angestellte im ORF noch merkliche Unterschiede.)
- → **67 Prozent der Führungskräfte männlich.** Zwei Drittel der Leitungsfunktionen im Journalismus – mit Budget- oder Personalhoheit – haben Männer, 33 Prozent Frauen. 2006 war ein Viertel der Führungsjobs weiblich besetzt.
- → **Chefredakteurinnen** bei österreichischen Tageszeitungen sind noch rar – der *Kurier* und die *Oberösterreichischen Nachrichten* haben, Stand 2023, eine Chefredakteurin.

#MeToo

Die lange sehr männlich dominierte Medienbranche machte in den vergangenen Jahren selbst Schlagzeilen mit spektakulären Fällen von männlichen Übergriffen und Machtmissbrauch.

- → *Bild*-Chefredakteur Julian Reichelt musste im Oktober 2021 den Springer-Konzern nach massiven Vorwürfen von Machtmissbrauch insbesondere gegenüber jüngeren Mitarbeiterinnen verlassen. Zunächst stellte sich der Konzern nach ersten Untersuchungen hinter Reichelt.
- → Ab 2016 mussten etwa beim US-Sender Fox vom CEO Roger Ailes abwärts einige Führungskräfte und Journalisten gehen.
- → *Österreich*-Herausgeber Wolfgang Fellner wurde von mehreren ehemaligen Mitarbeiterinnen sexuelle Belästigung vor-

geworfen. Eine Mitarbeiterin, Raphaela Scharf, warf Fellner vor, er habe sie 2019 belästigt, worauf sie ihren Job los war; sie ging dagegen juristisch vor. Fellner wurde persönlich strafrechtlich wegen übler Nachrede verurteilt, weil er ihre Vorwürfe als „frei erfunden" bezeichnete. Im arbeitsrechtlichen Prozess hat sich Scharf auf einen Vergleich eingelassen und dafür 65.000 Euro Schadenersatz erhalten. Weitere Exmitarbeiterinnen meldeten sich, wurden von Fellner deshalb geklagt und klagten ihn. Dass sich Wolfgang Fellner 2022 aus den Eigentümer- und Managementfunktionen bei der Mediengruppe Österreich zurückgezogen hat, lag eher an der wirtschaftlichen Restrukturierung und einem Deal mit den Banken über einen massiven Schuldenschnitt der Gruppe.

→ Weitere, teils historische Fälle von Belästigung und möglichem Machtmissbrauch in Österreichs Medienbranche werden hinter vorgehaltener Hand kolportiert, landen aber selten vor Gericht und noch seltener dokumentierbar in der Öffentlichkeit.

Raphaela Scharf und das Frauennetzwerk Medien fordern im Frühjahr 2023 eine Anlaufstelle für Betroffene aus der Medienbranche nach dem Vorbild von „Themis" in Deutschland für Kultur und Medien und von „vera*" in Österreich für Kunst, Kultur und Sport. vera*-Vertreterin Sophie Rendl sieht Parallelen zwischen Kultur und Medien, Begingungen wie prekäre Arbeitsbedingungen, steile Hierarchien, tradierte Verhaltensweisen und die geringe Größe der Branche begünstigten Machtmissbrauch.

(Ethnische) Diversity in Redaktionen

Die Medienwissenschaftler Andy Kaltenbrunner und Renée Lugschitz haben die Daten aus der Gesamterhebung über Journalistinnen und Journalisten in Österreich in einem Forschungsprojekt über Diversity in Österreichs Redaktionen weiter ausgewertet und um Expertinneninterviews erweitert, publiziert im März 2022.

Ihr Gesamtbefund: „Die Datenauswertung ergibt, dass JournalistInnen mit nicht-deutschsprachigem Migrationshintergrund in Österreichs Redaktionen eklatant unterrepräsentiert sind. Weiters identifizieren wir sowohl relevante Unterschiede bei soziodemografischen Merkmalen wie Geschlechterverhältnis, Alter und Ausbildung als auch im Rollenverständnis zwischen JournalistInnen mit nicht-deutschsprachigem Migrationshintergrund und ihren KollegInnen ohne Migrationshintergrund."

Warum ist das wichtig? „Diversität von Redaktionen sehen wir als eine wesentliche Voraussetzung für die Repräsentation aller Bevölkerungsgruppen in der Berichterstattung", schreiben Kaltenbrunner und Lugschitz. Und diese Repräsentation sei ein demokratiepolitischer Anspruch an Journalismus. Eine diverse Redaktion sei eine bessere Basis für redaktionell-inhaltliche Vielfalt.

Kaltenbrunner und Lugschitz widmen sich anhand der Daten hier vor allem ethnischer Diversity, anhand der Selbsteinschätzung über „Migrationshintergrund", in der Befragung definiert als „selbst im Ausland geboren oder Ihre Eltern/ein Elternteil im Ausland geboren".

→ **14,2 Prozent Migrationshintergrund im Journalismus.** Von 501 2018/19 befragten Journalistinnen und Journalisten hatten 62 Migrationshintergrund. 30 von ihnen hatten einen nicht deutschsprachigen Migrationshintergrund – also sechs Prozent der befragten Journalistinnen und Journalisten. Das wären rund 360 Journalistinnen und Journalisten.
→ **23,7 Prozent in der Gesamtbevölkerung.** Die Statistik Austria zählt als Migrationshintergrund, wenn beide Eltern im Ausland geboren sind – eine engere Definition. Sie kam auf knapp 24 Prozent Bevölkerungsanteil.
→ **Weiblich, jünger, gebildeter.** Wie unterscheiden sich Journalistinnen und Journalisten mit nicht deutschem Migrationshintergrund vom Branchenschnitt? 57 Prozent sind Frauen – unter den Journalistinnen und Journalisten insgesamt 47

Prozent. 40 Prozent sind unter 40 Jahre alt, insgesamt knapp ein Drittel. 53 Prozent haben einen Hochschulabschluss – 46 Prozent im Branchenschnitt. Der Anteil der freien Mitarbeiterinnen und Mitarbeiter ist mit rund 20 Prozent höher als im Branchenschnitt von 13 Prozent.

→ **Wien und der Westen.** In Wien, wo mehr als die Hälfte der Journalistinnen und Journalisten insgesamt arbeiten, ist der Anteil der Menschen mit nicht deutschsprachigem Migrationshintergrund mit acht Prozent am höchsten. Inklusive deutschsprachigen Wurzeln im Ausland kommt man auf 15 Prozent. In der Wohnbevölkerung liegt der – enger definierte – Anteil an der Wohnbevölkerung bei 46 Prozent. Relativ hoch ist der Anteil in den westlichen Bundesländern. In Kärnten und der Steiermark indes fand sich 2018/19 in der Stichprobe (501) niemand mit nicht deutschsprachigen Wurzeln im Ausland.

→ **Rollenverständnis.** Journalistinnen und Journalisten mit Migrationshintergrund, schließen Kaltenbrunner und Lugschitz aus der Befragung, „sehen sich weniger als KritikerInnen von Gesellschaft, Politik und Wirtschaft und wollen seltener bei den großen Themen der Berichterstattung eigene Meinungen in der journalistischen Arbeit vertreten". Sie stellten eher neutrale und präzise Faktenweitergabe in den Vordergrund.

KAPITEL 3

WIE ES IST: ÖSTERREICHS MEDIENLANDSCHAFT IN DATEN

Die Vermessung der Medienwelt: Nutzung, Vertrauen, Zahlungsbereitschaft, Finanzierung

Wer sieht eigentlich noch fern? Wer hört Radio? Wer liest noch Zeitung? Wer beherrscht gleich drei Mediengattungen in Österreich? Und was halten die Menschen in Österreich eigentlich von klassischen Medien und Nachrichten? Vertrauen sie ihnen? Gehen sie ihnen aus dem Weg? Sind sie bereit, für News zu zahlen? Antworten auf Fragen wie diese versuche ich in diesem Abschnitt mit Daten zu liefern. Daten und Charts sollen die Lage von (journalistischen) Medien vor Augen führen und die Herausforderungen, denen sie sich gegenübersehen. Mit zu Redaktionsschluss aktuellsten Werten, mit Links, wo künftig neuere Zahlen zu finden sind, und mit Erklärungen, woher die Daten stammen und wie sie erhoben werden. Das Kapitel liefert mit den aktuellen Daten auch gleich einen Überblick über die wesentlichsten Datenquellen über Österreichs Medien.

Die Charts

- → Das Vertrauen in Nachrichten. Seite 79
- → Vertrauenswürdigste Medienmarken. Seite 80
- → Wie viele Menschen News meiden – und warum. Seite 81
- → Wo sich die Menschen ihre Nachrichten holen. Seite 82
- → Wo Menschen ihre News auf Social Media finden. Seite 84
- → Wer kassiert die größten Werbeerlöse in Österreich? Seite 85
- → Wer zahlt für digitale News? Seite 86
- → Wer sieht noch fern, wer streamt? Seite 87
- → Klassisches Fernsehen: Marktführer ORF. Seite 90
- → Klassisches Radio: Marktführer ORF Seite. Seite 92
- → Onlinereichweiten: Digitalriesen und ORF. Seite 94
- → Printmarkt und Marken: Boulevard und Regionalkaiser. Seite 96
- → Österreichs größte Medienhäuser. Seite 101
- → Eigentümer der APA. Seite 120
- → Medienförderungen. Seite 156
- → Internationale Werberiesen. Seite 25

Das Vertrauen sinkt

Das Vertrauen der Menschen in Österreich sinkt 2023 laut „Digital News Report" auf einen bisherigen Tiefststand.

→ „Ich glaube, ich kann dem Großteil der Nachrichtenquellen in den meisten Fällen vertrauen", bejahen 2023 38,3 Prozent der Befragten in Österreich, im globalen Schnitt tun dies 40,2 Prozent.

→ „Ich glaube, ich kann dem Großteil der Nachrichten, die ich nutze, meistens vertrauen", stimmen 51,5 Prozent zu, nur im

Vertrauen und Misstrauen in die Medien

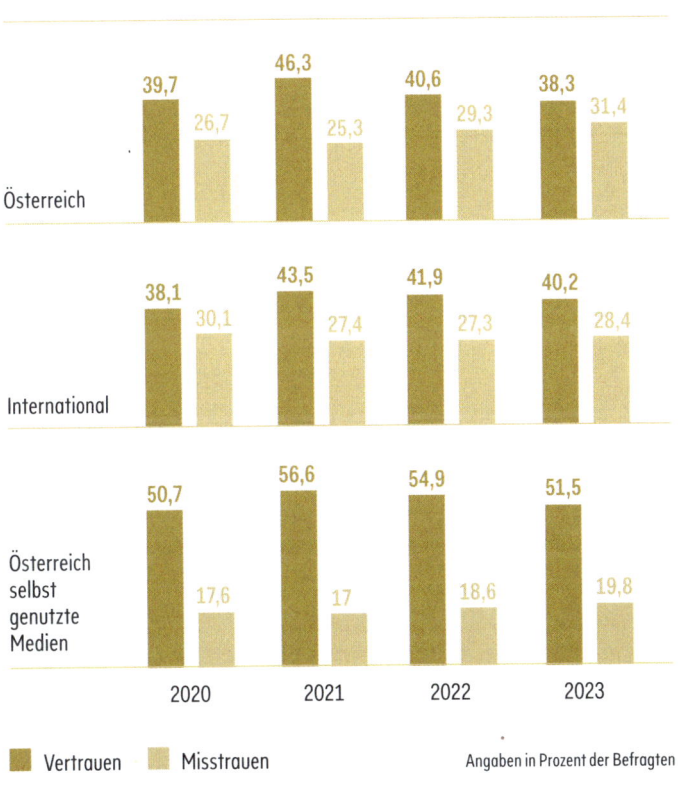

ersten Corona-Jahr 2020 wurde ein geringerer Wert ausgewiesen.

Der „Digital News Report" des Reuters Institute an der Universität Oxford ist die größte jährlich durchgeführte Umfrage über Mediennutzung und Medientrends. In 46 Staaten weltweit wurden 2023 (Jän./Feb.) 93.895 Menschen ab 18 Jahren online von Yougov über ihre Mediennutzung befragt. In Österreich werden jeweils 2000 Menschen befragt, die Daten für Österreich wertet der Fachbereich Kommunikationswissenschaft an der Uni Salzburg aus. *Links: digitalnewsreport.org, digitalnewsreport.at*

Vertrauenswürdigste Nachrichtenmarken

Der „Digital News Report" fragt die Glaubwürdigkeit einer Reihe von Nachrichtenmarken ab, konkret: „Wie vertrauenswürdig sind Ihrer Meinung nach Nachrichten aus folgenden Quellen". Bewertung mit einer Skala von 0 (überhaupt nicht vertrauenswürdig) bis 10 (äußerst vetrauenswürdig). Zu „ver-

Vertrauenswürdig

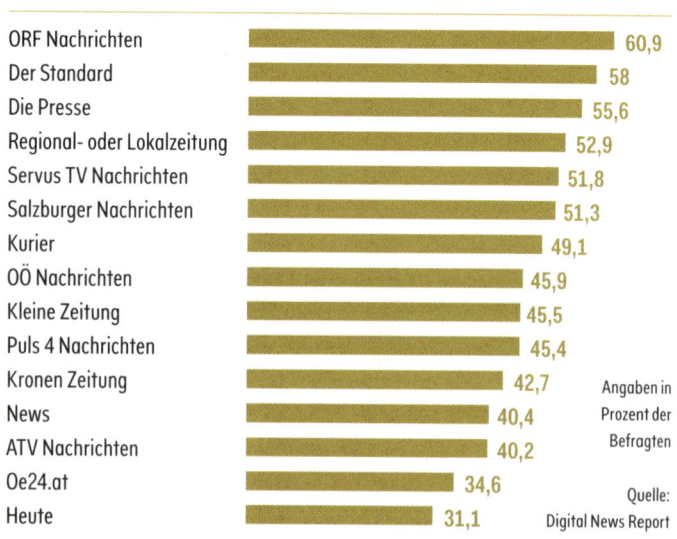

ORF Nachrichten	60,9
Der Standard	58
Die Presse	55,6
Regional- oder Lokalzeitung	52,9
Servus TV Nachrichten	51,8
Salzburger Nachrichten	51,3
Kurier	49,1
OÖ Nachrichten	45,9
Kleine Zeitung	45,5
Puls 4 Nachrichten	45,4
Kronen Zeitung	42,7
News	40,4
ATV Nachrichten	40,2
Oe24.at	34,6
Heute	31,1

Angaben in Prozent der Befragten

Quelle: Digital News Report

trauenswürdig" zählen hier die Bewertungen mit 6 bis 10 Punkten, Angaben in Prozent.

Der Nachrichten müde

Nachrichtenmüdigkeit und Newsvermeidung ist ein international beobachtetes, die Medienbranche alarmierendes Phänomen, insbesondere im Gefolge der Covid-19-Pandemie, Russlands Krieg gegen die Ukraine und der damit verbundenen wirtschaftlichen Folgen. Dramatisch ist das Interesse an Nachrichten (äußerst/sehr interessiert) von 2015 bis 2023 etwa in Frankreich von 59 auf 36 Prozent zurückgegangen, in Spanien

Interesse an Nachrichten

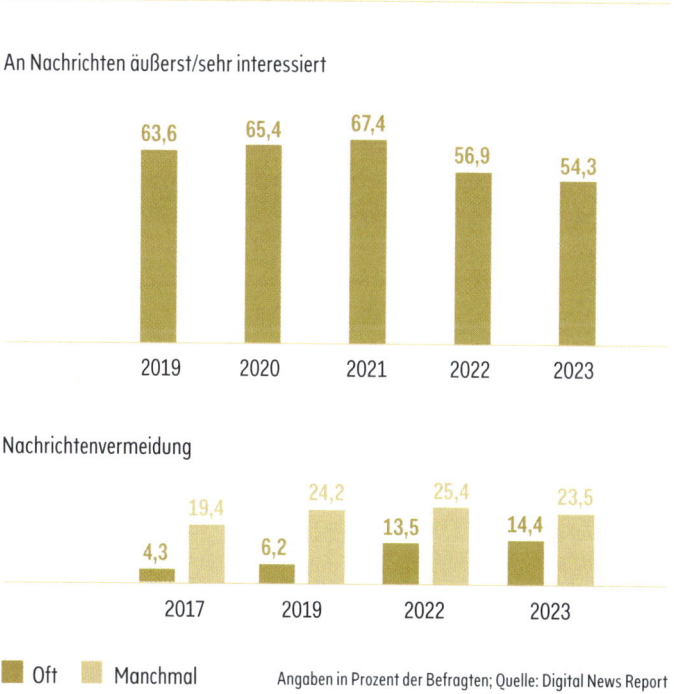

An Nachrichten äußerst/sehr interessiert

2019	2020	2021	2022	2023
63,6	65,4	67,4	56,9	54,3

Nachrichtenvermeidung

	2017	2019	2022	2023
Oft	4,3	6,2	13,5	14,4
Manchmal	19,4	24,2	25,4	23,5

Angaben in Prozent der Befragten; Quelle: Digital News Report

von 86 auf 51 Prozent, in den USA von 67 auf 49 und in Großbritannien von 70 auf 43 Prozent.

In Österreich erklären laut „Digital News Report" 37,9 Prozent der Befragten ab 18, dass sie oft oder zumindest manchmal Nachrichten meiden. In Großbritannien sagen das 41 Prozent, in Polen 44, in Bulgarien und Griechenland 57 Prozent.

Was meiden die Menschen in Österreich konkret? 31,1 Prozent bestimmte Nachrichtenquellen, 29,1 Prozent bestimmte Newsthemen, 29 Prozent scrollen weiter oder schalten um, wenn Nachrichten kommen.

Gemiedene Themen: Mit 53 Prozent ist der Krieg in der Ukraine meistgemiedenes Thema. 38,7 meiden Nachrichten über Gesundheit (wie Covid-19). 33,2 Prozent sagen, sie meiden News zu Unterhaltung und Promis. 30,5 zu sozialer Gerichtigkeit. 28,8 News zum Klimawandel, 27,3 Prozent Sportnachrichten, 26,1 zu Lifestyle und 23,5 zur Innenpolitik.

Woher kommen die Nachrichten?

Der „Digital News Report" fragt die Hauptnachrichtenquellen in Kategorien ab. Österreich unterscheidet sich hier recht markant vom weltweiten Schnitt. Internationale Entwicklungen vollzieht Österreich (auch) in der Mediennutzung meist mit einiger Verzögerung nach.

2023 ist die Nutzung von TV-Nachrichten in Österreich als Hauptnachrichtenquelle gegenüber den Vorjahren nach einem Höhepunkt von 36 Prozent 2021 weiter deutlich zurückgegangen.

Die Frage: „Sie haben angegeben, dass Sie diese Nachrichtenquellen letzte Woche genutzt haben. Welche davon würden Sie als Ihre Hauptnachrichtenquelle bezeichnen?" Angaben: Zustimmung in Prozent.

Woher kommen die Nachrichten?

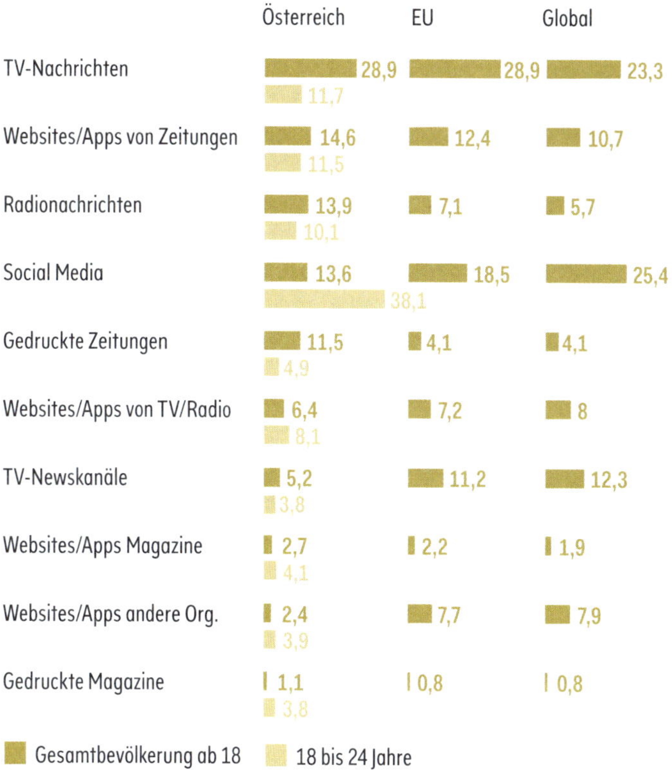

	Österreich	EU	Global
TV-Nachrichten	28,9 / 11,7	28,9	23,3
Websites/Apps von Zeitungen	14,6 / 11,5	12,4	10,7
Radionachrichten	13,9 / 10,1	7,1	5,7
Social Media	13,6 / 38,1	18,5	25,4
Gedruckte Zeitungen	11,5 / 4,9	4,1	4,1
Websites/Apps von TV/Radio	6,4 / 8,1	7,2	8
TV-Newskanäle	5,2 / 3,8	11,2	12,3
Websites/Apps Magazine	2,7 / 4,1	2,2	1,9
Websites/Apps andere Org.	2,4 / 3,9	7,7	7,9
Gedruckte Magazine	1,1 / 3,8	0,8	0,8

■ Gesamtbevölkerung ab 18   ■ 18 bis 24 Jahre

Österreich, Nachrichtenquellen bei 18- bis 24-Jährigen

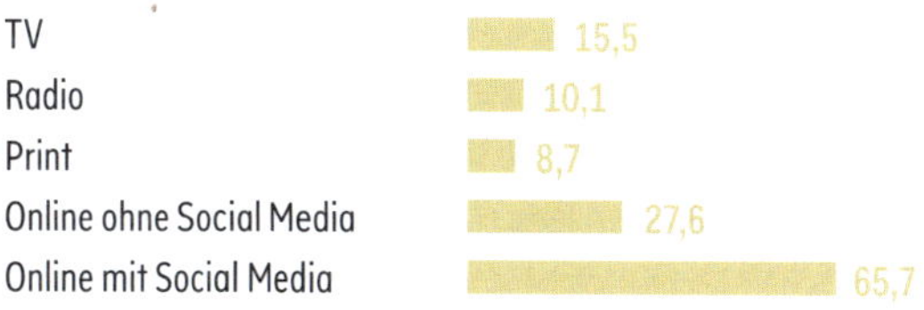

TV	15,5
Radio	10,1
Print	8,7
Online ohne Social Media	27,6
Online mit Social Media	65,7

Angaben in Prozent der Befragten, Quelle: Digital News Report

Welche Social Media werden für News genutzt?

Der „Digital News Report" erhebt zudem die Social-Media-Nutzung für Nachrichten. Die Frage: „Welche der folgenden Dienste haben Sie letzte Woche genutzt, um Nachrichten zu suchen, zu lesen, anzuschauen, zu teilen oder um darüber zu diskutieren, falls überhaupt einen?"

Nutzung von Social Media für Nachrichten

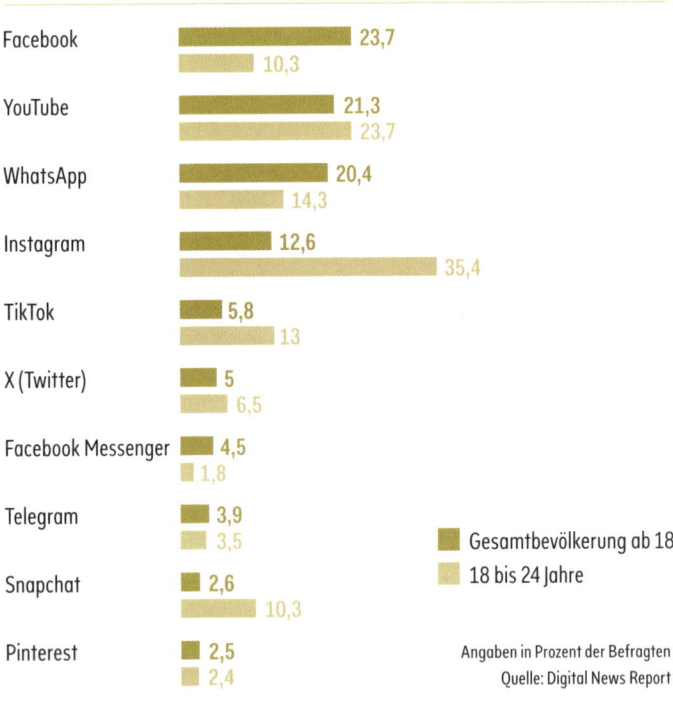

	Gesamtbevölkerung ab 18	18 bis 24 Jahre
Facebook	23,7	10,3
YouTube	21,3	23,7
WhatsApp	20,4	14,3
Instagram	12,6	35,4
TikTok	5,8	13
X (Twitter)	5	6,5
Facebook Messenger	4,5	1,8
Telegram	3,9	3,5
Snapchat	2,6	10,3
Pinterest	2,5	2,4

Angaben in Prozent der Befragten
Quelle: Digital News Report

News über Social Media bedeuten für klassische Medien die eine oder andere Herausforderung. Die Hoffnung: Auf Social Media Interesse wecken für die eigene Website. Andernfalls machen die Social-Media-Plattformen die Werbeumsätze (teils mit Anteilen für die Produzenten/Lieferanten der Inhalte). Und Userbeiträge für News gibt es gemeinhin auch nur direkt auf den Medienangeboten.

Wohin die Werbeerlöse gehen

Werbeeinnahmen waren über viele Jahrzehnte die tragende Säule zur Finanzierung von Medieninhalten – und bei Gratismedien, Radio, Free TV und oftmals auch Onlinemedien die einzig wesentliche. Auf Werbefinanzierung setzen allerdings auch Social Media und Suchmaschinen – ohne eigene Inhalte produzieren und damit finanzieren zu müssen, günstiger und technisch weit avancierter als klassische Medien es taten oder konnten. Das Ergebnis: Werbeweltmarktführer ist lange schon Alphabet mit Google und YouTube vor Meta mit Facebook, Instagram und WhatsApp (Chart: Weltgrößte Werbeumsätze Seite 25).

In Österreich lässt sich ziemlich genau nachvollziehen, wie hoch der Anteil der Digitalkonzerne an den Werbeausgaben ist – die Republik hebt fünf Prozent Werbeabgabe auf klassische Werbebuchungen einerseits und andererseits fünf Prozent Digitalsteuer auf Werbeumsätze internationaler Digitalkonzerne in Österreich ein. Aus den Einnahmen kann man die Werbevolumina hochrechnen.

Die Entwicklung der Werbebuchungen in Österreich bei klassischen Medien und globalen Digitalkonzernen seit 2019 – die Digitalsteuer wurde erst ab 2020 eingehoben.

Werbevolumen in Österreich in Millionen Euro

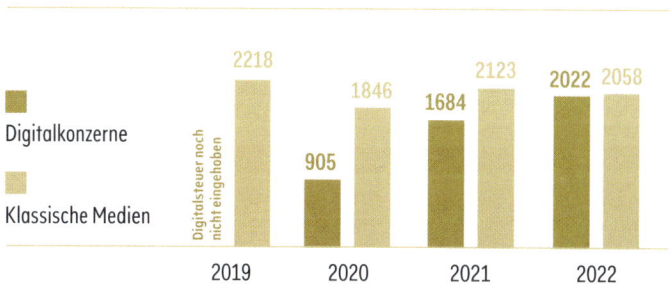

Quelle: Bundesministerium für Finanzen

2022 nahm das Finanzministerium nach eigenen Angaben 96,3 Millionen auf Werbung bei Google und Co. aus der Digitalsteuer ein. Für 2023 rechnete das Ministerium schon mit 120 Millionen – während Werbung bei klassischen Medien zurückgeht. 2023 dürften die Digitalkonzerne also auch in Österreich den Medien davonziehen.

Quelle: Bundesministerium für Finanzen, Daten hochgerechnet aus geleisteten Abgaben für die jeweiligen Kalenderjahre. Die Werbeabgabe umfasst neben Werbung in TV, Radio, Plakat, Print auch Prospektwerbung, aber keine Onlinewerbung bei nationalen Plattformen (deren Volumen aber geringer als oder höchstens gleich hoch wie die Prospektwerbung sein dürfte).

Zahlungsbereitschaft für digitale News

Wenn die Werbeeinnahmen wegbrechen, insbesondere Richtung digitaler Plattformkonzerne, treten andere Einnahmen in den Vordergrund, um Inhalte, insbesondere journalistische, zu finanzieren: Beiträge von Userinnen und Usern.

Abos oder Einzelkäufe von Zeitungen und Magazinen sind geläufig und gelernt. Die Bereitschaft, für Journalismus online zu bezahlen, ist bisher deutlich geringer.

In Skandinavien wechselten Medienunternehmen sehr entschlossen, sehr datenbasiert und sehr erfolgreich zu digitalen Bezahlmodellen.

Der „Digital News Report" fragt, wie viele Menschen jeweils im Vorjahr für digitale News bezahlt haben – ob über Digitalabos, Spenden, einzelne Artikelkäufe oder Bündelangebote mit Medieninhalten. Österreich liegt hier mit 14,3 Prozent unter dem internationalen Schnitt.

2022 bezahlt für Online-News haben (in %)

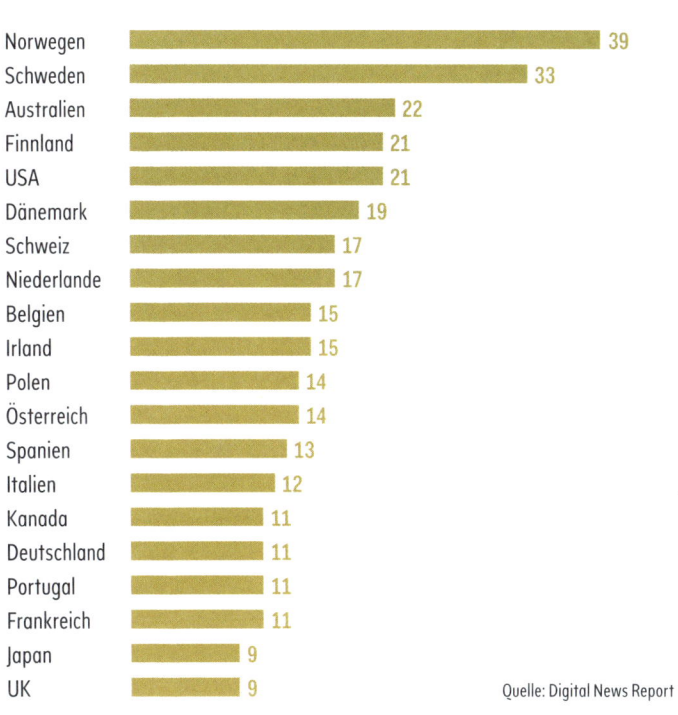

Quelle: Digital News Report

Streaming vs. TV

Um die Medienbudgets der Haushalte machen den journalistischen Medien milliardenschwere Player aus dem Entertainmentgeschäft Konkurrenz – Streamingplattformen wie Netflix, Amazon Prime Video, Disney+ und Co. Und sie machen den klassischen TV-Sendern Konkurrenz um Werbebudgets und um die Zeitbudgets der Menschen.

Die Bewegtbildstudie dokumentiert das Nutzungsverhalten in Österreich seit 2016. Weil von TV-Sendern und der Rund-

TV vs. Streaming — Die täglichen Marktanteile (Nutzungszeit) in Prozent

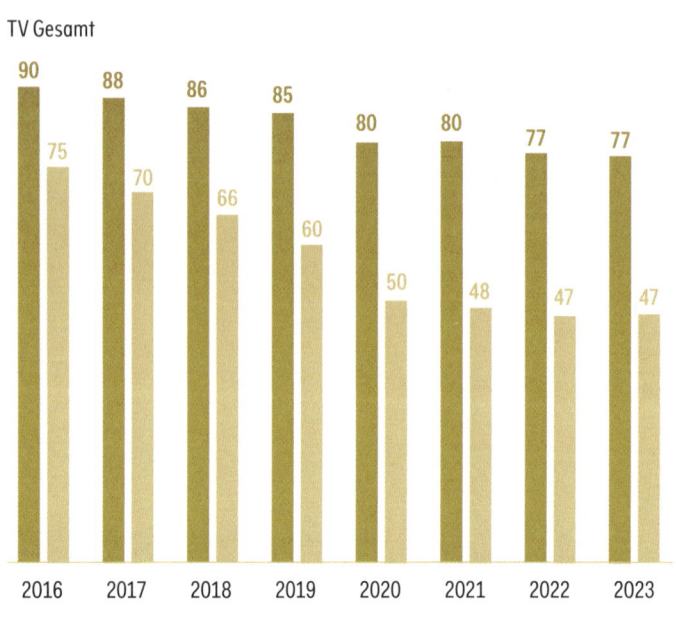

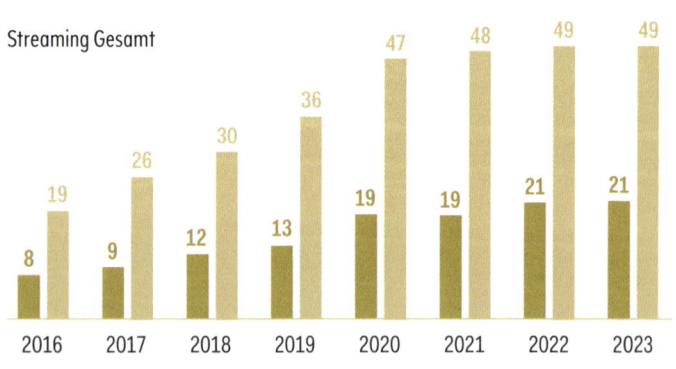

■ Marktanteile über 14 Jahre
■ Marktanteile 14–29 Jahre

Quelle: Bewegtbildstudie 2023, 4000 Befragte jeweils im Februar, GfK, Auftraggeber Arbeitsgemeinschaft Teletest, RTR

funk und Telekom Regulierungs-GmbH (RTR) beauftragt, werden hier Nutzungsdaten zwar einzelner Streamingplattformen im Detail abgefragt, aber nicht von TV-Sendern. Die alleine auf TV bezogenen Daten des Teletest (Daten ab Seite 90) seien damit nicht vergleichbar, argumentieren die TV-Sender. Sonst könnte man (wie ich das gerne mache) aus den Daten etwa ableiten, dass YouTube der größte Privatsender beim Werbepublikum unter 50 in Österreich ist.

https://www.rtr.at/medien/aktuelles/publikationen/Publikationen/nin/Bewegtbildstudie 2023.de.html

Die Marktanteile der Streamingplattformen beim Publikum unter 50

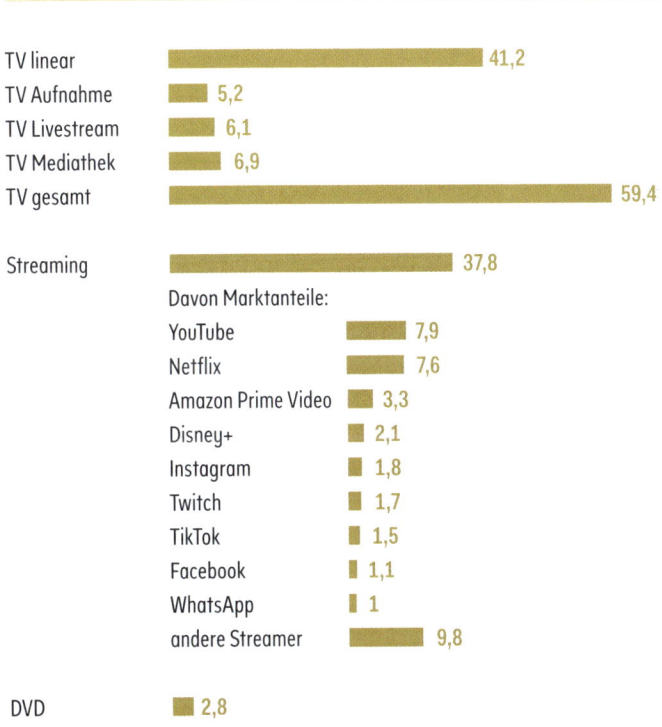

Quelle: Bewegtbildstudie 2023, 2088 Befragte im Februar 2023, GfK, Auftraggeber Arbeitsgemeinschaft Teletest, RTR

Das klassische Fernsehen, vom ORF dominiert

Die Marktanteile und Reichweiten von TV-Sendern aus dem Teletest beziehen sich alleine auf lineares Fernsehen plus die Nachnutzung über Aufnahmen/Personal Video Recorder (PVR) sieben Tagen nach Ausstrahlung, aber nicht – Stand 2023 – jene über die Mediatheken. Folgen wir der gerade geschilderten Bewegtbildstudie, dann bilden die Marktanteile laut Teletest

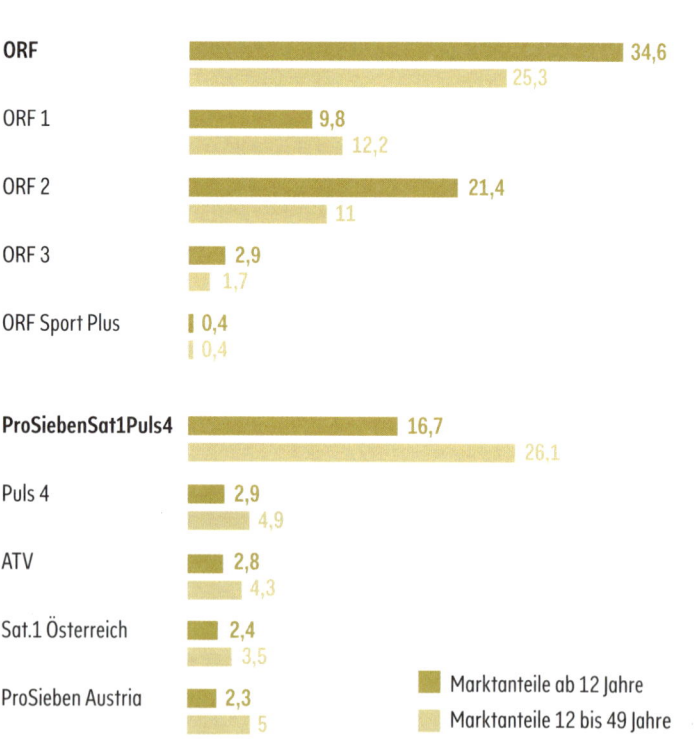

TV-Marktanteile im Jahresschnitt 2022 beim Gesamtpublikum (Sendergruppe und Top 4 Sender)

beim Gesamtpublikum (Teletest ab 12 Jahren, Bewegtbildstudie ab 14) also nur 63,8 Prozent lineare Nutzung plus 5,6 Prozent über Aufnahmen, also 69,4 Prozent der gesamten Bewegtbildnutzung ab.

Teletest In 1670 repräsentativ ausgewählten Haushalten in Österreich hat GfK ein Messgerät aufgestellt, bei dem sich dort lebende Menschen und Gäste per Fernbedienung anmelden, wenn sie fernsehen. Was läuft, zeichnet das Gerät auf. Daten unter agtt.at und etwa unter der.orf.at/medienforschung

Online-Messung 2023 beginnt die Arbeitsgemeinschaft Teletest, ihre Daten aus den Testhaushalten mit Online-Messung von TV-Geräten im Netz in Echtzeit zu kombinieren, ein ursprünglich von Red Bull entwickeltes und aufgebautes Messsystem.

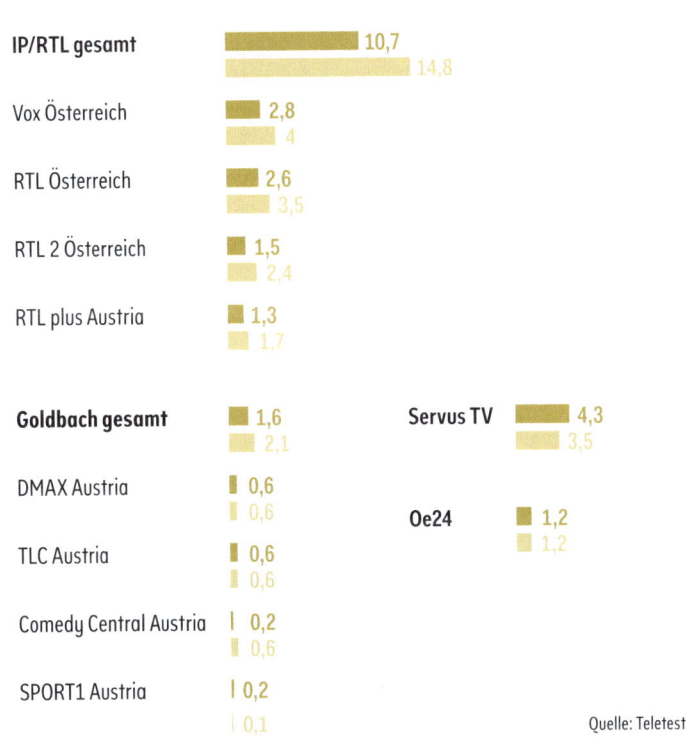

Quelle: Teletest

Das klassische Radio, vom ORF beherrscht

2023 war ein großes Jahr für Österreichs Privatradios: Sie überholten laut Radiotest das marktführende ORF-Popradio Ö3 in der Werbezielgruppe unter 50 Jahren. Allerdings alle gemeinsam. Immerhin: Sie vermarkten längst Werbung gemeinsam über die Privatradiovermarktung RMS.

Für Radio gab es bisher keine öffentliche Studie über die gesamte Audionutzung einschließlich Streaming, vergleichbar der Bewegtbildstudie für Videonutzung. Die RTR präsentiert im September 2023 eine, angelehnt an den deutschen Online Audio Monitor. Senderinterne Studien deuten darauf hin, dass vor allem bei jüngeren Zielgruppen 30 bis 50 Prozent der Audionutzung auf Streaming entfällt, das im Radiotest nicht abgebildet wird. Private Radiosender setzen längst auf Streamingableger in unzähligen Genres, teils als „Liquid Radio" abgestimmt auf Nutzungsgewohnheiten. Der ORF ist hier limitiert.

Die Radio-Reichweiten insgesamt („gestern zumindest eine Viertelstunde Radio gehört") gingen von 2010 rund 82 auf 2022 rund 75 Prozent der Menschen ab 10 zurück. Der klassische Radiomarkt wird beherrscht von ORF-Sendern, warum das so ist, steht ab Seite 131 (Daten: 4/2022).

Radio-Marktanteile

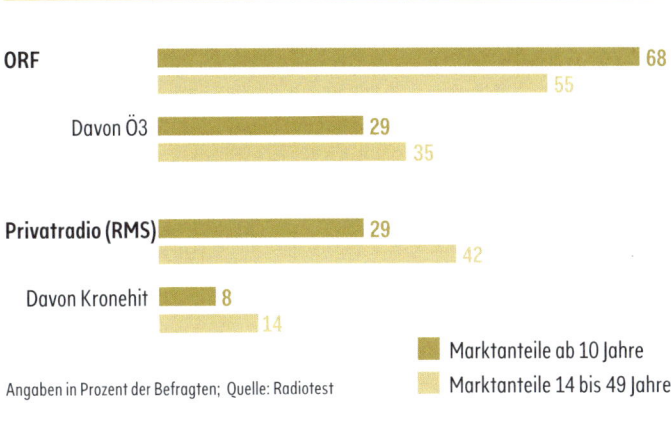

Angaben in Prozent der Befragten; Quelle: Radiotest

■ Marktanteile ab 10 Jahre
■ Marktanteile 14 bis 49 Jahre

Radiotest In 24.000 Interviews (90 Prozent telefonisch, 10 Prozent online) fragt GfK grob gesagt ab, welchen Radiosender man am Vortag – nach Viertelstunden – gehört hat. Nutzung von Streamingdiensten wie Spotify wird hier nicht abgebildet; sie dürfte jedenfalls bei jüngeren Zielgruppen ein Drittel der Audionutzung oder mehr ausmachen. Erhoben von GfK, Market, Mindtake, Auswertung: ISBA. Daten unter https://rms-austria.at/mediaservice/radiotest oder der.orf.at/medienforschung/

Der Onlinemarkt zwischen ORF und Google

Im Onlinemarkt kommen alle auf einem großen Spielfeld zusammen – Zeitungen, Magazine und Sender, private und öffentlich-rechtliche, und sie stoßen dort auf die globalen Riesen, Alphabet mit Google und YouTube, Meta mit Facebook, Instagram, WhatsApp, TikTok, Amazon und Co. Die internationalen Riesen nehmen an der Österreichischen Web-Analyse nicht teil, also werden sie dort auch nicht abgebildet. Ein größeres Bild des Marktes liefern Dienste wie Similarweb. Dessen Traffic-Daten reihen den Onlinemarkt in Österreich im Mai 2023 so:

Österreichische Web-Analyse (ÖWA) Die ÖWA misst mithilfe von Zählpixeln die Nutzung von Webseiten ihrer MItglieder und weist die Daten monatlich aus – Unique Clients (unterschiedliche Geräte/Browser), Unique User, Visits (Besuche auf der Webseite), Usetime pro Visit, Page Impressions (Aufrufe einzelner Beiträge). Die ÖWA weist zudem vierteljährlich Reichweiten ihrer Mitgliedsportale auf, abgeleitet aus der Zählung und einem Onlinepanel. Achtung: Die Reichweiten beziehen sich nicht auf die Gesamtbevölkerung, sondern auf die 91 Prozent Internetnutzerinnen und -nutzer ab 14 Jahren. Zudem weist die ÖWA auf ihrer Webseite die monatliche Nutzung aus. Die täglichen (merklich geringeren) Reichweiten kann man aber abfragen. Sie sind rechts im Chart angegeben. Andere Studien weisen – etwa für Tageszeitungen, TV oder Radio – tägliche Reichweiten bei der Gesamtbevölkerung ab einem bestimmten Alter aus. Dienstleister: Infonline, ISBA, Reppublika. https://oewa.at/

Die ÖWA weist keine Nutzungszahlen für Riesen wie Google, YouTube, Facebook, Wikipedia und Co. aus – sie sind nicht Mitglied bei der ÖWA. (Nicht direkt vergleichbare) Daten liefern Dienste wie Similarweb.

Höchster Traffic in Österreich laut Similarweb

Website	Wert
google.com	14,5
youtube.com	5,4
facebook.com	2,6
orf.at	2,5
krone.at	2
google.at	
amazon.de	
wikipedia.org	
willhaben.at	
pornhub.com	
heute.at	
instagram.com	
derstandard.at	
twitter.com	
oe24.at	unter 1,8
bergfex.at	
xnxx.com	
gmx.at	
gmx.net	
sport.orf.at	
whatsapp.com	
tiktok.com	
wetter.com	
stripchat.com	
openai.com	

Online-Reichweiten laut ÖWA 2023 (Quartal 1, Einzelangebote) täglich %

Website	%
orf.at	17,6
willhaben.at	15,9
gmx.at	15,7
krone.at	12
heute.at	11,4
derstandard.at	6,6
gmx.net	6,4
kurier.at	6,4
oe24.at	4,8
kleinezeitung.at	4,4
MeinBezirk.at	4,4
nachrichten.at (OÖ)	3,5
vol.at - Vorarlberg Online	2,8
laola1.at	2,5
tvheute.at	2
tt.com	1,9
vienna.at	1,9
salzburg24.at	1,6
exxpress.at	1,6
sn.at	1,4
wetter.com	1,3
diepresse.com	1,3
noen.at	1,3
ligaportal.at	1
ichkoche.at	0,9

Quelle: ÖWA

Printmarkt und Printmarken in Daten

Reichweiten der Tageszeitungen gesamt %

Jahr	Gesamt
1997	76,5
1998	76,1
1999	76,1
2000	75,7
2001	75
2002	73,8
2003	75,2
2004	73,9
2005	74,2
2006	72,7
2007	70
2008	72,9
2009	75
2010	73,7
2011	73
2012	72,8
2013	71,8
2014	69,2
2015	68,4
2016	66,7
2017	64,6
2018	62,3
2019	60,7
2020	58,3
2021	55,4
2022	52,7

Quelle: Media-Analyse

Reichweiten der Tageszeitungen 2022 in % (national, täglich)

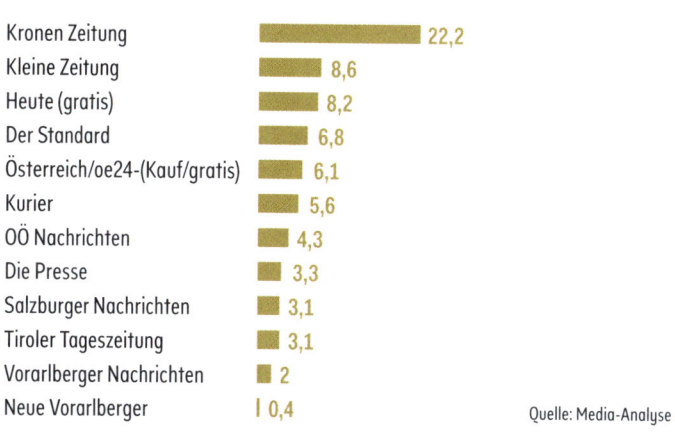

Kronen Zeitung	22,2
Kleine Zeitung	8,6
Heute (gratis)	8,2
Der Standard	6,8
Österreich/oe24-(Kauf/gratis)	6,1
Kurier	5,6
OÖ Nachrichten	4,3
Die Presse	3,3
Salzburger Nachrichten	3,1
Tiroler Tageszeitung	3,1
Vorarlberger Nachrichten	2
Neue Vorarlberger	0,4

Quelle: Media-Analyse

Der Printmarkt war und ist in Österreichs Medienbranche gewichtiger als in vielen anderen Ländern. Den Stand im langjährigen Zeitungsland bilden einerseits die Media-Analyse, andererseits die Österreichische Auflagenkontrolle ab. Die Media-Analyse (MA) ist eine große Umfrage mit rund 15.000 Interviews über Medienkonsum pro Jahr und weist Reichweiten aus; die Österreichische Auflagenkontrolle (ÖAK) bekommt Meldungen über gedruckte, verbreitete, verkaufte Auflagen von Verlagen und prüft die Angaben stichprobenartig.

Die Zeitungsreichweiten gingen über die vergangenen 25 Jahre merklich zurück, seit 2010 sind auch Gratiszeitungen *(Heute, Oe24)* in den MA-Reichweiten abgebildet.

Regionale Reichweiten der Tageszeitungen in % (täglich, Top 3)

Wien
- Krone: 19,3
- Heute: 18,1
- Österreich/Oe24: 13,4

Niederösterreich
- Krone: 23,1
- Heute: 10,8
- Kurier: 8,9

Burgenland
- Krone: 35,6
- Kurier: 13,1
- Heute: 10,6

Steiermark
- Kleine Zeitung: 38,2
- Krone: 25,9
- Der Standard: 5,5

Kärnten
- Kleine Zeitung: 39,1
- Krone: 29,9
- Der Standard: 4,7

Oberösterreich
- OÖ Nachrichten: 23,1
- Krone: 20,1
- Heute: 8,7

Salzburg
- Salzb. Nachrichten: 30,7
- Krone: 24,3
- Der Standard: 5

Tirol
- Tiroler Tagesz.: 34,3
- Krone: 22,3
- Der Standard: 6,3

Vorarlberg
- Vorarlb. Nachr.: 43,1
- Neue Vorarlberger: 8,9
- Der Standard: 7,4

Reichweiten der Wochenzeitungen national in %

- Die ganze Woche: 8,7
- TV-Media: 5,8
- NÖN – NÖ Nachrichten: 5,1
- Falter: 3,3
- Profil: 3,1
- News: 2,2
- BVZ: 1,4

Quelle: Media-Analyse

Auflagen der Tageszeitungen (ÖAK 2022, 2. Halbjahr)

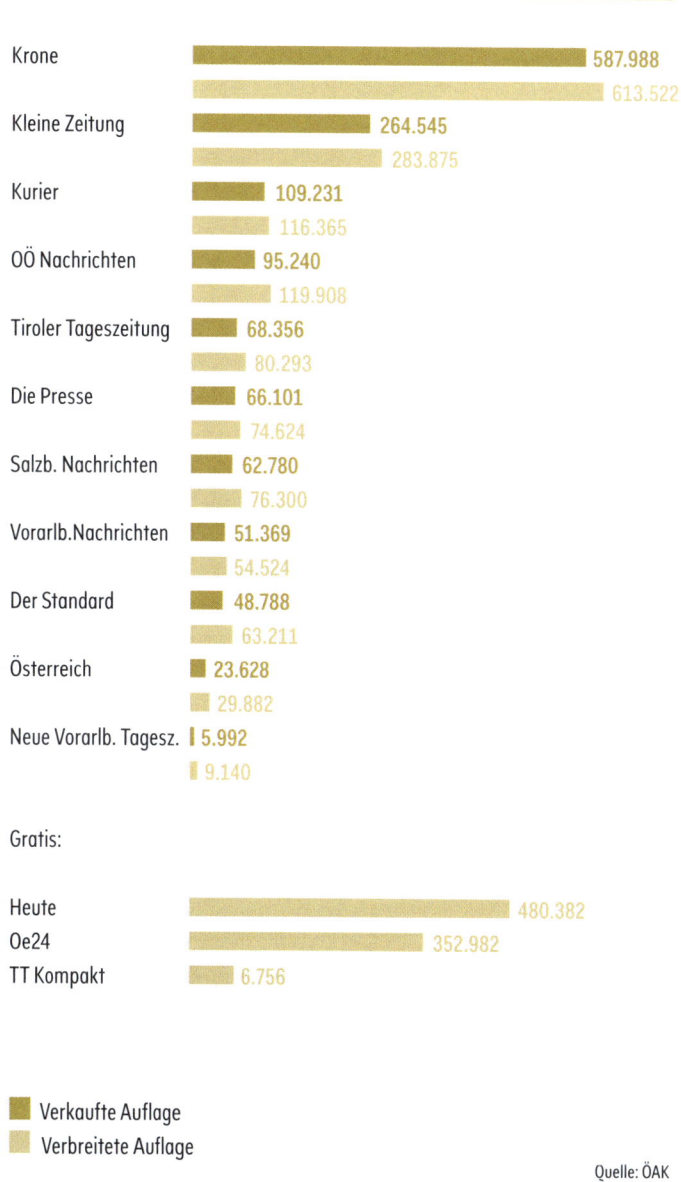

Zeitung	Verkaufte Auflage	Verbreitete Auflage
Krone	587.988	613.522
Kleine Zeitung	264.545	283.875
Kurier	109.231	116.365
OÖ Nachrichten	95.240	119.908
Tiroler Tageszeitung	68.356	80.293
Die Presse	66.101	74.624
Salzb. Nachrichten	62.780	76.300
Vorarlb.Nachrichten	51.369	54.524
Der Standard	48.788	63.211
Österreich	23.628	29.882
Neue Vorarlb. Tagesz.	5.992	9.140

Gratis:

Zeitung	Auflage
Heute	480.382
Oe24	352.982
TT Kompakt	6.756

■ Verkaufte Auflage
■ Verbreitete Auflage

Quelle: ÖAK

Paid Content laut ÖAK – Gesamt (Abos)

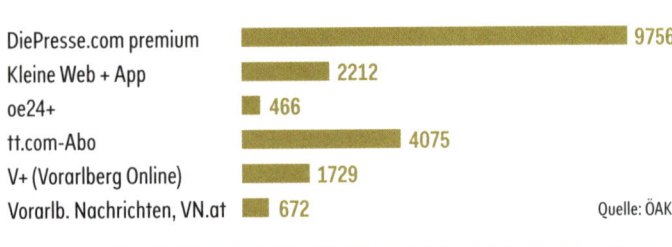

DiePresse.com premium 9756
Kleine Web + App 2212
oe24+ 466
tt.com-Abo 4075
V+ (Vorarlberg Online) 1729
Vorarlb. Nachrichten, VN.at 672

Quelle: ÖAK

Media-Analyse (MA) Die Media-Analyse erhebt in rund 15.000 Interviews via Onlinebefragung und persönlich, computerunterstützt die Nutzung vor allem von Printmedien (plus Konsumverhalten und Konsuminteressen). Daten über Nutzung pro Tag (Tageszeitungen), Woche (Wochentitel), Monat (Monatstitel) bei der Gesamtbevölkerung ab 14. Werden jeweils im Schnitt von 12 Monaten für Kalenderjahr und von Jahresmitte zu Jahresmitte veröffentlicht – bitte nur Kalenderjahr mit Kalenderjahre bzw. Halbjahresdaten mit Halbjahresdaten vergleichen. Erhoben von GfK Austria und Ifes, Auswertung H.T.S. Ab 2024 erhebt die Media-Analyse neu den Konsum von Print, E-Paper und Online getrennt. Daten unter www.media-analyse.at

Österreichische Auflagenkontrolle (ÖAK) Medien melden dem Trägerverein der ÖAK ihre Auflagenzahlen (verbreitet, verkauft, abonniert, E-Paper und viele Daten mehr) halbjährlich, der veröffentlicht sie und lässt Wirtschaftsprüfer die Daten bei Eintritt und danach stichprobenartig prüfen. Daten unter www.oeak.at

Österreichs größte Medienhäuser

Erst kommt der ORF und dann lange nichts: Für den *Standard* stelle ich jährlich im Sommer eine Übersicht der größten Medienhäuser nach Umsatz im Vorjahr zusammen, möglichst: nach **konsolidiertem Konzernumsatz**.

Zusätzlich weise ich bei einigen Unternehmen einen **Marktumsatz** aus. In konsolidierten Konzernumsätzen sind nur Mehrheitsbeteiligungen enthalten, nicht aber die Umsätze von Beteiligungen bis 50 Prozent. Damit fallen etwa bei der Styria Media Group und der Moser Holding die Umsätze ihrer 50-50-Tochter Regionalmedien Austria (RMA) aus dem Konzernumsatz. Im Marktumsatz sind solche Beteiligungen anteilig eingerechnet. Beim Red Bull Media House wiederum weise ich einen – geschätzten – Marktumsatz aus, der versucht, klassische Medieneinnahmen wie Werbung und Vertrieb abzubilden. Denn: Der größte Teil des Umsatzes laut Jahresabschluss kommt vom Mutterkonzern Red Bull, für den das Media House im weiteren Sinne Marketing-Content liefert, etwa Videos von Red-Bull-Events und -Protagonisten. Beharrlich und konsequent schweigen die Mediengruppe Österreich und *Heute* über ihre Umsätze, auch in den Jahresabschlüssen stehen nur Rohergebnisse, die keine validen Rückschlüsse auf Umsätze zulassen. Ich schätze *Heute* anhand der 2017/18 für den Printverlag AHVV doch einmal veröffentlichten 38 Umsatzmillionen. Die Mediengruppe Österreich gab im Jahresabschluss 2021 an, sie habe mehr als 70 Millionen Euro Jahresumsatz.

Österreichs Medienhäuser Umsatz 2022 und Marktumsatz

Medienhaus	Umsatz 2022 in Mio.	Marktumsatz in Mio.
ORF	1070	
Red Bull Media House	518,3	65
Mediaprint	400	
Styria Media Group	293,9	411
ProSiebenSat1Puls4	179,1	
Sky	169	
IP Österreich (RTL-Vermarkter)	102,3	
Moser Holding	95	181
Russmedia (Verlag)	94	110
Wimmer Holding	86	
RMA Regionalmedien Austria	90,2	
Mediengruppe Österreich	70+	
Dasch-Gruppe / SN	75	
APA-Gruppe	74,4	
Standard-Gruppe	61	
VGN	50,3	
RMS Austria	40	
Heute-Gruppe	40	
Falstaff-Gruppe	33	
NÖ Pressehaus	30	
Echo Medienhaus	28,1	
Wiener Zeitung	24	
Falter-Gruppe	19	

Quelle: Firmenbuch, Eigenangaben, Schätzungen;
Geschäftsjahre bis 31.6. bei Mediaprint, Moser Holding, hier Geschäftsjahr 2021/2022;
Red Bull Media House, Wiener Zeitung GmbH: 2021.

KAPITEL 4

WIE ES LÄUFT – NOCH: ÖSTERREICHS MEDIENWELT, IHRE PLAYER, IHRE MECHANISMEN UND EIGENHEITEN IM ÜBERBLICK

Österreichs Medienwelt: Player, Mechanismen, Eigenheiten

So funktioniert Österreichs kleine Medienwelt – noch jedenfalls: In diesem Abschnitt geht es um Eigenheiten, Besonderheiten, die ewig gleichen Mechanismen und die wesentlichen Player – gemeint sind hier: Medien und ihre Eigentümer, weniger einzelne Medienmacherinnen und -macher.

Zum Einstieg in diese Medienwelt versuche ich – nach einem kurzen Reminder an die vielen Herausforderungen – einen raschen Überblick über die Branche und die größten Medienhäuser samt Eigentümern, über Boulevard und Qualitätsblätter, TV und Radio und Streaming, über das gemeinsame, aber keineswegs ausgeglichene Spielfeld in der digitalen Welt. Das Wichtigste über Österreichs Medienwelt in zwölf Punkten und ähnlich wenigen Minuten.

Dem raschen Überblick über Österreichs kleine Medienwelt folgt eine Sammlung von Spezialitäten, Phänomenen der Branche – von den ewiggleichen Mustern der Medienpolitik, die in Wahrheit vor allem der Verfassungsgerichtshof vorantreibt, über den ORF als Branchenriesen unter politischer Kontrolle bis zum ewigen Streit der *Krone*-Eigentümer, der wilden Geschichte der Fellner-Brüder und dem großteils antijournalistischen Phänomen parteiischer Medien von *Exxpress* bis FPÖ-TV.

Herausfordernde Zeiten

Die großen Entwicklungen und Herausforderungen beschäftigen auch die kleine österreichische Medienbranche – im raschen Überblick, ohne Anspruch auf Vollständigkeit:

→ Die **Konkurrenz der globalen Aggregatoren** von Aufmerksamkeit, Werbegeld und Wut: Alphabet, Meta und Co.
→ **Misstrauen und Nachrichtenmüdigkeit** und noch eine sehr überschaubare Zahlungsbereitschaft des Publikums, die

professionellen Journalismus in ausreichender redaktioneller Organisation bisher kaum finanzieren kann.
- → Zwischen **digitalen Werberiesen und überschaubarer digitaler Zahlungsbereitschaft** wird es wirtschaftlich eng. Das erhöht, besonders in Österreich, die Abhängigkeit von öffentlichen Förderungen, auch von informellen und nach Gutdünken steuerbaren Förderungen über Werbebuchungen.
- → **Populistische Politik und ihre eigenen Medien,** die journalistische Medien und ihre professionelle, kritische Arbeit desavouieren, sie attackieren und als politischen Gegner darstellen.
- → **Aggression und Gewaltbereitschaft** gegenüber Journalistinnen und Journalisten nehmen spürbar zu – verbal auf sozialen Medien, physisch etwa bei Demonstrationen.
- → **Medienpolitik,** missverstanden als Instrument von Machtpolitik und Eigennutz.
- → Das Publikum unter 30 in Österreich streamt **mehr als es linear fernsieht,** in einer Studie im Auftrag von TV-Sendern. Hier heißt die Konkurrenz um Aufmerksamkeit, Werbegeld und Zahlungsbereitschaft Netflix, Amazon Prime, Disney+, Sky, Dazn, Paramount+ und Co.
- → **Vervielfachte Papierpreise, teurer und immer schwierigerer Vertrieb,** und doch drucken viele der größeren Medienhäuser noch Zeitungen und Magazine. Das Geschäftsmodell hängt bei vielen noch wesentlich an Print.
- → Zum gewaltigen, teils existenziellen wirtschaftlichen Druck durch alle Erscheinungsformen der Teuerung, digitale Werbekonkurrenz und überschaubare digitale Zahlungsbereitschaft sehen sich private Medien 2023 auch noch mit einem neuen **ORF-Gesetz** konfrontiert, das dem ORF zwar einige neue Beschränkungen online, zugleich aber weit mehr Möglichkeiten im Streaming sowie eine gesicherte Finanzierung durch einen ORF-Beitrag von allen beschert. Manche Medienunternehmer sprechen von existenzieller Bedrohung durch einen gestärkten Marktbeherrscher ORF.
- → **Massiver Jobabbau.** Alleine von Jänner bis Mai 2023 wurden in der US-Medienbranche 17.436 Jobs gestrichen, ein

Höchstwert in den Aufzeichnungen der US-Personalberatung Challenger, Grey & Christmas, und mehr als in den ersten fünf Monaten des schon dramatischen Pandemiejahres 2020. Auch im Segment News wurden bis Mai 2023 schon mehr Jobs gestrichen als im Gesamtjahr 2021 in den USA. Und in Österreich? Die *Kleine Zeitung* trennte sich im Frühjahr von neun Redaktionsmitgliedern, weitere sechs leitende Redaktionsmitglieder von 220 nahmen ein generelles Trennungsangebot an. Der *Kurier* kürzte im Frühjahr rund ein Zehntel seiner rund 200 Redaktionsjobs, Altersteilzeiten und andere Maßnahmen kamen dazu. Auch weitere österreichische Medienhäuser sparen 2023 teils massiv Redaktionsjobs ein.

→ Die Branche beschäftigt aber auch der Aufholbedarf vieler Redaktionen und Medienbetriebe in Sachen **Diversität**, insbesondere in Führungsfunktionen. Rar sind dort Frauen: Bei der Tiroler Moser Holding wird 2024 Silvia Lieb Vorstandsvorsitzende. Bei den *Oberösterreichischen Nachrichten* ist Susanne Dickstein seit Anfang 2022 Chefredakteurin, beim *Kurier* anno 2023 Martina Salomon, bei *Profil* seit März 2023 Anna Thalhammer. Im ORF gibt es seit 2022 drei Direktorinnen von vier sowie drei Landesdirektorinnen von neun. Der Generaldirektor: ein Mann.

→ **Künstliche Intelligenz**, über Jahre beschworen, diskutiert und teils längst eingesetzt, rückt sie schlagartig im Herbst 2022 mit ChatGPT in den Fokus des öffentlichen Bewusstseins – von Perfektionierung der Falschinformation bis zum massiven Jobverlust.

→ **Aber:** Die digitale Welt eröffnet den Medien und ihren Machern neue Vertriebskanäle, neue und sehr spannende Möglichkeiten, Inhalte zu produzieren, zu gestalten und zu präsentieren und zu monetarisieren, neue Möglichkeiten auch der Automatisierung. Und vor allem sehr unmittelbare, sehr direkte Möglichkeiten herauszufinden, was ihr Publikum da draußen interessiert und beschäftigt. Das ist doch auch einiges.

Kipppunkt und Konsolidierung

Österreichs Medienbranche spürt 2023, im internationalen Vergleich vielleicht etwas spät, aber umso erschrockener, dass sie auf einen Kipppunkt zusteuert. Einen Punkt, an dem das alte Geschäftsmodell sich nicht mehr ausgeht. Das Modell von Werbefinanzierung, trotz hohen Anteils öffentlicher Buchungen. Die Abhängigkeit von öffentlichen Förderungen nimmt zu – und damit eine Abhängigkeit von der Politik. Parteiische und parteinahe Medien greifen an. Das Trägermedium Papier und sein Vertrieb, an dem aber auch die Zahlungsbereitschaft des Publikums hängt – und sich schwer in die digitale Welt übertragen lässt. Die Finanzierbarkeit von Journalismus. Der nationale Märkte beherrschende, abgesichert finanzierte öffentlich-rechtliche Rundfunk als gewaltiger Mitbewerber um Aufmerksamkeit, um Werbegeld, um Medienbudgets.

All das läuft auf eine „Konsolidierung" im österreichischen Medienmarkt hinaus – Branchenjargon für: Einzelne Medien und Medienunternehmen werden wohl aufgeben, übernommen werden oder eingestellt. Das kann Platz eröffnen für neue Medien und journalistische Initiativen. Das ist die optimistische Perspektive. Wahrscheinlicher ist: Es wird die Vielfalt von relevanten Medien im Markt weiter verengen.

Wie dieser österreichische Medienmarkt 2023 aussieht und warum er so aussieht, skizziere ich in diesem Kapitel. Nach einem raschen Rundflug zeige und erkläre ich eine Auswahl österreichischer Spezialitäten noch etwas näher.

Die großen Player in Österreichs Medienwelt

Österreichs Medienmarkt bestimmen einige wenige Familien, die katholische Kirche, Raiffeisen – und beim ORF öffentliche, politische Institutionen, die seine Gremien beschicken. Die mit Mehrheit Regierenden bestimmen natürlich auch den gesetzlichen Rahmen, auch für eine Menge öffentlicher Gelder in der Medienbranche. In einem so kleinen, so konzentrierten Markt wirkt und ist dieses Substrat dichter als anderswo.

Warum ist hier in den 2020er-Jahren noch immer so viel von Zeitungen und Magazinen die Rede? Ein großer Teil der größeren österreichischen Medienhäuser kommt aus dem Printgeschäft. Natürlich sind alle schon, mal mehr, mal weniger weit, online unterwegs, viele auch mit Video und TV/Streaming-Kanälen, Podcasts und viel Social-Media-Präsenz. Aber noch immer kommt bei vielen aus dem Printgeschäft der größte Teil der Einnahmen aus Werbung und Vertrieb. Das wird ein spannender weiterer Change-Prozess für einen großen Teil der österreichischen Medienbranche.

Auf dem Rundflug über Österreichs Medienbranche und ihre Player sind die Navigationspunkte einerseits die (größten) Medienunternehmen im Land, andererseits Mediengattungen wie TV/Streaming, Radio, Zeitungen, Magazine. Das wirkt in den 2020ern vielleicht ein bisschen oldschool, wirtschaftlich jedoch sind diese Kanäle – noch – relevant. Und in ihrer Geschichte liegen einige Erklärungen, warum es heute ist, wie es ist. Aber in der digitalen Welt finden sie sich alle auf einem großen, gemeinsamen Spielfeld wieder, in Konkurrenz mit den globalen Plattformriesen. Die stehen am oberen Rand dieses stark geneigten Spielfeldes. Die klassischen Medien spielen steil bergauf, sind gezwungen, einen *uphill battle* zu führen.

Beginnen wir beim einzigen österreichischen Milliardenunternehmen der Medienbranche, bei Funk und Fernsehen.

1. Der Öffi-Riese ORF

Der weitaus größte Medienkonzern ist der öffentlich-rechtliche ORF.
- → Der ORF ist **Marktführer** im linearen Fernsehen, Marktbeherrscher im linearen Radio, Nummer eins unter den österreichischen Nachrichtenportalen und betreibt die größte österreichische Streamingplattform.
- → Mit gut einer **Milliarde Umsatz** – und rund 4000 Beschäftigten – ist er etwa doppelt so groß wie die Nummer zwei, das Red Bull Media House, und zweieinhalb Mal so groß wie der *Krone-Kurier*-Zeitungsriese Mediaprint.
- → In Deutschland steht die öffentlich-rechtliche ARD auf Platz zwei der größten Medienunternehmen, das ZDF unter den Top Ten. In der Schweiz liegt die SRG vorne, aber deutlich knapper dahinter die privaten Medienhäuser Ringier und TX Group.
- → Mehr als zwei Drittel der ORF-Milliarde kommen aus einem für Haushalte und Firmen verpflichtenden **ORF-Beitrag**, der Rest vor allem aus Werbung.
- → **Wem gehört der ORF?** Der ORF ist als Stiftung organisiert, seine Aufsichtsgremien werden großteils von politischen Institutionen besetzt – und die wiederum bestellen, oft in Fraktionsdisziplin, das ORF-Management. Meist in der Hoffnung auf politischen Einfluss und passende Personalbesetzungen, nicht selten enttäuscht von tatsächlich unabhängig und kritisch agierenden ORF-Redaktionen.

Mehr zum ORF ab Seite 135

2. Medien aus der Dose: Red Bull

Marketing, Meinung und ein Milliardär haben das zweitgrößte Medienunternehmen des Landes geschaffen – das Red Bull Media House im Besitz des Red-Bull-Konzerns.
- → Rund eine halbe Milliarde Umsatz kommt zum allergrößten Teil aus dem Mutterkonzern um die Dose mit den zwei roten Stieren – Markenkommunikation und Marketing im

weitesten Sinne für Red Bull. Etwa mit dem Streamingportal Red Bull TV um Spitzensport, Extremsport, Clubkultur und moderne Heldensagen. Das Magazin *Red Bulletin* gehört in diese Welt, *carpe diem* ebenfalls.

→ Parallel dazu hat Konzerngründer **Dietrich Mateschitz Medien nach seinem Bild der Welt** geschaffen, Medien, die er gut fand. Hohe Produktionsqualität, stark regional verankert, mit einem, sagen wir, anderen journalistischen Zugang zu vielen Themen, etwa zu Corona. Servus TV ist das bekannteste Mateschitz-Medium, *Addendum* schon wieder eingestellt und vom Erklärmedium *Pragmaticus* abgelöst.

→ **Servus-TV-Chef Ferdinand Wegscheider** positionierte den Sender mit Nachrichten, Talk und seinem Wochenkommentar „Der Wegscheider" als rechtes Alternativmedium gegen den angeblichen „Mainstream", gegen Corona-Maßnahmen, Russland-Sanktionen und Ukraine-Unterstützung, gegen „die da oben". Servus TV ist, Stand 2023 und programmiert noch ganz nach Mateschitz' Geschmack und Budget, Österreichs größter Privatsender.

→ Mit Servus TV wollte Mateschitz eigentlich 2009 Fernsehen üben für sein Megaprojekt eines weltweiten TV-Kanals Red Bull Global TV. 2016 gibt er die Idee eines globalen linearen Red-Bull-TV als nicht zeitgemäß auf und verlegt sich auf **Streaming**. Red Bull ist nicht allein in Österreich auf YouTube und Instagram eine wesentliche Größe.

→ Konzerngründer **Dietrich Mateschitz starb im Oktober 2022.** Das Sagen im Konzern haben nun die thailändischen Mehrheitsgesellschafter, die Familie Yoovidhya. Was das für die Medien bedeutet, wird sich zeigen. 2023 werden erst einmal intern alle Aktivitäten „auf den Prüfstand gestellt", sagen Konzernkenner. Die gerade erst 2023 begonnene, jüngste Deutschland-Offensive von Servus TV mit News und Talk aus Springer-Produktion endet damit auch schon wieder.

Mehr über Mateschitz und Red-Bull-Medien ab Seite 179

3. Deutsche Riesen, privates Funken

Zum Schutz des ORF, auf den sich Österreichs Regierungen Einfluss zumindest erhofften, ließ Österreich als letztes Land Europas bundesweites Privatfernsehen zu. Erst 2003 konnte ATV starten.

→ Das ließ den deutschen TV-Konzernen viel Zeit, den Markt aufzurollen. Mit **Österreich-Versionen von RTL, ProSieben, Sat1** ab Mitte der 1990er-Jahre, die vor allem deutsches Programm zeigten, aber die Werbezeiten in Österreich noch einmal verkauften, billiger als ORF und österreichische Privatsender.

→ Manager Markus Breitenecker schuf auf dieser lange äußerst kommoden Finanzierungsbasis mit ProSiebenSat1Puls4 Österreichs größte Free-TV-Gruppe. Sie ist im Besitz von ProSiebenSat1Deutschland. Erst mit Programmfenstern in ProSieben und Co. für Österreich, 2007 übernahm man dann das Wiener Puls TV und macht daraus den nationalen Privatsender Puls 4. 2017 kaufte ProSiebenSat1Puls4 noch ATV und ATV 2 (kartellrechtlich durchaus diskussionswürdig von der Wettbewerbsbehörde mit Auflagen genehmigt). Beim Publikum unter fünfzig wurde die Gruppe mit der ATV-Übernahme Marktführer. Im September 2019 startete ProSiebenSat1Puls4 noch den Newskanal Puls 24. Im Frühjahr 2023 unternimmt die Gruppe mit **Joyn Österreich** einen großen neuen Anlauf zur großen österreichischen Streamingplattform mit ORF, Servus, Krone.TV, anderen Privaten und Privatradios an Bord. Der ORF startet seine neue Streamingplattform, auf der es ebenfalls Inhalte von Privatsendern geben soll, 2024 mit dem neuen ORF-Gesetz.

→ **Werbefinanziertes Privatfernsehen** – ist das in Zeiten des Streaming überhaupt noch relevant? 179 Millionen Umsatz und rund 16 Millionen Jahresergebnis (2021) von ProSiebenSat1Puls4 sind in Österreich jedenfalls eine sehr relevante Größe, die Kollegen von der IP machen – nach eigenen Angaben – rund 100 Millionen Euro Umsatz.

→ **Die RTL-Gruppe** (hier: IP Österreich) vermarktet lange alleine Werbung ohne Programm für Österreich, inzwischen kam Programm auf n-tv und etwa die Vermarktung von krone.TV dazu. Die *Kronen Zeitung* hält die Hälfte der Anteile an dieser IP-Vermarktung in Österreich.

→ Eine **Vielzahl von Verlagshäusern macht inzwischen Fernsehen,** die Fellner-Gruppe war mit Oe24.TV ab September 2016 früh dran, inzwischen gibt es etwa Kurier.TV, Krone.TV, OÖN TV, Ländle TV, Tirol.TV. Das liegt an Online-Nachfrage (auch der Werbekunden) nach Videocontent. Und an **20 Millionen Euro Privatrundfunkförderung.**

→ **Sky** ist der größere Pay-TV-Anbieter in Österreich mit großen Sportrechten wie der Fußballbundesliga (jedenfalls bis 2026), gehört dem US-Konzern Comcast und rauft naturgemäß mit Netflix, Amazon Prime, Disney+, Dazn und Co.

Beim Privatradio schon bremsten Österreichs Regierungen. Sie zögerten lange, brachten dann wider besseres Wissen verfassungswidrige Gesetze auf den Weg, die das Höchstgericht aufhob und damit viele Sendestarts bis 1998 verzögerte. Österreich ließ zunächst nur lokale und regionale Sender zu, bundesweites Privatradio erst 2004. So schützte man vor allem Ö3, das dem ORF gewaltige Werbeeinnahmen bringt.

→ Kronehit von *Krone* und *Kurier* war ab 2004 der erste und lange Zeit einzige, wirtschaftlich sehr erfolgreiche nationale Privatsender. Die Fellners versuchen 2023 gerade ihr 2019 gestartetes nationales Radio Austria zu verkaufen. 88.6, überregional in Ostösterreich on air und im Besitz der deutschen SWMH-Gruppe *(Süddeutsche Zeitung),* erweitert sein Sendegebiet laufend.

Mehr zu den Hürden für privates Funken ab Seite 131

4. Der Krone-Kurier-Zeitungsriese Mediaprint

Österreichs mächtigstes Blatt, die *Kronen Zeitung,* und der bürgerliche, mehrheitlich Raiffeisen gehörende *Kurier* sind in uralter Feindschaft in einem kompliziert konstruierten, den Zeitungsmarkt beherrschenden Konzern verbunden.

→ **Die Krone gehört** zu 50 Prozent der Gründerfamilie **Dichand** und zu 50 Prozent einer gemeinsamen Firma der deutschen **Funke-Mediengruppe** und des österreichischen Immobilienmilliardärs **René Benko** (Signa-Gruppe). Funke hält an der gemeinsamen Firma 51 Prozent, Benko 49.

→ **Der Kurier gehört** zu 50,56 Prozent **Raiffeisen** und zu 49,44 Prozent ebenfalls Funke/Benko.

→ **Die Mediaprint gehört** den beiden Zeitungen *Krone* und *Kurier*. Grundlegende Entscheidungen trifft der Mediaprint-Gesellschafterausschuss mit je zwei Vertretern der Zeitungseigentümer Dichand, Raiffeisen und Funke/Benko.

→ **Dauerstreit.** Die Gesellschafter, vor allem Dichand und Funke, streiten seit Jahrzehnten, die alten Konkurrenten *Krone* und *Kurier* werden auch keine Freunde mehr. Die Lähmung durch diese Auseinandersetzungen macht den Verlagsriesen in der Praxis vielleicht etwas weniger gefährlich.

→ **Zeitungsriese.** Die *Kronen Zeitung* ist auch 2023 noch die weitaus größte Tageszeitung des Landes, gut ein Fünftel der Bevölkerung ab 14 liest sie laut Media-Analyse täglich. 2005 sagte das noch fast die Hälfte der Menschen ab 14. Inzwischen ist krone.at an ihrer Seite online eine bestimmende Größe.

→ Österreichs Spitzenpolitik fürchtet und umwirbt die *Krone* und die Eigentümerfamilie Dichand.

→ **Familie Dichand hat ihre Marktmacht strategisch klug auf zwei Beine gestellt.** Seit 2004 betreibt Eva Dichand, die Frau des *Krone*-Herausgebers Christoph Dichand, die Gratiszeitung **Heute** als Herausgeberin und, über Stiftungen, Miteigentümerin. *Heute* ist von 2010 bis 2021 Marktführer in Wien (2022 liegt die *Krone* knapp vorn) – und kam erfolgreich dem Angriff der Fellners mit der Gratis- und Kaufzeitung *Oe24/Österreich* zuvor.

Mehr ab den Seiten 160 (Boulevard) und 166 (Krone-Streit)

5. Der Wiener Gratisboulevard – Heute gegen Oe24, Dichand gegen Fellner

Dichands gegen Fellners – ein Wiener Derby, das derber kaum sein könnte. Und es sieht schon länger danach aus, dass die Fellners eher nicht als Sieger hervorgehen.

→ *Heute* war eine schlaue Abwehrwaffe des *Krone*-Gründers Hans Dichand gegen die Fellners und andere Gratisblätter. Auch wenn er damit offiziell nichts zu tun haben durfte, im ewigen Streit mit den deutschen *Krone*-Mitgesellschaftern, der Funke-Gruppe. Also übernahm Wolfgang Jansky, bis dahin Pressesprecher des Dichand-Wahlneffen und damaligen Wiener Wohnbaustadtrats Werner Faymann (SPÖ), die Gründung von *Heute*, bald war Hans Dichands Schwiegertochter Eva Dichand an Bord. Das Gratisblatt besetzte den Wiener Markt 2004, zwei Jahre vor dem Start der Fellners mit *Österreich/Oe24*.

→ *Österreich* startete als Kauf- und Gratiszeitung, erst mit täglichen Farbmagazinen und und als Blatt von Qualität angekündigt. Das Konzept der Qualitätsanmutung warf Herausgeber Wolfgang Fellner schon knapp vor Start über Bord, die beigelegten Magazine bald mangels wirtschaftlichem Erfolg. Und rasch wurde aus *Österreich* eine Art österreichische *Bild*, und *Oe24* setzte online vor allem auf regelmäßige Weltuntergänge, Hitler-Sichtungen und andere „Aufreger" für Social Media. Das überregionale Radio Austria und Regionalsender wie Antenne Salzburg stellt man 2023 zum Verkauf. Oe24 TV bietet Herausgeber Wolfgang Fellner ein Betätigungsfeld. Er zieht sich nach spektakulären Verfahren wegen sexueller Belästigung und einem vielmillionenschweren Schuldenschnitt der Mediengruppe 2022 aus seinen Managementfunktionen und Anteilen zurück und übergibt an Sohn Niki und dessen Cousine Alexandra. Die Gratiszeitung der Fellners heißt seit 2018 statt *Österreich* nun *Oe24*, gemeinsam mit der Kaufversion *Österreich* liegt man in der Media-Analyse national auf Platz fünf (MA 2022).

→ Es gibt auch Verbindendes auf dem Boulevard: Gegen Dichands wie Fellners erhebt die Wirtschafts- und Staatsanwaltschaft in ihren Ermittlungen 2021 bis 2023 den Vorwurf, sie hätten für Inseratenbuchungen wohlwollende Berichterstattung versprochen – was beide in seltener Einigkeit zurückweisen.

Mehr auf den Seiten 160 (Boulevard), 166 (Krone-Streit), 170 (Fellners)

6. Zwischen Gott und Gewinn – die Styria

Einer der großen Player in Österreichs Mediengeschäft, die Grazer Styria Media Group, hat vor allem einen Startvorteil: Die Eigentümer verlangen keine wesentlichen Gewinnausschüttungen, das Geld bleibt im Konzern.

→ **Die Styria gehört der Katholischen Medien Verein Privatstiftung.** 1,67 Prozent hält noch der langjährige Alleineigentümer und Stifter, der Katholische Medienverein in der Diözese Graz-Seckau von mehr als 100 Katholikinnen und Katholiken mit publizistischem Sendungsbewusstsein.

→ Die Styria gehört also nicht der Kirche. Aber der katholische Bischof von Graz-Seckau ist „Protektor" des Medienvereins. Der Bischof könnte den vom Verein gewählten Obmann und seinen Stellvertreter ablehnen. Er könnte auch Einspruch gegen Mitglieder des operativen Verwaltungsausschusses einlegen. Der Obmann wiederum ist automatisch auch Stiftungsvorstand. Und der Verein bestimmende Größe in den Gremien. Bei Auflösung des Vereins kann der Bischof bestimmen, welchem gemeinnützigen oder kirchlichen Zweck das Vereinsvermögen zukommen soll.

→ Mediales Herzstück der Styria, auch wirtschaftlich, ist die *Kleine Zeitung,* die den regionalen Medienmarkt Steiermark und Kärnten dominiert.

→ Die bürgerlich-liberale Qualitätszeitung **Die Presse** gehört seit 1992 ganz der Styria.

→ Am großen, österreichweiten Gratiswochenzeitungskonzern **RMA** (Regional Medien Austria) mit 127 Titeln wie *Bezirks-*

blätter und *Meine Woche* hält die Styria 50 Prozent, die andere Hälfte gehört der Tiroler Moser Holding. Die betreibt mit der Styria auch einen Ring von regionalen Gratismonats-Lifestylemagazinen wie *Tirolerin* und *Niederösterreicherin,* inzwischen auch *Wienerin,* gemeinsam „Bundesländerinnen" genannt.

→ Wirtschaftlich wesentlich ist **Willhaben.***at* – das Marktplatzportal ist klarer Marktführer und gehört zur Hälfte den Styria-Tageszeitungen, die übrigen 50 Prozent hält die börsenotierte Osloer Adevinta-Gruppe (an der ist der norwegische Medienkonzern Schibsted wesentlich beteiligt).

→ In **Kroatien** ist die Styria bestimmender Player mit Tageszeitungen, Onlineportalen und einem Marktplatzportal, auch in Slowenien ist sie mit einer solchen Plattform Marktführer.

Mehr über kirchennahe Medien ab Seite 188

7. Regionale Größen

Familien und ihre Stiftungen regieren die regionalen Medienmärkte von Vorarlberg bis Oberösterreich mit einer Tageszeitung, mal näher, mal weniger nah zum örtlichen bürgerlichen Lager. Die Regionalverlage, Styria inklusive, bestimmen stark die Politik eines medienpolitischen Machtzentrums, des Kaufzeitungsverbandes VÖZ. Je näher die Regionalverlage dem *Krone*-Heimmarkt Ostösterreich liegen, desto härter das Match mit der Regionalausgabe dieses Kleinformats.

→ **Oberösterreich** Die Verlegerfamilie Cuturi besitzt – großteils über eine Privatstiftung – die Wimmer Holding mit den *Oberösterreichischen Nachrichten,* der regionalen Gratiswochenzeitung *Tips,* 35 Prozent am Life Radio Oberösterreich, TV1 Oberösterreich. Wirtschaftliches Gewicht hat hier auch das Immobiliengeschäft mit den Promenaden-Galerien in Linz.

→ **Salzburg** Die Herausgeberfamilie Dasch besitzt die auch als überregionale Qualitätszeitung positionierten *Salzbur-*

ger Nachrichten samt der Gratis-Wochenzeitung *Salzburger Woche* und hat eine gemeinsame Druckerei mit der Mediaprint.

→ **Tirol** Die Moser Holding mit der *Tiroler Tageszeitung*, der Gratistageszeitung *TT kompakt* und der *TT am Sonntag* gehört zu 75,01 Prozent den Nachkommen des Gründers Joseph Stephan Moser, zu 24,99 Prozent der Hausbank BTV. Hält 50 Prozent am Gratiswochenzeitungsring RMA (mit der Styria wie die „Bundesländerinnen"-Gratismonatsmagazine), betreibt das Life Radio Tirol und Tirol TV und die Hauszustellung mit der Mediaprint.

→ **Vorarlberg** Die Mediengruppe Russmedia im Besitz der Familie des höchst digitalaffinen Eugen A. Russ und seines Sohnes Eugen B. Russ deckt Vorarlberg mit zwei Tageszeitungen ab, *Vorarlberger Nachrichten* und *Neue Vorarlberger,* mit Vol.at, mit regionalen und lokalen Wochenzeitungen, mit Ländle TV, mit der Antenne Vorarlberg. Hier schaffte es nicht einmal die *Krone,* Fuß zu fassen. Russmedia ist – vor allem mit Marktplatz- und Mietportalen – international aktiv. In Ostösterreich ist Russmedia an Radio Arabella beteiligt.

→ **Niederösterreich und Burgenland** Hier gibt es zwar keine regionale Tageszeitung, *Krone* und *Kurier* haben alle erledigt. *Heute* ist hier präsent, auch *Oe24* der Fellners bemühte sich. Aber es gibt regionale Kaufwochenzeitungen in echtem Kirchenbesitz: Die Diözese St. Pölten hält 54 Prozent am Niederösterreichischen Pressehaus mit *NÖN* in Niederösterreich und *BVZ* im Burgenland, den Rest teilen sich der katholische Pressverein und Raiffeisen NÖ-Wien. *NÖN* und *BVZ* ringen mit den kostenlosen *Bezirksblättern* der RMA.

8. Die Qualität der Auseinandersetzung: Standard, Presse und Co.

Was ist eigentlich eine Qualitätszeitung, was macht sie aus? Für mich laufen viele Definitionen etwa hinaus auf: seriöser, erklärender Journalismus nach medienethischen Standards. Zum Segment der täglichen Qualitätszeitungen werden relativ unstrittig der *Standard* und die *Presse* gezählt, auch die regionalen *Salzburger Nachrichten*, die republikseigene *Wiener Zeitung*, täglich gedruckt bis Mitte 2023. Der *Kurier* definiert sich als Qualitätszeitung. Und ist nicht auch die *Kleine Zeitung* eine sehr modern gemachte Qualitätszeitung, zugleich Regionaltitel und Massenblatt? Ich habe einige Gründer und Macher von Qualitätsmedien gefragt, wie sie das Genre definieren (siehe ab Seite 59). Hier nur ein rascher Überblick – alle setzen natürlich längst jenseits von Zeitung und Online auf Podcasts, Video, Newsletter und andere Formate:

→ ***Der Standard***, gegründet 1988 von Oscar Bronner, der zuvor schon *Profil* und *Trend* gestartet hatte; im Familienbesitz. Die Media-Analyse sieht die als eher ökologisch-sozial-liberal eingestufte, lachsfarbene Zeitung 2022 national auf Platz vier der Tageszeitungen, unter den Kaufblättern auf Platz drei nach *Krone* und *Kleiner Zeitung*. 1995 als erste deutschsprachige Tageszeitung im Netz, betreibt das nach eigenen Angaben diskussionsfreudigste Forum im deutschsprachigen Raum mit 2023 rund 50.000 Postings pro Tag. Rund die Hälfte der Werbeeinnahmen werden online generiert.

→ ***Die Presse***, gegründet 1848, wird als eher bürgerlich-liberal eingestuft. Sie gehört seit 1992 ganz dem Grazer Medienkonzern Styria (davor hielten Wirtschaftskammer-Organisationen Anteile). Hat monothematische Titelseiten und seit 2009 eine aufwendige Sonntagsausgabe und setzte früh und konsequent auf Paid-Modelle mit 2023 den meisten Digitalabos.

→ Der *Kurier* bewegt sich traditionell auf einem Mittelweg zwischen Breite, einst im Match mit der *Krone* auch Masse, und Qualität. Musste sich ab 1988 in der Mediaprint auf Ostösterreich fokussieren. Eine knappe Mehrheit gehört Raiffeisen, der Rest der deutschen Funke-Gruppe und der von René Benko geführten Signa-Gruppe.

→ Die republikseigene *Wiener Zeitung* positionierte sich als Qualitätszeitung. 2023 wurde die gesetzliche Verpflichtung etwa von Aktiengesellschaften abgeschafft, ihre Jahresabschlüsse kostenpflichtig im „Amtsblatt" zu veröffentlichen. Damit fiel ihre Haupteinnahmequelle weg. Als Onlinemedium und Journalismusausbildung im Besitz der Republik und dem Bundeskanzleramt unterstellt, wird sie weiterhin mit 16,5 Millionen Euro pro Jahr aus dem Bundesbudget subventioniert.

Mehr zur Wiener Zeitung ab Seite 190

9. „Nur" APA: Die Info-Infrastruktur

Die Nachrichtenagentur ist die journalistische und teils auch technologische Grundversorgung vieler Medien.

Die drei Buchstaben APA – für Austria Presse Agentur – sind nicht selten von einem skeptischen bis abwertenden Unterton begleitet, von einem „nur" oder „alles nur". Auf den Webseiten von Medium a, b oder c fänden sich viele, zu viele oder eben „nur" Meldungen der österreichischen Nachrichtenagentur, kritisieren Userinnen und User, aber auch Journalistinnen und Journalisten immer wieder in Foren oder Diskussionen. Ich kann diesen Unterton nicht nachvollziehen, und das liegt nicht alleine daran, dass ich in den 1990ern bei der APA begonnen habe, als Journalist zu arbeiten.

Ebenso unverständlich ist mir, dass professionelle Journalistinnen und Medienleute davon sprechen, sie hätten etwas „in die APA gegeben" oder „gestellt"; das liegt bei manchen aber vielleicht auch nur an einer Verwechslung mit APA-OTS, einem von der Redaktion getrennten Kanal für (bezahlte) Aussendungen in der inhaltlichen Verantwortung der Aussender.

In der APA arbeiten 145 Journalistinnen und Journalisten rund um die Uhr. Sie screenen internationale Agenturen zum Weltgeschehen und filtern, fassen zusammen, was sie als relevant für österreichische Medien erachten. Sie berichten Wesentliches über und für Österreich. Sie liefern eine journalistische Grundversorgung vieler Medien in Österreich.

Ein Fact-Checking-Team identifiziert seit 2020 Falschnachrichten etwa in sozialen Medien.

Die APA ist eine private Nachrichtenagentur, organisiert als Genossenschaft, im Eigentum des ORF und der größeren Zeitungshäuser – mit Ausnahme der *Kronen Zeitung*.

Die APA-Eigentümer und ihre Anteile (gerundet, bei Zeitungen nach Auflagen)

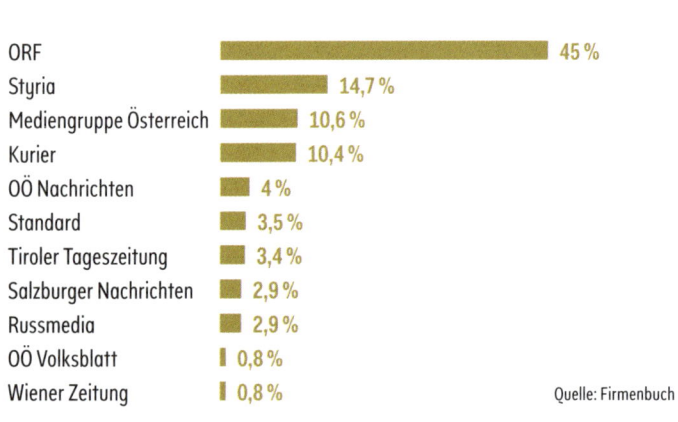

ORF	45 %
Styria	14,7 %
Mediengruppe Österreich	10,6 %
Kurier	10,4 %
OÖ Nachrichten	4 %
Standard	3,5 %
Tiroler Tageszeitung	3,4 %
Salzburger Nachrichten	2,9 %
Russmedia	2,9 %
OÖ Volksblatt	0,8 %
Wiener Zeitung	0,8 %

Quelle: Firmenbuch

Die österreichische Agentur ist laut Geschäftsführer Clemens Pig eine von nur 20 staatsunabhängigen unter weltweit insgesamt 140 Nachrichtenagenturen.

Sie hält seit 2017 mit 30 Prozent auch den größten Anteil an der Schweizer Nachrichtenagentur sda. Die APA definiert sich 2023 als größte nationale Nachrichtenagenturgruppe Europas – die größeren Kollegen AFP (Frankreich), DPA (Deutschland), EFE (Spanien) und PA (UK) operierten ja international oder global.

Wesentliche Geschäftsfelder der APA sind etwa Technologie-Dienstleistungen, Mediendatenbanken, die Plattform OTS für bezahlte Aussendungen etwa von Unternehmen, Institutionen, Parteien und Medienbeobachtung. Sie versteht sich als Entwicklungs- und Innovationszentrum mit Medienfokus.

10. Von Qualität bis bunt: Magazine von Falter bis Woche

Qualitätsjournalismus ist, klar, keine Frage der Erscheinungsfrequenz und des Trägermediums.

→ **Im Wochenmarkt** matcht sich hier der *Falter* von Gründer Armin Thurnher, Geschäftsführer Siegmar Schlager, Chefredakteur Florian Klenk und der Anwälte Hans Michel Piëch und Hannes Pflaum mit *Profil* aus dem Hause Kurier. Die deutsche *Zeit* hat regionale Seiten in ihrer Österreich-Ausgabe. Das wöchentliche *News* aus der VGN müht sich, mitzuspielen, und steht 2023 wieder einmal an der Kippe (womöglich zur Fusion mit dem hauseigenen *Trend*). Das Wirtschaftsmagazin *Trend* aus Horst Pirkers VGN-Magazingruppe kommt nicht mehr durchgängig wöchentlich; Gegenspieler *Gewinn* von *Krone*-Co-Chefredakteur Georg Wailand erscheint monatlich und strich 2022 sein Extra für Abonnenten namens *Top-Gewinn*.

→ **Monatliche Qualität.** *Datum* von Herausgeber Sebastian Loudon kommt zehnmal im Jahr als Monatsmagazin mit Qualitätsanspruch für Politik und Gesellschaft. Die werbefreie Online-Rechercheplattform *Dossier* bringt mehrmals jährlich aufwendige Schwerpunktmagazine heraus, um ihre Finanzierung über Mitglieder, Spenden und Förderungen zu sichern. Das feuilletonistische *Fleisch-Magazin* von Herausgeber Markus Huber finanziert sich wesentlich über Corporate Publishing.

→ **Qualitätsanspruch digital.** 2023 startete etwa das Onlinemedium *tageins* von Dominik Ritter-Wurnig mit Qualitätsanspruch. Stefan Apfl, früher *Datum*-Chefredakteur, betreibt seit 2021 den Digitalverlag #Hashtag vor allem für Videoformate auf Social Media wie „politik:oida", er produziert auch für den ORF. Auf Podcasts spezialisierte sich der Medienmanager und Strategieberater Stefan Lassnig mit den Partnern Prapas Stergios und Sebastian Krause bei Missing

Link Media etwa mit „Ganz offen gesagt" oder Michael Nikbakhsh „Die Dunkelkammer" sowie Auftragsproduktionen für Medienhäuser.

→ **Leben, Menschen, Lifestyle.** Magazine von der einen oder anderen Qualität sind auch *Terra Mater* (Wissen), *Bergwelten*, *Servus in Stadt und Land* (meistgekauftes Monatsmagazin) und das letztlich die Energy-Marke und ihre Lebenswelt promotende *Red Bulletin* aus dem Red Bull Media House. Ebenso *Woman* aus der VGN oder die *Autorevue* aus der VGN, *Home* von Alexander Geringers Ahead Media.

→ **Ein Kessel Buntes** Noch bunter wird es im Magazinmarkt mit dem weitaus größten Kauftitel *Die Ganze Woche* von Noah Falk im Yellow-Press-Segment. Mit vielen, vielen Magazinen der Mediengruppe Österreich, die vor allem der Kaufzeitung *Österreich* beiliegen, etwa *Seitenblicke*. Mit der Gratis-Regionalmagazingruppe Bundesländerinnen (Von *Wienerin* bis *Vorarlbergerin*) unter dem Dach der Life Style Magazin GmbH von Moser Holding und Styria. Mit *Wien Live Look* von Uschi Fellner und Titeln des Wiener Echo Medienhaus von Christian Pöttler, das auch das *Wiener Bezirksblatt* herausgibt (und das Donauinselfest für die Stadt Wien organisiert). Und vielen, vielen mehr.

Mehr ab den Seiten 170 (Fellners), 173 (VGN), 176 (Kartellfälle)

11. Partei ergreifen, von Partei ergriffen

Hier geht es um Medien, die Parteien nahestehen, von Parteien betrieben oder finanziert werden, von parteinahen Menschen oder Organisationen oder mit einer besonderen parteipolitischen Ausrichtung. Das ist ein weites, in vielen Nuancen und Abstufungen schillerndes Feld. Ich gliedere es, sehr grob, in erkennbare politische Nähe. Eine Zuordnung zu einer politischen Richtung bedeutet nicht: das ist ein Parteimedium – das würden viele auch vehement zurückweisen.

→ **Von freiheitlich bis extrem weit rechts.** Die FPÖ suchte den direkten Zugang über eigene Medien recht früh. 2007 startete FPÖ-TV vor allem via YouTube. 2009 begann *unzensuriert.at*, getragen von Mitarbeitern des damaligen Nationalratspräsidenten Martin Graf von der FPÖ, mit einigem Erfolg auch in Deutschland. Die Facebookseite Heinz-Christian Strache war bis zum Ibiza-Abgang des Parteichefs das Parteimedium. Die *Neue Freie Zeitung* ist eine wöchentliche Parteizeitung. Ideologisch nahe standen und stehen der FPÖ etwa *Zur Zeit* und die inzwischen eingestellte *Aula* und der im Herbst 2022 auf Papier wie online eingestellte *Wochenblick* in Oberösterreich. Dort findet sich ein Cluster mit weit rechts stehenden Outlets wie AUF1 TV und *Info-Direkt*.

→ **Rechtskonservativ bis bürgerlich.** *Exxpress*-Gründer Richard Schmitt hat schon im Social-Media-Pingpong mit Heinz-Christian Strache *krone.at* hochgezogen, er weiß, welche Themen aufregend gut klicken. Der *Exxpress,* gestartet im März 2021, bewegt sich nun zwischen russischen und freiheitlichen Quellen, Establishmentbashing und Support für die ÖVP. Herausgeberin Eva Hieblinger-Schütz ist die Frau von Investor und ÖVP-Spender Alexander Schütz, der schon mit Heinz-Christian Strache über „rote Zecken" in Medienunternehmen chattete. Der ÖVP-Parlamentsklub hat im Februar 2021 *zur-sache.at* gegründet, bisher eher wenig beachtet. Sebastian Kurz hat seine Social-Media-Accounts nach seinem Abgang 2021 mitgenommen; seine türkise ÖVP setzte stark auf WhatsApp- und Mailansprache. In Oberösterreich betreibt die ÖVP über einen Treuhänder die letzte Parteitageszeitung, das *Oberösterreichische Volksblatt.* Weil man das Blatt hat, habe man kein Problem mit Parteispenden, erklärte der ehemalige Landeshauptmann und Landesparteichef Josef Pühringer recht offen: „Wer uns unterstützen will, kann im *Volksblatt* inserieren."

→ **Sozialdemokratisch rosa bis rot.** Der SPÖ-Parlamentsklub betreibt seit Juli 2016 *kontrast.at*. Die SPÖ-nahe Leykam AG reanimierte die 2001 eingestellte, sehr parteinahe Tageszeitung *Neue Zeit* digital im Herbst 2020. Der sozialliberale Thinktank Momentum-Institut hat *Moment.at.*

→ **Linker Boulevard** war das erklärte Ziel des Ex-Grünen, Ex-Listengründers Peter Pilz für *Zackzack.at.* Der Aufdecker finanzierte die Plattform mit 1,2 Millionen aus Mitteln für die Parteiakademie seiner Liste Jetzt, die 2019 aus dem Nationalrat flog. Viele Enthüllungsstorys und einige Millionenklagen unter anderem von René Benkos Signa überlebte es. Im Frühjahr 2023 kündigte Pilz große Teile der Mannschaft, rief zu Spenden auf, da sonst die Einstellung drohe. Er macht doch weiter – aber nicht mehr tagesaktuell und als „Forum" definiert mit Gastautoren.

Mehr ab Seite 186

12. Gemeinsam gegeneinander in der digitalen Welt

Sie alle kommen nun in der digitalen Welt auf einem gemeinsamen Spielfeld zusammen – ORF und *Zackzack,* die *Krone* und der *Standard,* der *Falter* und der *Exxpress,* die *Vorarlberger Nachrichten* und die burgenländischen *Bezirksblätter* – *AUF1* und, wenn nicht gerade EU-Sanktionen greifen, auch *RT* (Russia Today). Und gemeinsam stoßen sie hier auf die globalen Digitalriesen von Google bis Insta, von Netflix bis Disney+, von Spotify bis Dazn.

KAPITEL 5

ÖSTERREICHISCHE SPEZIALITÄTEN – EIN MEDIALES KURIOSITÄTENKABINETT

Österreichische Spezialitäten

Wer noch ein Stück tiefer blicken will in das Kuriositätenkabinett österreichischer Eigenheiten – hier kommt noch mehr über einige der Phänomene und Player, historische Entwicklungen und Verwicklungen einer so eigenen Medienlandschaft.

- → Medien und Medienpolitik: Die ewigen Kämpfe und Deals – und der Big Bang 2023. Seite 127
- → Medienpolitik macht der Verfassungsgerichtshof – bei ORF-Beitrag, Politikeinfluss im ORF und Privatfunk. Seite 131
- → Der öffentlich-rechtliche Riese ORF: Politeinfluss und ORF-Beitrag. Seite 135
- → Das Land der Medienförderungen. Seite 148
- → Medienförderung nach Gutsherrenart: Regierungswerbung. Seite 155
- → Boulevard macht Politik, Politik macht Boulevard – *Krone, Heute, Österreich*. Seite 160
- → Der ewige Streit um die *Krone*. Seite 166
- → Aufstieg und Fall der Brüder Fellner. Seite 170
- → Wie man praktisch umsonst einen Magazinkonzern übernimmt. Seite 173
- → Medienmonopole, Marktbeherrschung: Die spektakulärsten Kartellfälle. Seite 176
- → Der Milliardär als Medienmacher mit Mission – und sein Wegscheider. Seite 179
- → *Exxpress*-Verbindung zwischen Türkis und Blau. Seite 182
- → Rechts um: Die freiheitliche Medienwelt. Seite 186
- → In Gottes Namen: Kirche und Co. machen Medien. Seite 188
- → Das Organ der Republik: Das seltsame Leben und Sterben der *Wiener Zeitung*. Seite 190
- → Wer kontrolliert die Medien? Medienrecht, Medienaufsicht, Medienethik. Seite 192
- → Österreich weit hinter Osttimor, Samoa und Namibia: Was ist eigentlich Medienfreiheit? Seite 195
- → Klein, jung, anders. Seite 198

Medien und Medienpolitik: Die ewigen Kämpfe und Deals – und der Big Bang 2023

Über Jahrzehnte bestand Österreichs Medienpolitik in der Umsetzung von Deals zwischen Medien und ihren großen Interessengruppen. Danach sah es auch 2022 aus, als Medienministerin Susanne Raab (ÖVP) das ORF-Gesetz mit vielen Gesprächsrunden in der Branche anging. Doch aus der Sicht der privaten Medienunternehmer, vor allem der Verleger wurde daraus ein Super-GAU – gegen den sie 2023 die EU-Kommission einschalten, wie schon in den 2000er-Jahren einmal.

Medienpolitik soll in meinem Verständnis bestmögliche Rahmenbedingungen schaffen für unabhängige, umfassende, vielfältige, kritische und am besten auch lösungsorientierte Information der Menschen im Land, die zu möglichst informierten demokratischen, gesellschaftlichen, aber auch wirtschaftlichen und persönlichen Entscheidungen beitragen.

Dieser Anspruch stößt aber auf einige andere Interessen.

Politikerinnen und Politiker machen Medienpolitik, die mit Blick auf ihre Funktion und die nächsten Wahlen möglichst positiv bei den Menschen da draußen ankommen wollen. Medien prägen ihr Bild zumindest mit. Und es ist ganz und gar nicht ihre Aufgabe im demokratischen Gefüge, das nach den Erwartungen der Politiker:innen zu tun.

Medienunternehmen wollen ihr Medium oder ihre Medien wirtschaftlich tragfähig finanzieren und damit Gewinne erwirtschaften, ihre Arbeitnehmer einen tragfähigen Job haben. Medien sind auch Wirtschaftsunternehmen (selbst die öffentlich-rechtlichen). Unabhängigkeit basiert auch auf ausreichender Finanzierung.

Medien finanzieren sich üblicherweise aus Beiträgen ihrer Userinnen und User und aus Wirtschaftswerbung, gerade im kleinen, konzentrierten Markt Österreich kommen dazu noch wesentliche öffentliche Förderungen.

Die großen Deals

Zwei große Interessengruppen – der Zeitungsverband VÖZ und der große öffentlich-rechtliche ORF – machten Medienpolitik über Jahrzehnte untereinander aus, und die Politik setzte sie nach Möglichkeit so um. Nach mehreren Verschärfungen des österreichischen Kartellrechts würde man heute von Kartellvereinbarungen sprechen. Deshalb gibt es solche Deals so explizit und formell nicht mehr. Dreimal schlossen Verleger und ORF per Vertrag sogenannte „elektronische Grundkonsense", den vierten nannten sie „Medien-Marktordnung", meist ging es damals um die Zulassung privaten Radios und Fernsehens.

1985: Der ORF verzichtet für drei Jahre auf regionale TV-Werbung und verspricht, einen Frequenzbereich für private Verlegerradios zu reservieren. Die Verleger verzichten für drei Jahre auf Forderungen nach privatem Rundfunk. Der ORF bekommt bisher untersagte TV-Werbung auch an Sonntagen.

1987: Bis 1995 soll es keine weiteren österreichischen TV-Kanäle geben. Privates Radio schon, Lizenzen soll es alleine für Zeitungsverleger geben (verfassungswidrig), und zwar nur regionale, um Ö3 zu schützen; das ORF-Aufsichtsgremium soll die Lizenzen für Private vergeben und überwachen. So ähnlich sehen dann tatsächlich die ersten Privatradiogesetze aus, nur ohne ORF-Vergabe, faktisch erhalten vor allem Verleger Lizenzen. Der Verfassungsgerichtshof kippt das Gesetz 1995.

1993 vereinbaren die Medialpartner 42 statt bisher 20 Minuten TV-Werbezeit für den ORF, ein Drittel mehr Radiowerbezeit erst ab 2000. Das wird so Gesetz. Der ORF verzichtet zugunsten regionaler Verleger auf regionale TV-Werbung und regionale Werbung in Ö3, die der Landesstudios wird limitiert.

1999 vereinbaren der Zeitungsverband VÖZ (gerade sind *Krone* und *Kurier* im Streit vorübergehend aus dem Verband ausgetreten) und ORF eine „Medien-Marktordnung": Privatfernsehen in Form von regionalen Programmfenstern für Verlage in ORF 2. Die letzten freien TV-Frequenzen für einen nationalen Kanal sollen für den ORF und dessen Umstieg auf Digital-TV reserviert werden. Diese Vereinbarung von Verlegern und ORF wird nicht umgesetzt. Ebenso wenig eine gemeinsame Onlinevermarktung von ORF und Zeitungen – über die die nächsten Jahrzehnte immer wieder diskutiert wird.

Die erste ÖVP-FPÖ-Regierung ab 2000 vergibt dann doch Privatfernseh-Lizenzen und färbt den ORF und seine Führung mit einem neuen Gesetz um auf Schwarz mit ein bisschen Blau.

Für das nächste ORF-Gesetz **2010** greifen Österreichs Verleger und Privatsender zu einem neuen medienpolitischen Druckmittel: Sie erheben eine Beschwerde bei der EU-Kommission gegen die Republik Österreich, wonach die GIS-Rundfunkgebühren den Medienmarkt EU-rechtswidrig verzerrten und es genauere Regeln für den ORF brauche. Die Beschwerde endet mit Zusicherungen Österreichs an die EU und dem ORF-Gesetz von 2010 mit genaueren Vorgaben über die öffentlich-rechtlichen Aufgaben des ORF und ihre Finanzierung, über ORF-Kontrolle durch eine unabhängige Medienbehörde. Und das Gesetz bringt auf Druck der EU, aber noch viel massiveren Druck der Verleger, deutliche Beschränkungen für den ORF online. Bis 2024 wird sich der ORF um eine Lockerung bemühen – ARD, ZDF, die BBC und andere konnten sich deutlich schneller wieder von Sieben-Tage-Beschränkungen für Streaming und anderen europäischen Standards der 2000er-Jahre verabschieden.

Big Bang 2023

2022 beginnt Susanne Raab ihre Tätigkeit als Medienministerin mit einer Vielzahl von Konferenzen, in denen sie und ihr Team mehr als nur die großen Medialpartner hören. Die Verhandlungen über ein ORF-Gesetz werden wieder zu einem großen Bazar zwischen ORF, Verlegern und Privatsendern über Werbebeschränkungen etwa im Radio und Textreduktion auf

ORF.at für Streamingmöglichkeiten und Social-Media-Spielraum. In einem kleinen Markt mit einem so großen öffentlich-rechtlichen Marktbeherrscher, argumentieren die Privaten, gehe es rasch um ihre Existenz.

Und die sehen private Medien 2023 durch das neue ORF-Gesetz massiv gefährdet: Der ORF bekommt ab 2024 eine Haushaltsabgabe von allen (die GIS mit Ausnahmen für Streaming hat der Verfassungsgerichtshof mit Ende 2023 als verfassungswidrig aufgehoben). Er darf Video- und Audioformate eigens für Streaming produzieren. Textbeiträge online auf ORF.at werden als Konkurrenz zu Zeitungsportalen zwar limitiert, aber den Verlegern bei weitem zu wenig rigide.

Der Zeitungsverband VÖZ, der Privatsenderverband VÖP und der *Standard* beschweren sich 2023 gegen die Wettbewerbsverzerrung durch den ORF und seine neuen gesetzlichen Möglichkeiten bei der EU-Kommission.

2024 wählt Österreich. FPÖ-Chef Herbert Kickl hat sich für eine Regierung unter freiheitlicher Beteiligung schon vorgenommen, den ORF-Beitrag abzuschaffen, die Mittel für den öffentlich-rechtlichen Rundfunk zu kürzen und diesen – nicht unbedingt politikfern – aus dem Bundesbudget zu finanzieren.

Österreichs Medienpolitik macht der Verfassungsgerichtshof – bei ORF-Beitrag, Politikeinfluss im ORF und Privatfunk

2023 nimmt sich der Verfassungsgerichtshof schon wieder das ORF-Gesetz vor: Auf Antrag der burgenländischen Landesregierung prüft das Höchstgericht, ob die Politik zu viel Einfluss auf die Besetzung der ORF-Gremien und damit den ORF hat – der ja eigentlich laut Verfassungsgesetz unabhängig ist. Bei Redaktionsschluss dieses Buches stand eine Entscheidung noch aus.

Erst ein Jahr zuvor haben Österreichs Verfassungsrichter die Medienpolitik bestimmt: Im Juni 2022 hat das Höchstgericht die GIS-Gebühren mit Ende 2023 aufgehoben. Dass die GIS nur auf Fernsehen und Radio anfällt, für Streaming aber keine Rundfunkgebühr zu zahlen ist, sei verfassungswidrig. Die Höchstrichter verlangen bei der Gelegenheit auch gleich eine unabhängige Finanzierung des ORF.

Spätestens seit 2015 war eine Reform der GIS Thema; die Medienpolitik traute sich erst darüber, als die Höchstrichter sie dazu zwangen. Die Regierung von ÖVP und Grünen macht daraus eine Haushaltsabgabe, unabhängig von Empfang und Empfangsgerät (wie in Deutschland schon seit 2013 und inzwischen auch in der Schweiz).

Österreichs Verfassungsrichter haben 2013 eine Bestimmung des ORF-Gesetzes aufgehoben, die dem öffentlich-rechtlichen Rundfunk Aktivitäten auf Facebook weitgehend untersagte. Sie schränke Meinungsäußerungsfreiheit und Rundfunkfreiheit verfassungswidrig ein, entschied das Höchstgericht und machte damit Medienpolitik.

Richtungsweisend stellte sich der Verfassungsgerichtshof schon 1991 sehr klar hinter die Unabhängigkeit des ORF und seiner Redaktionen: „Die Frage der Auswahl und Gewichtung dieser Berichterstattung über bestimmte Ereignisse, Vorkommnisse oder Meinungen innerhalb des schon wiedergegebenen rundfunkverfassungsrechtlichen Rahmens – bei Sendungen, die der ORF selbst gestaltet – ist Sache des ORF." Über den ORF beschwert hatte sich der damalige FPÖ-Chef Jörg Haider, der sich nicht angemessen berücksichtigt fühlte.

Privatfunk. Die Höchstrichter ermöglichten, mit dem Europäischen Gerichtshof für Menschenrechte, historisch aber ebenso Privatfunk in Österreich, gegen eine Blockade-Koalition von ORF, privaten Medienunternehmen und Medienpolitik.

Die Regierungspolitik war über Jahrzehnte mit ihren Einflussmöglichkeiten (oder zumindest Hoffnungen) meist zufrieden, zur Not gab es ein neues ORF-Gesetz zur vorzeitigen Ablöse weniger genehmer Führungen. Kaum ein Zeitungsverleger drängte auf neue Konkurrenz durch Privatradio oder TV im eigenen Werbemarkt – und mit privatem Funken hatten sie es nicht eilig. Die jeweiligen ORF-Chefs hatten ohnehin wenig Interesse an Konkurrenz. Also blockierte man gemeinsam über Jahrzehnte.

Im Fernsehen rächte sich die Blockade: Die deutschen TV-Konzerne um ProSieben, Sat.1 und um RTL eröffneten ab 1996 mit eigenen Österreich-Kanälen via Satellit und Kabel sogenannte Werbefenster. In ihren schon in Deutschland finanzierten, hoch professionellen Programmen verkauften sie Werbeplätze zum Spottpreis noch einmal für Österreich. Weit billiger als der ORF. Und weit billiger als österreichische Privatsender es je konnten, die ja auch noch Programm mit diesen Einnahmen finanzieren mussten.

2003 erst konnte nationales Privatfernsehen – ATV – starten. Die lange erkämpfte Ausstrahlung über Antenne, damals noch der einzige realistische Weg für flächendeckende Verbreitung, wurde bald entwertet: Die ORF-Sendertochter ORS stellte flugs 2006/7 auf digitales Antennenfernsehen um. Die ORS motivierte damit hunderttausende Haushalte, auf digitales Satellitenfernsehen umzusteigen – weil dort für kaum mehr Geld vielfach mehr Programmangebot als via Antenne zu bekommen war. Damit konnten die über Digitalsatellit und Kabel verbreiteten Werbefenster-Kanäle deutscher Programme mit einem Schlag praktisch alle TV-Haushalte in Österreich erreichen.

Den privaten TV-Markt dominieren also die Fenster-Vermarkter und vor allem ProSiebenSat1Puls4, das 2017 auch noch ATV und ATV 2 übernahm. Ausnahme: der Sonderfall Red Bull mit dem langjährigen Hobby des 2022 verstorbenen Konzernchefs Dietrich Mateschitz: Servus TV.

Dabei hatte Österreich – rein rechtlich – schon 1993 privates Fernsehen zugelassen. Aber damals …
→ nur via Kabel – wenn man alle 250 Kabelgesellschaften von der Einspeisung überzeugte, konnte man etwa ein Drittel der TV-Haushalte erreichen. Um das Programm zu den unzähligen Kabelnetzen zu bringen, brauchte es nur noch eine damals immens teure Satellitenübertragung;
→ nur mit Standbildern – kein Witz, manche spielten aus Notwehr Standbilder so schnell hintereinander, dass es nach Bewegtbild aussah;
→ ohne Werbung, also ohne Finanzierungsbasis.

Standbilder und Werbeverbot hob 1996 der Verfassungsgerichtshof auf Beschwerden hin auf. Dennoch dauerte es bis zu flächendeckendem Privatfernsehen auch via Antenne noch bis 2003. Die Medienpolitik, ORF und Verleger ließen sich bis dahin noch einige Hürden einfallen.

Im Radio drängten Ende der 1980er, Anfang der 1990er kommerzielle Piratenradios aus Ungarn und der Slowakei und nicht kommerzielle Radiopiraten mit vielen beschlagnahmten Kleinsendeanlagen in den Äther. Die großen Player hatten es nicht eilig. Und wenn schon privat, so wollten sie unter sich bleiben. Von Anfang 1995 zehn bundeslandweit vergebenen Radiolizenzen gehen neun an Verlegerprojekte (bis auf Salzburg). Der Verfassungsgerichtshof stoppte ihren Start nach Beschwerden von Mitbewerbern und hob schließlich Teile des Gesetzes als verfassungswidrig auf.

Nur die Antenne Steiermark und Radio Melody in Salzburg einigten sich mit den Beschwerdeführern gegen ihre Lizenzen vor dem Höchstgericht, die zogen daraufhin ihre Eingaben zurück. Die Antenne Steiermark startete am 22. September 1995 als erster legaler Privatsender. Sie überholte Ö3 aus dem Stand. Das war ein großer Glücksfall für den ORF.

Die Niederlage als Glück? Der begrenzte Testmarkt Steiermark zeigte dem ORF, dass Ö3 entgegen den eigenen Erwartungen so gar nicht auf die private Konkurrenz vorbereitet war. Ein flächendeckender Privatradiostart in ganz Österreich hätte die Werbe-Cashcow des ORF womöglich ernsthaft gefährdet. So ließ sich die Medienpolitik viel Zeit mit der Reparatur des Gesetzes. Bis zum Privatradiostart in allen Bundesländern mit 1. April 1998 war Ö3 unter dem rasch eingewechselten Senderchef Bogdan Roščić und dank deutscher Berater kommerziell perfekt auf die Konkurrenz vorbereitet. Und die neuen Privatradios zerschellten größtenteils am neu aufgestellten Ö3.

Bundesweites privates Radio erlaubte Österreich erst 2004 ernsthaft (zum Schutz von Ö3) – ausnahmsweise ohne höchstrichterlichen Anstoß. Kronehit von *Kronen Zeitung* und *Kurier* nutzte die Gelegenheit mit großem kommerziellem Erfolg. Die zweite bundesweite Lizenz schafften erst die Fellners. Ihr 2019 gestartetes Radio Austria steht 2023 schon wieder zum Verkauf.

Der öffentlich-rechtliche Riese ORF – für den nun alle zahlen müssen. Aber wofür eigentlich?

Die Idee des öffentlich-rechtlichen Rundfunks – und was der ORF mit den fast 800 Millionen pro Jahr tut.

ORF-Beitrag für alle statt GIS. Der Verfassungsgerichtshof hob die von der ORF-Tochter GIS eingehobenen Rundfunkgebühren mit Ende 2023 auf. Das Höchstgericht entschied, GIS-Gebühren nur für Rundfunkgeräte einzuheben, aber nicht für Streamingnutzung, klammert eine wesenliche Nutzungsmöglichkeit von Audio- und Videoinhalten aus, nämlich bisher GIS-freies Streaming. Das sei verfassungswidrig.

Die Regierungsmehrheit von ÖVP und Grünen entschied sich 2023 für eine sogenannte Haushaltsabgabe ab 2024 – unabhängig von Empfang oder Empfangsgeräten. Deutschland hat eine solche Abgabe seit 2013, die Schweiz seit 2019. Dort wurden die Abgaben pro Haushalt geringer – weil mehr Haushalte zahlen müssen. So die Idee der Regierung auch in Österreich. Medienministerin Susanne Raab (ÖVP) versuchte, die Abgabe für alle als „ORF-Rabatt" per *Krone*-Schlagzeile zu vermarkten.

Wer sind alle? Für Hauptwohnsitze ist „ORF-Beitrag" zu zahlen, für „reine" Nebenwohnsitze (bisher mit reduzierter GIS) nicht. Firmen müssen pro Gemeinde zahlen, in der sie eine oder mehrere Betriebsstätten haben, gestaffelt nach Lohnsumme und bis zu 99 Beiträge pro Monat. Einpersonenunternehmen sind ausgenommen.

„ORF-Rabatt". Statt 18,59 Euro pro Monat soll der ORF künftig 15,30 Euro bekommen. Die Republik streicht mit dem Umstieg auf den Beitrag die bisherigen Bundesabgaben auf die GIS – also Mehrwertsteuer, Kunstförderungsbeitrag, TV- und Radiogebühr. Sie machten bisher 3,86 Euro Aufschlag pro Monat aus.

Landes-Aufschlag. In Oberösterreich und Vorarlberg, wo auf Landesabgaben schon bisher verzichtet wurde, zahlen Haushalte also statt bisher 22,45 Euro künftig 15,30 Euro im Monat. Niederösterreich streicht nach eigenen Angaben ab 2024 die bisherige Landesabgabe auf ORF-Gebühren – das ergibt monatlich 15,30 statt bisher 28,25 Euro pro Monat. Die übrigen Bundesländer hatten sich bei Redaktionsschluss noch nicht festgelegt, ob und wie viel sie künftig aufschlagen.

Im Europavergleich bleibt Österreich im Beitrags-Spitzenfeld. Bisher kostete die GIS pro zahlendem Haushalt im Schnitt pro Jahr mehr als 300 Euro inklusive Abgaben (Kombigebühr TV/Radio). An den ORF gingen davon rund 223 Euro. Nur die Schweiz lag im Europavergleich des Rundfunkverbands EBU mit rund 342 Euro insgesamt und rund 301 Euro pro Haushalt für die SRG-SSR bisher vor der GIS in Österreich und dem ORF-Anteil. Mit der Kürzung von monatlich 18,59 auf 15,30 Euro Beitrag pro Haushalt kommt der ORF auf rund 184 Euro pro Haushalt im Jahr. Damit rutscht er im Europa-Ranking nur einen Platz hinter Deutschland, wo rund 216 Euro pro Jahr an ARD, ZDF und Deutschlandfunk gehen. Er liegt etwa auf der Höhe der britischen BBC, vor Irland, Slowenien, Italien, Tschechien, Dänemark und dem Rest der Länder mit Abgaben/Gebühren.

625.000 Zahler mehr. Dem ORF soll der neue Beitrag für alle laut Berechnungen von Kanzleramt, Finanzministerium und ORF 525.000 zusätzlich zahlungspflichtige Haushalte sowie 100.000 zusätzlich zahlende Unternehmen bringen.

Wie viel bekommt der ORF aus Beitrag und Bundesbudget ab 2024 (ohne öffentliche Werbebuchungen und andere Zuschüsse von Bund, Ländern, Gemeinden)?
→ Der ORF erhält in den ersten drei Jahren ab 2024 aus dem neuen ORF-Beitrag im Dreijahresschnitt 710 Millionen Euro.
→ Zusätzlich bekommt er ab 2024 aus dem Bundesbudget eine jährliche Abgeltung von 70 Millionen Euro für den Entfall des Vorsteuerabzugs.

→ 2024 bekommt er weitere 30 Millionen, damit er Rundfunksymphonieorchester RSO und ORF Sport + als TV-Kanal vorläufig fortführt, und um Sparmaßnahmen zu finanzieren. 2025 und 2026 soll der Zuschuss noch bei zehn Millionen Euro liegen und dann entfallen – für das RSO braucht es danach einen neuen Träger, ORF Sport + wird rein digital.

Warum sollen alle zahlen? Die öffentliche Aufgabe

Die Idee des öffentlich-rechtlichen Rundfunks: ein Medienangebot im Interesse und Sinne einer Gesamtgesellschaft, der Allgemeinheit. Für alle zugängliche Information, Bildung, Wissen, Kultur, Sport und Unterhaltung, gemeinschaftlich finanziert und unabhängig von wirtschaftlichen Interessen, unabhängig von politischen Interessen. Mit einem sogenannten öffentlich-rechtlichen Auftrag, der die Aufgaben dieses Rundfunks im Interesse der Gesellschaft umreißt.

Seit sich die EU-Wettbewerbsbehörden für die öffentliche Finanzierung des Rundfunks interessieren, müssen die Mitgliedsstaaten auch vorgeben und kontrollieren, dass öffentliche Mittel – Gebühren, Beiträge, staatliche Finanzierung – nur für die Umsetzung dieses Auftrags verwendet werden. Das ORF-Gesetz von 2010 mit einer genaueren Definition des Auftrags und einer Überprüfung der Gebührenhöhe durch die Medienbehörde ging auf ein EU-Wettbewerbsverfahren zurück, nach einer Beschwerde privater Medien.

Was sagt der öffentliche Auftrag?

Dem ORF schreibt das Gesetz die Aufgaben seit 2001 auf den ersten Blick relativ detailliert vor – und bietet doch reichlich Interpretationsspielraum.
Der ORF soll (grob) etwa …

→ die Allgemeinheit umfassend über alle wichtigen politischen, sozialen, wirtschaftlichen, kulturellen und sportlichen Fragen informieren;

- → das Verständnis für demokratisches Zusammenleben fördern, auch
- → für die österreichische Identität „im Blickwinkel der europäischen Geschichte und Integration" und
- → für die europäische Integration. Er soll ...
- → Kunst, Kultur und Wissenschaft vermitteln und fördern, ein vielfältiges kulturelles Angebot vermitteln;
- → österreichische künstlerische und kreative Produktion angemessen berücksichtigen und fördern;
- → unterhalten;
- → alle Altersgruppen, Anliegen von Menschen mit Behinderung, von Familien, Kindern und der Gleichberechtigung („von Männern und Frauen"), der gesetzlich anerkannten Kirchen und Religionsgesellschaften angemessen berücksichtigen;
- → Volks- und Jugendbildung verbreiten und fördern, Schul- und Erwachsenenbildung dabei besonders beachten;
- → über Gesundheit, Naturschutz, Umweltschutz, Konsumentenschutz informieren und das Verständnis für Nachhaltigkeit fördern;
- → das Interesse der Bevölkerung an aktiver sportlicher Betätigung fördern;
- → über Bedeutung, Funktion, Aufgaben des Bundesstaates informieren und die regionalen Identitäten der Bundesländer fördern;
- → das Verständnis für wirtschaftliche Zusammenhänge, für europäische Sicherheitspolitik und umfassende Landesverteidigung fördern;
- → soziale und humanitäre Aktivitäten, Inklusion von Menschen mit Behinderung in Gesellschaft und Arbeitsmarkt angemessen berücksichtigen und fördern.

Außerdem muss der ORF ein „differenziertes Gesamtprogramm von Information, Kultur, Unterhaltung und Sport für alle" anbieten. Ihre Anteile am Gesamtprogramm müssen „in einem angemessenen Verhältnis zueinander stehen". Das gilt – nach höchstrichterlicher Rechtsprechung – für alle Programme in TV oder Radio zusammen, und nicht für jeden Kanal. Deshalb kann sich Ö3 bisher nur einem Teil der Genres besonders widmen – es gibt ja noch Ö1.

Das TV-Gesamtprogramm muss „anspruchsvolle Inhalte gleichwertig enthalten". Im Hauptabend müssen „in der Regel anspruchsvolle Sendungen zur Wahl stehen". Auf „Unverwechselbarkeit" mit Privaten ist „zu achten".

Der Auftrag verlangt auch
→ „hohe Qualität" insbesondere in Information, Kultur und Wissenschaft,
→ objektive Auswahl und Vermittlung von Informationen in Form von Nachrichten und Reportagen […],
→ Wiedergabe und Vermittlung von „für die Allgemeinheit wesentlichen Kommentaren, Standpunkten und kritischen Stellungnahmen unter angemessener Berücksichtigung der Vielfalt der im öffentlichen Leben vertretenen Meinungen",
→ eigene Kommentare, Sachanalysen und Moderationen „unter Wahrung des Grundsatzes der Objektivität".
→ angemessen Programme in Volksgruppensprachen.

Und: „Unabhängigkeit ist nicht nur Recht der journalistischen oder programmgestaltenden Mitarbeiter, sondern auch deren Pflicht. Unabhängigkeit bedeutet Unabhängigkeit von Staats- und Parteieinfluss, aber auch Unabhängigkeit von anderen Medien, seien es elektronische oder Printmedien, oder seien es politische oder wirtschaftliche Lobbys."

Anspruch, Unterscheidbarkeit und Unabhängigkeit im Reality-Check

Und was sagt die Wirklichkeit zu all diesen Anforderungen und Aufgaben des ORF? Umfassende Information im Bemühen um Unabhängigkeit kann man den Redaktionen des Österreichischen Rundfunks nicht absprechen – die Konstruktion des ORF mit Politikeinfluss auf Gremien und Personal funkt hier freilich immer wieder dazwischen. Umfangreich und professionell werden Kultur und Wissenschaft behandelt. Unterhaltung gibt es jede Menge – wenn auch nicht immer ganz so klar unterscheidbar von privaten Angeboten, etwa bei Shows und Kaufprogramm in Film und Serie. Österreichische Produktionen in Serie und Film kann sich nur der ORF dank öffentlicher Finanzierung in wesentlichem Umfang leisten – und Servus TV, solange der private Mutterkonzern Red Bull bei der Finanzierung hilft. Das gilt auch für viele sehr teure Premiumsportrechte – die inzwischen zum großen Teil bei Servus TV (und Sky) liegen, aber nur sehr schwer aus Werbeeinnahmen refinanzierbar sind.

Das sind nur Schlaglichter, ist kein umfassender Befund, ein grober Überblick, der das Spannungsverhältnis des ORF zwischen Ö3 und Ö1, zwischen „Malcolm mittendrin" und „Kreuz & Quer", zwischen „Guten Morgen Österreich" und „ZiB 2", zwischen Masse und Anspruch umreißt.

Der ORF argumentiert, er müsse Programm für alle machen, weil ja – vor allem ab 2024 – alle zahlen müssen. Die privaten Mitbewerber argumentieren, der ORF soll sich auf jene Angebote konzentrieren, die der Markt nicht aus sich heraus finanziert; und er soll diesen Markt nicht mit konkurrierenden Angeboten, öffentlich oder werbefinanziert, stören oder verzerren oder besetzen. Und private Medien reklamieren zu Recht für sich, ebenfalls Public Value anzubieten, und fordern dafür öffentliche Mittel, wie sie ja auch der ORF in vielfach größerem Ausmaß bekommt.

Das mündet in einen kaum lösbaren, geradezu immerwährenden Konflikt – wenn man öffentlich-rechtliche Medien nicht grundsätzlich infrage stellt. Als Anschauungsbeispiel für Märkte ohne öffentlich-rechtliche Medien dienen gemeinhin die USA mit ihrer tief polarisierten Gesellschaft und privaten Medienlandschaft. Auch die meisten privaten Medienmacher und Medienunternehmer in Österreich betonen, dass sie öffentlich-rechtliche Angebote für wichtig bis unverzichtbar halten

Die üblichen Kampfzonen, Konflikte um den ORF – und die Widersprüche im ORF

Unabhängigkeit und politisch bestimmte Kontrolle. Der öffentlich-rechtliche Rundfunk ist ein Widerspruch in sich: Ein Medium, ein Medienunternehmen mit dem Ziel wirtschaftlicher wie politischer Unabhängigkeit, aber unter öffentlicher Kontrolle, die in repräsentativen Demokratien häufig von gewählten politischen Institutionen organisiert wird.

In Deutschland gibt es dafür über die Unabhängigkeit hinaus die höchstrichterliche Vorgabe der Staatsferne. Und das Bundesverfassungsgericht gab 2014 zum Anlassfall ZDF auch einen konkreten Anhaltspunkt, was damit gemeint ist: Höchstens ein Drittel der Mandate in Aufsichtsgremien darf „staatlich und staatsnah" besetzt werden.

Im Stiftungsrat, dem zentralen Entscheidungsorgan des ORF über Generaldirektor und Direktoren, über Budgets, Programmschemata und alle größeren unternehmerischen Fragen, sieht das Verhältnis 2023 so aus:

→ 9 Mandate bestimmt die Bundesregierung
→ 9 Mandate bestimmen die Bundesländer
→ 6 Mandate die Parteien im Nationalrat
→ 6 Mandate der ORF-Publikumsrat, wo wiederum eine Mehrheit von 17 der 30 Mitgliedern von Bundeskanzler oder Medienministerin bestellt werden
→ 5 Mandate besetzt der ORF-Zentralbetriebsrat

Beim Verfassungsgerichtshof ist 2023 bei Redaktionsschluss dieses Buches noch eine Beschwerde des Landes Burgenland anhängig, die Gremien seien nicht unabhängig genug besetzt, um dem Verfassungsgesetz Rundfunk zu entsprechen.

Seit 2020 hat die ÖVP als dominierende Partei in Bund und vielen Bundesländern alleine die Mehrheit im Stiftungsrat. Ihr verdankt Roland Weißmann seine Bestellung zum ORF-Generaldirektor bis Ende 2026, und mit ihm seine Direktorinnen und Direktoren.

Der ORF-General entscheidet als Alleingeschäftsführer über sämtliche Besetzungen im ORF unterhalb der Direktoren (die er dem Stiftungsrat vorschlägt). Also auch alle Chefredakteurinnen und Chefredakteure. Das weckte zu allen Zeiten und unter allen Regierungskonstellationen große Begehrlichkeiten der Politik – die nicht selten in der ORF-Zentrale wie in den Landesstudios auch in Erfüllung gingen.

Seit 2022 arbeiten die Redaktionen von TV, Radio und Online erstmals vereint in einem gemeinsamen Newsroom. Seit dem Rücktritt von TV-Chefredakteur Matthias Schrom nach Bekanntwerden von Chats mit dem damaligen FPÖ-Chef und Vizekanzler Heinz-Christian Strache im November 2022 und dem Wechsel von Radio-Chefredakteur Hannes Aigelsreiter in den ORF-Sport 2023 braucht diese größte Redaktion des Landes eine neue Führung – eine Schlüsselbesetzung für den ORF und für seine künftige Berichterstattung. Als aussichtsreicher Kandidat für einen der drei Chefredakteursjobs wird APA-Chefredakteur Johannes Bruckenberger gehandelt – der, wie etwa auch Gabi Waldner, ein Signal für eine unabhängige Besetzung wäre.

Politisch motivierte oder zumindest politisch zuordenbare Besetzungen ziehen sich in hoher Dichte und fast allen politischen Farben durch die ORF-Geschichte – vor dem legendären Rundfunk-Volksbegehren 1964 gegen den erdrückenden Politikeinfluss auf den ORF und auch bald nach diesem Volksbegehren wieder. Weiterhin gilt: Wenn man etwas werden will im ORF, kann eine gute Kommunikationsbasis zur einen oder anderen Fraktion jedenfalls helfen.

Dem steht ein relativ starkes Redaktionsstatut gegenüber, das (wie übrigens auch das Mediengesetz) Beiträge in die Verantwortung von Redakteurinnen und Redakteuren legt und Eingriffe gegen deren Willen zumindest erschwert. Dem Politeinfluss, den steten Versuchen der Einflussnahme oder der Hoffnung darauf stehen selbstbewusste Redaktionen gegenüber, die sich dagegen nach Kräften wehren.

Was nicht immer gelingt, wie die lange Geschichte von Interventionen und Entgegenkommen zeigt. Die manchmal aber doch Folgen zeitigt: Im Februar 2023 tritt Robert Ziegler als ORF-Landesdirektor in Niederösterreich zurück. Nach Bekanntwerden eines Dossiers über seine ÖVP-freundliche Einflussnahme auf die Berichterstattung in seiner Zeit als Chefredakteur des Landesstudios untersucht eine interne Evaluierungskommission und findet einen Teil der Vorwürfe bestätigt. Ziegler geht, bevor die Kommission den Bericht offiziell beim ORF-General abgibt.

Die großen Widersprüche im Wechselspiel der Wünsche an den öffentlichen Medienriesen. Wünsche und Forderungen der Politik zu Stellenbesetzungen und Berichterstattung sind nur ein Teil des in sich zutiefst widersprüchlichen Geflechts von Erwartungen, das den ORF letztlich prägt und auch seine Größe begründet. Er dient den Landeshauptleuten als Bühne zur Präsentation der eigenen Bedeutung. Er ist – wie er selbst gern betont – über Jahrzehnte der größter Auftraggeber der österreichischen Produktionsbranche und bis auf Servus TV/Red Bull der einzige relevante Auftraggeber von Fiction in Film und Serie in Österreich. Er ist mediale Bühne von Kunst und Kultur und soll sie fördern – das verstehen viele als Auftrag zur Promotion, vielleicht auch Anspruch darauf. Solche Ansprüche haben all die Interessengruppen, deren Themen das ORF-Gesetz im Auftrag definiert, „die" Wirtschaft etwa. Sportverbände wiederum brauchen mediale Präsenz in einem TV-Sender als Voraussetzung für internationale Bewerbe – und müssen den ORF dafür zahlen. Das Publikum zahlt für den ORF – ab 2024 flächendeckend bis auf soziale Befreiungen – und erwartet dafür nicht unbedingt nur jene Angebote, die der private Markt nicht anbietet. Sondern auch breite Programmierung samt Premiumsport – wenn man schon zahlen muss, will man nicht auch noch private Pay-Angebote brauchen. Solche Erwartungen freilich spießen sich massiv mit dem privaten Medienmarkt – der aus dieser Logik zu Recht verlangt, dass ihm der ORF nicht über Gebühr und den Wettbewerb verzerrend mit verpflichtenden öffentlichen Mitteln Konkurrenz macht.

Kommerzielle Konkurrenz. Der ORF macht Privaten kommerzielle Konkurrenz – zum Beispiel:
→ Mit Kaufserien, Kauffilmen, Shows und teuren Sportrechten mache ORF 1 privaten Sendern Konkurrenz, monieren Privatsender, und da und dort rätseln kritische Zuschauer, warum sie für die xte Wiederholung von US-Serien Gebühren zahlen (es sind relativ günstige Programme, sagt der ORF und verspricht immer wieder Besserung).
→ Ö3 dominiert den Radiomarkt mit kommerzieller Programmierung und üppiger Plakatwerbung und vor allem den Radiowerbemarkt – mit 2023 noch deutlich mehr Umsatz als alle Privatsender zusammen, vor Werbebeschränkungen eines neuen ORF-Gesetzes.
→ ORF.at dominiert den Onlinemarkt österreichischer Newsplattformen, er ist frei zugänglich und aus der Sicht privater Medienhäuser gesetzwidrig, weil zu „zeitungsähnlich" umfassend und ausführlich. Der ORF hat angekündigt, das Textangebot mit einem neuen ORF-Gesetz zu reduzieren, das ihm dafür reine Streamingproduktionen erlaubt.
→ ORF-Produktionen auf Social Media auszuspielen füttere die digitalen Riesen wie YouTube/Google, TikTok oder Meta, monieren private Medien. Und der ORF könne mit seiner wirtschaftlichen Kraft für diese Plattformen produzieren, was privat nicht finanzierbar sei. Der ORF argumentiert dagegen, er brauche diese Ausspielkanäle, um junges Publikum zu erreichen – mit einem Angebot wie Funk von ARD und ZDF, der ORF plant einen Österreich-Ableger von Funk.

Der ORF hat – jedenfalls vor dem neuen ORF-Gesetz – im internationalen Vergleich relativ hohe kommerzielle Einnahmen insbesondere aus Werbung. 256,4 Millionen Euro waren es 2022 laut ORF inklusive Sonderwerbung. Werbebeschränkungen in Radio und Online sollen den ORF laut Kanzleramt und ORF 25 bis 30 Millionen an Einnahmen kosten – Berechnungen im Auftrag der Privatsender bezweifeln, dass sie die Werbeumsätze des ORF wesentlich reduzieren.

ORF-Einnahmen im internationalen Vergleich

Wie liegt der ORF mit seinen Einnahmen im Europavergleich der öffentlich-rechtlichen Anstalten? Die Rundfunkunion EBU sammelt die Daten, die letztverfügbaren stammen aus 2021, also noch vor der letzten GIS-Erhöhung mit rund 30 Millionen Mehreinnahmen und vor dem ORF-Beitrag mit rund 65 Millionen mehr vom Publikum gegenüber diesen Werten aus 2021 und 70 bis 100 Millionen mehr aus dem Bundesbudget.

Nach diesen EBU-Daten aus 2021 ist der – inzwischen deutlich höher finanzierte – ORF ...

→ **nach Gesamtumsatz auf Platz 10** unter 65 EBU-Anstalten, hinter Riesen wie ARD mit 6,8 Milliarden Euro und BBC mit 6,2, der RAI, dem ZDF, der Schweizerischen Radio- und Fernsehgesellschaft (SRG SSR) mit 1,4 Milliarden, dem rein kommerziell finanzierten britischen Channel 4 und zwei spanischen Anstalten;

→ **nach öffentlichen Einnahmen auf Platz 10** im Europavergleich – also bei Beiträgen, Gebühren, Finanzierung aus Staatsbudget;

→ **nach kommerziellen Einnahmen auf Platz 5** mit rund 370 Millionen hinter der BBC, dem rein kommerziellen Channel 4, der RAI und France TV.

→ **Der ORF hat den dritthöchsten Anteil kommerzieller Einnahmen** am Gesamtumsatz im Europavergleich – mit 36,4 Prozent hinter dem rein kommerziell finanzierten britischen Channel 4 und der irischen RTÉ.

→ **Nach Werbeeinnahmen belegt der ORF Platz 4** im Europavergleich mit rund 208 Millionen (die aber keine Sonderwerbeformen wie Product Placement beinhalten) hinter Channel 4, RAI und France TV.

Wohin geht das Geld?

Wofür verwendet der ORF seine gute Milliarde Einnahmen pro Jahr? 710 Millionen Euro davon kommen ab 2024 aus dem „ORF-Beitrag" – mit Abstand die höchste öffentliche Medienförderung im Land.

Diese öffentlichen Mittel darf der ORF laut Vorgaben von EU und ORF-Gesetz nur verwenden, um den öffentlich-rechtlichen Auftrag zu erfüllen – den das Gesetz zwar relativ ausführlich, aber doch nicht sehr konkret beschreibt. Die sogenannten Nettokosten des öffentlich-rechtlichen Auftrags – so nennt sich der Maßstab für die Beitragshöhe – errechnet erst einmal der ORF selbst. Die Medienbehörde KommAustria prüft die Rechnung spätestens beim nächsten Antrag auf Beitragserhöhung, wenn der ORF die Nettokosten neu berechnen muss.

Und wofür gibt der ORF konkret wie viel Geld aus? ORF-interne Dokumente liefern Größenordnungen (die sich aber teilweise überschneiden. Denn Personalkosten zum Beispiel sind natürlich auch ein großer Teil der Kosten von Programmabteilungen.) Hier einige Schlaglichter:

Personal

375 Millionen Euro beträgt der Personalaufwand bei 3226 Vollzeitjobs im ORF selbst, weitere rund 1000 sind in Tochterfirmen beschäftigt.

TV

345 Millionen Euro budgetiert der ORF für TV/Programm (ohne aktuelle Info), davon:

- **85** bis **100** Millionen Euro Sport
- **57** Millionen Euro Shows/Unterhaltung
- **28** Millionen Euro Fernsehfilm/Serie (Produktion)
- **32** Millionen Euro Kauffilme/Kaufserien
- **18** Millionen Euro Magazine
- **14** Millionen Euro Kultur
- **10** Millionen Euro Bildung/Wissenschaft/Zeitgeschehen
- **80** Millionen Euro Aktuelle Information (TV, Radio, Online)
- **27** Millionen Euro ORF 3

Radio

93 Millionen Euro Radio (davon:)

- **25** Millionen Euro Ö1
- **13** Millionen Euro Ö3
- **10** Millionen Euro FM4
- **10** Millionen Euro RSO

Landesstudios

155 Millionen Euro Landesstudios
(37 Millionen spielen sie u.a. mit Werbung wieder ein.)

Technik-Direktion

86 Millionen Euro

Personalstand

4192 Vollzeitjobs gibt es im ORF-Konzern, davon 3226 im ORF selbst, der Rest ist in Tochterunternehmen beschäftigt wie der ORF-Sendertochter ORS, der Vermarktungstochter Enterprise und der Gebührentochter GIS, die ab 2024 mit weniger Personal ORF Beitrags Service GmbH heißen wird.

Rund **500** Mitarbeiterinnen und Mitarbeiter gehen bis 2026 in Pension und sollen sehr restriktiv nachbesetzt werden.

Der derzeitige ORF-Chef Roland Weißmann hat angekündigt, bis Ende 2026 kumuliert mehr als **325** Millionen Euro einzusparen, das ORF-Gesetz 2023 nimmt darauf Bezug.

Stand: 2022/2023.

Das Land der Medienförderungen – formeller und ganz informeller

Rund eine Milliarde Euro investiert die Republik Österreich – also wir alle – pro Jahr in Medienförderungen im weiteren Sinne – von ORF-Gebühren über private Medienförderung bis zu öffentlichen Werbebuchungen.

Warum Medienförderungen und wofür? Deklariert und ganz formal erklärt gibt es Medienförderung für definierte Aufgaben im öffentlichen Interesse, für konkrete Projekte (sonst stimmt die EU nicht zu) und Erhalt von Medienvielfalt.

→ Öffentliche Finanzierung für öffentliche Aufgaben eines öffentlichen Rundfunks ist in Europa üblich – über Gebühren, Haushaltsabgaben oder aus dem Staatsbudget. Mit 676 Millionen macht sie 2023 in Österreich den größten Teil der Medienförderungen aus. 2024 steigt sie auf bis zu 710 Millionen Euro pro Jahr aus ORF-Beiträgen, plus bis zu 100 Millionen aus dem Bundesbudget.

→ Private Medien reklamieren ebenfalls „Public Value" im öffentlichen Interesse für sich. Seit 1975, also lange vor dem EU-Beitritt und bei der Gelegenheit von der EU akzeptiert, gibt es schon eine Presseförderung. Sie wurde damals auch als Beruhigung für Medien parallel zur Parteienförderung eingeführt, die seither auf ein Vielfaches anwuchs. Dazu kamen etwa Privatrundfunkförderungen, TV-Produktionsförderungen, Sondermedienförderungen in der Covid-19-Pandemie, und ab 2022 neue Parallel-Presseförderungen: eine Förderung für den Umstieg bestehender Medien in die digitale Welt und eine Qualitätsförderung, ebenfalls für bestehende Medien, berechnet vor allem nach journalistischen Vollzeitjobs.

→ Paralell zu formellen Medienförderungen vergeben Ministerien, Bundesländer, öffentliche Stellen und Firmen ein – im internationalen Vergleich – gewaltiges Volumen an Werbeaufträgen. Solche Mittel werden jedenfalls auch als informelle Medienförderungen eingesetzt, wie etwa die Stadt Wien als Großwerber schon einräumte. Mit Schwerpunkt auf ostösterreichische Boulevardmedien – nur zum Teil lassen sich die Buchungen mit hohen Auflagen und/oder Reichweiten erklären.

Wer entscheidet über die vielen Förderungen? Wie viel Geld der ORF braucht, um den öffentlich-rechtlichen Auftrag zu erfüllen, muss er selbst berechnen und beantragen, sein Stiftungsrat beschließen und die unabhängige Medienbehörde KommAustria mithilfe von Wirtschaftsprüfern kontrollieren und genehmigen.

Die KommAustria vergibt auch – nach Empfehlungen von Fachbeiräten – die klassische Presseförderung und die Publizistikförderung, ab 2024 auch die neue Journalismusförderung.

Über den Großteil an privater Medienförderung entscheidet aber eine einzige Person (unterstützt von Fachbeiräten): der von Medienminister oder Medienministerin bestellte Geschäftsführer der Rundfunk- und Telekomregulierung RTR, Wolfgang Struber (bestellt bis September 2027, davor Geschäftsführer von Radio Arabella). Er vergibt 58,5 Millionen pro Jahr; 2022 waren es wegen der zum Start sonderdotierten Digitalförderung 92,5 Millionen Euro.

Welche Förderung wofür – und an wen geht sie? Hier ein Überblick über die formellen und informellen Medienförderungen – und wer die jeweils größten Beträge bekommt.

Presseförderung Ab 2024 gibt es rund acht Millionen Euro. Eine Vertriebsförderung, der größte Teil, geht an alle seit zumindest einem Jahr bestehenden Kauf-Tageszeitungen und auch Kauf-Wochenzeitungen von *Krone* bis *Zur Zeit*, Tageszeitungen erhalten bis rund 200.000 Euro. Eine „besondere" Vielfalts-Förderung erhalten zusätzlich nicht marktbeherrschende Tageszeitungen – *Die Presse, Der Standard,* die ÖVP-Zeitung *Oberösterreichisches Volksblatt* und der kleinere Russmedia-Titel *Neue Vorarlberger*

Tageszeitung. Die Zeitung *Österreich* klagte die Republik bis zum Obersten Gerichtshof auf Presseförderung und blitzte im April 2023 rechtskräftig ab. Vergeben wird die Presseförderung von der Medienbehörde KommAustria.

Höchstgefördert:
→ *Presse* und *Standard* mit jeweils meist mehr als einer Million Euro sowie
→ die ÖVP-Parteizeitung *Oberösterreichisches Volksblatt* und die *Neue Vorarlberger Tageszeitung* aus der Russmedia-Gruppe.

Journalismusförderung Die „Förderung des qualitätsvollen Journalismus in Medien des Print- und Online-Bereichs" sollte 2023 erstmals vergeben werden, bei Redaktionsschluss dieses Buches liegt sie allerdings noch zur Prüfung bei der EU-Kommission. Volumen: 20 Millionen Euro. Neben der Presseförderung, die als alte Förderung beim Beitritt von der EU akzeptiert wurde, so aber möglicherweise heute in Brüssel nicht mehr durchginge. Sie geht im Gegensatz zur Presseförderung auch an Gratismedien. Und zwar an Print- und textbasierte Onlinemedien. Teile der alten Presseförderung (Ausbildungsförderung, Korrespondentenjobs, Wissenschaft, Presserat und Presseclubs) wandern zur Journalismusförderung.

Gefördert werden Medien vor allem nach der Zahl der angestellten Journalistinnen und Journalisten. Pro Medium gibt es maximal 1,5 Millionen Euro. Bonuszahlungen gibt es für Regionalberichterstattung, für EU-Berichterstattung, für Redaktionsstatut, Fehlermanagement, Qualitätsmanagement und Frauenförderung. Vergeben wird sie von der Medienbehörde KommAustria.

Höchstgefördert: Die größten Redaktionen Print/Online haben 2023 *Krone, Kurier, Kleine Zeitung* und *Standard*. Sie können mit den höchsten Förderungen rechnen.

Digitaltransformationsförderung Fördert bestehende private Medienunternehmen aus Print und Rundfunk auf dem Weg in die digitale Medienwelt projektbasiert und mit einer „Anreizförderung" für Digitalisierung/Transformation. Volumen: 20 Millionen, im Startjahr 2022 gab es 54 Millionen. Die Förderung ist von der EU vorerst bis Ende Oktober 2027 genehmigt, eine Verlängerung müsste Brüssel wieder prüfen. Gefördert werden Projekte von Redaktion über Marketing/Vertrieb und Organisation bis Technik, etwa Servererweiterungen. 2022 förderte die RTR viel Redesign von Homepages auch mal mit 700.000 Euro oder Newsletter mit 300.000 (bei *Österreich*). Wohin die Privatrundfunkförderung geht, entscheidet der Geschäftsführer der RTR GmbH.

Höchstgefördert (2023, nach Konzernen):
→ Mediaprint mit *Krone* und *Kurier* (3,2 Millionen Euro)
→ Styria mit *Kleiner Zeitung* und *Presse* (2,6 Millionen)
→ Standard-Gruppe (1,6)
→ Russmedia (1,5)
→ Wimmer Holding/*OÖ Nachrichten* (1,3)

Privatrundfunkförderung Unterstützt seit 2010 laut Gesetz die „Vielfalt der privaten Rundfunkprogramme und ihrer Inhalte" mit heute 20 Millionen Euro pro Jahr für kommerzielle Sender sowie fünf Millionen Euro für nicht kommerzielle Stationen, also Communitysender wie Okto, FS1 und Dorf-TV, Freie Radios wie Orange oder Freeqenns. Die 20 Millionen Förderung für Kommerzielle motivierten viele Verlagshäuser, Fernsehen zu machen – allen voran das lange höchstgeförderte Oe24TV der Fellner-Mediengruppe. Wohin die Privatrundfunkförderung geht, entscheidet der Geschäftsführer der RTR GmbH.

Höchstgefördert (2023)
→ ProSiebenSat1Puls4 erhielt für ATV, Puls 4, Puls 24 insgesamt 3,93 Millionen Euro.
→ Mediaprint/*Krone*/*Kurier* bekamen 2,4 Millionen.
→ Mediengruppe Österreich mit *Oe24* erhielt 1,58 Millionen.
→ Servus TV aus dem Red Bull Media House ist mit 1,47 Millionen höchstgeförderter Einzelsender.

Wiener Zeitung Die republikseigene Tageszeitung wurde Mitte 2023 eingestellt und als digitales Medium der Republik sowie Journalismusausbildung und Start-up-Supporter und Verlautbarungsplattform fortgeführt. Dafür erhält die Wiener Zeitung GmbH nun insgesamt 16,5 Millionen Euro Förderung, davon 7,5 für das Digitalmedium mit zumindest zehn Printpublikationen pro Jahr. Sechs Millionen gehen in das Media Hub (Journalismusausbildung, Start-ups). Das Unternehmen ist dem Bundeskanzleramt unterstellt.

Produktionsförderungen Die RTR GmbH fördert mit bis zu 20 Prozent der Gesamtkosten (TV-)Produktionen in Österreich (Volumen bisher: 13,5 Millionen Euro). Das neue Fördersystem Fisa+ von Wirtschaftsministerium und Förderstelle AWS fördert Produktionen in Österreich in den Bereichen Kino, TV und Streaming.

Covid-Sonderförderungen 2020 Die mit dem ersten Corona-Lockdown einknickenden Werbeeinnahmen privater Medien versuchte die Regierung mit der „Schau auf dich"-Infokampagne mit an die 20 Millionen Euro Volumen, mit 18,6 Millionen Sonderpresseförderung und 17 Millionen Sonderförderung für privaten Rundfunk aufzufangen. Die Sonderpresseförderung orientierte sich an der Druckauflage des Vorjahres (und bedachte damit *Krone*, *Oe24* und *Heute* besonders).

Kritik
→ Die Förderungen des Bundes für private Medien haben sich in den Jahren ab 2020 vervielfacht, mit rund 73 Millionen ohne Fernsehfonds, inklusive Qualitätsförderung liegen sie aber bei etwa einem Zehntel der öffentlichen Mittel für den ORF, wie Private häufig monieren.
→ An der Förderpraxis des Bundes wird ebenso heftig kritisiert, dass der Bund im Wesentlichen etablierte Medien und Medienunternehmen – und deren digitale Transformation – fördert und kaum bis nicht gezielt neue Medien und Medienprojekte, wie die Wiener Medieninitiative, eine Art Projekt-

und Start-up-Förderung mit 7,5 Millionen Euro Volumen über jeweils drei Jahre.
→ Ausdrücklich von regulären Medienförderungen ausgeschlossen wird Nachrichtenagentur und Info-Dienstleister APA.
→ Die öffentliche Subvention für Journalismusausbildung und ein Digitalmedium der Wiener Zeitung GmbH wird als Wettbewerbsverzerrung gegenüber privater Journalismusausbildung kritisiert.

Medienförderungen international

Förderungen für private Medien gibt es auch in anderen europäischen Ländern; Skandinavien gilt österreichischen Verlegern als Vorbild. Ein paar Schlaglichter:

Frankreich budgetierte für Medienförderungen 2023 (ohne Mittel für öffentlichen Rundfunk, der inzwischen ebenfalls aus dem Staatsbudget finanziert wird) ansehnliche 371 Millionen Euro, davon fast 200 Millionen für zumindest wöchentliche Zeitungen, etwa für ihren Vertrieb. 135 Millionen sind für die Nachrichtenagentur AFP budgetiert, für lokale Radios 36 Millionen. (Quelle: www.budget.gouv.fr)
Schweden dotierte Presse- und Medienförderungen 2021 mit 102 Millionen Euro. 77 Millionen Euro gingen an Print, überwiegend für Betriebskosten von zumindest wöchentlichen Titeln, die weniger als 30 Prozent der Menschen in ihrem Einzugsgebiet erreichen. Dazu kommen Vertriebsförderungen für Tageszeitungen für aufwendig zu beliefernde Regionen. Eine Medienförderung von, 2021, 25 Millionen für Print, Online, TV, Radio unterstützt lokale und regionale Information in Gegenden ohne eigene Medien, digitale Dienste und redaktionelle Aufwendungen. 2024 soll ein neues technologieneutrales Fördermodell für General-Interest-Medien kommen, die EU prüft es 2023.
Dänemark fördert bis zu 35 Prozent der redaktionellen Kosten von Medien (Print und Online), 2021 mit 49 Millionen Euro.

Dazu kommt eine Innovations/Projektförderung (2021: 2,6 Millionen) und eine Restrukturierungshilfe (2021 nicht ausbezahlt). Ein vom Kulturministerium besetzter Medienbeirat (sieben Expertinnen) vergibt die Förderung.

Finnland fördert Zeitungsvertrieb ab 2023 mit jährlich 15 Millionen Euro, befristet bis 2029. 2023 fördert Finnland zudem redaktionelle Personalkosten einmalig mit sieben Millionen Euro. Laufend werden Publikationen in Minderheitensprachen inklusive Schwedisch mit 0,5 Millionen Euro subventioniert.

Island förderte private Nachrichtenmedien 2021 mit 2,6 Millionen Euro, bis zu 25 Prozent des redaktionellen Aufwands werden gefördert. Island vergab auch Kredite (0,3 Mio.) an lokale Medien.

Norwegen subventioniert private Nachrichtenmedien (ausgenommen Radio und TV) plattformneutral. 2021 mit insgesamt 42 Millionen Euro. 36 Millionen davon gehen in Produktionsförderung, die bis zu 40 Prozent der Aufwendungen von Medienunternehmen abdecken können. Gefördert werden vor allem nicht marktführende kleinere Medien. 2,1 Millionen gingen in eine Innovationsförderung.

Quelle Skandinavien: www.nordicom.gu.se, Stand Herbst 2022

Informelle Medienförderung nach Gutsherrenart – Werbung öffentlicher Stellen in Österreich – behandle ich im nächsten Kapitel näher. In einer Gesamtübersicht der Medienförderungen, wie ich sie hier versuche, darf sie nicht fehlen:

Medienförderung nach Gutsherrenart: Regierungswerbung und Medientransparenz

200 Millionen Euro: Zumindest so viel Geld investieren öffentliche Stellen – Ministerien, Stadt Wien und andere Bundesländer, öffentliche Firmen und Institutionen – pro Jahr in Werbung. Eher mehr: Dieser Stand aus dem Kalenderjahr 2022 dürfte noch 20 bis 30 Prozent unter den realen Größen liegen – in diesem Jahr (und noch 2023) gelten Ausnahmeregeln für die Meldung von Werbebuchungen öffentlicher Stellen an die Medienbehörde KommAustria. Ab 2024 streicht eine Novelle diese Ausnahmen.

Seit Mitte 2012 verpflichtet in Österreich ein sogenanntes Medientransparenzgesetz öffentliche Stellen, ihre Werbebuchungen der KommAustria zu melden, die sie dann veröffentlicht. Der Anlass: Die intensiven Werbebuchungen der Stadt Wien und insbesondere im Bereich von Werner Faymann als Wohnbaustadtrat, in seinem Einflussbereich als Infrastrukturminister und schließlich als Bundeskanzler, insbesondere in Boulevardmedien von *Krone* über *Österreich* bis *Heute* fielen auf. Mitbewerbern aus Politik und Medien, Journalistinnen und Journalisten sowie der Staatsanwaltschaft Wien, die gegen Faymann ermittelte, weil sein Kabinettchef auf die dem Ministerium unterstellten ÖBB Druck gemacht habe, für eine *Krone*-Kooperation ordentlich zu buchen. Die Ermittlungen wurden 2013 eingestellt.

Österreichs öffentliche Stellen sind im internationalen Vergleich ungewöhnlich werbefreudig. Die Buchungen werden teilweise als informelle Medienförderungen vergeben und teils offenbar in der Erwartung auf in freundliche redaktionelle Berichterstattung. Die Stadt Wien ist meist – 2022 mit 25 gemeldeten Millionen Euro – neben der Bundesregierung größter Bucher unter den öffentlichen Stellen laut Medientransparenzmeldungen; der eine oder andere zuständige Stadtfunktionär

Mediengruppe (Auswahl)	Werbung öffentlicher Stellen (2022)	Presseförderung (2022)
ORF	ORF-Beitrag: 710 Mio. plus Zuschuss aus Bundesbudget 2024	
	25,51 Mio.	
Mediaprint	29,56 Mio.	0,59 Mio.
Styria	13,12 Mio.	1,73 Mio.
Google	12,56 Mio.	
Mediengruppe Österreich	11,43 Mio.	
Heute	11,16 Mio.	
Der Standard	7,97 Mio.	1,14 Mio.
Regionalmedien Austria	7,69 Mio.	
Facebook	7,27 Mio.	
ProSiebenSat1Puls4	6,98 Mio.	
Wimmer / OÖ Nachrichten	6,81 Mio.	0,25 Mio.
VGN	3,86 Mio.	0,18 Mio.
Russmedia	3,83 Mio.	1,1 Mio.
NÖP/NÖN	3,49 Mio.	0,15 Mio.
Moser / Tiroler Tageszeitung	2,73 Mio.	0,27 Mio.
RTL Group	2,42 Mio.	
Echo Medienhaus	2,4 Mio.	
Salzburger Nachrichten	2,16 Mio.	0,27 Mio.
Red Bull Media House	1,63 Mio.	
Falstaff-Magazin	0,97 Mio.	
Falter	0,87 Mio.	0,097 Mio.
OÖ Volksblatt	0,73 Mio.	0,88 Mio.
Arabella	0,55 Mio.	
WH Media / R9	0,15 Mio.	
Exxpress	0,03 Mio.	
Welle 1	0,012 Mio.	

Digitaltransformations-förderung (2023)	Privatrundfunk-förderung (2023)	Journalismusqualitäts-förderung (2023 geplant) Bis 1,5 Mio./Jahr pro Medium
danach zweimal 80 Mio. und dann 70 Mio./Jahr		
3,34 Mio.	2,52 Mio.	....
2,58 Mio.	0,61 Mio.	....
0,89 Mio.	1,7 Mio.	....
0,74 Mio.		....
1,56 Mio.	0,26 Mio.	....
0,77 Mio.		....
0,76 Mio.	4,06 Mio.	
1,16 Mio.	0,49 Mio.	....
0,29 Mio.		
1,52 Mio.	0,8 Mio.	....
0,64 Mio.	0,12 Mio.	
0,78 Mio.	0,49 Mio.	....
0,29 Mio.		
1,02 Mio.		....
	1,58 Mio.	
0,21 Mio.		
		....
	0,53 Mio.	
0,49 Mio.	0,79 Mio.	
0,12 Mio.	0,18 Mio.	?
	0,58 Mio.	

hat öffentlich wissen lassen, dass man die Buchungen auch als Medienförderung versteht.

Die rund 200 Millionen Euro pro Jahr umfassen – noch mit Ausnahmen – die Buchungen aller öffentlichen Stellen. Die Bundesregierung buchte im Kalenderjahr 2022 Werbung für rund 29 Millionen. Im internationalen Vergleich ist auch die Bundesregierung überaus spendierfreudig. Parlamentarische Anfragen in Deutschland liefern Vergleichswerte. 2015 bis 2017 buchte die deutsche Regierung für rund 60 Millionen im Jahr, die österreichische zwischen 15 und 23 Millionen Euro. Pro Kopf waren das rund 0,7 Euro Werbeeinsatz in Deutschland und 1,6 bis 2,5 Euro in Österreich. 2018 buchte die deutsche Regierung für rund 45 Millionen, jene im zehnmal kleineren Österreich für 25 Millionen – pro Kopf mehr als fünfmal höhere Budgets als die deutschen Kollegen. 2019 wurden daraus 70 zu 20 Millionen – pro Kopf noch immer in Österreich mehr als doppelt so viel Schaltvolumen.

Die meistgebuchten Medien 2022 in Österreich – nach den gesamten ORF-Medien mit 25,5 Millionen Euro: *Kronen Zeitung* mit fast 18 Millionen, *Österreich/Oe24* und *Heute* mit knapp mehr als elf Millionen.

Die Studienreihe „Scheinbar transparent" des Medienhaus Wien, finanziert von Medienunternehmen wie Bundesländerzeitungen und *Standard,* verweist über mehrere Jahre auf einen klaren Buchungsfokus auf Boulevardblätter – inbesondere beim Innenministerium – und teils vielfach höheren Mittelaufwand pro Leser:in dort im Vergleich zu anderen Medien. Pro Print-Leserin und -Leser (nach der Media-Analyse) von *Österreich/Oe24* investierten Ministerien 2021 8,30 Euro in Werbebuchungen, bei *Heute* 5,93 Euro, für jene der *Kleinen Zeitung* 3,08 und beim *Standard* 2,20 Euro. Pro Unique User buchten Ministerien für 22 Cent Onlinewerbung bei der *Krone,* aber für nur zwei Cent pro Kopf bei den *Salzburger Nachrichten.*

2022 buchte unter den Bundesministerien erstmals ein grün geführtes die meiste Werbung – das Infrastrukturministerium lag in diesem Jahr mit 6,5 Millionen vor dem Bundeskanzleramt mit 5,8 Millionen.

„Inseratenkorruption"

Werbebuchungen öffentlicher Stellen – pointiert von Opposition und vielen Medien als „Inseratenkorruption" beschrieben – beschäftigen in den 2020er-Jahren die Wirtschafts- und Korruptionsstaatsanwaltschaft. Der Verdacht: Öffentliche Werbebuchungen wären von Sebastian Kurz' Getreuen in der ÖVP eingesetzt worden, um Wohlwollen und wohlwollende Berichterstattung für Kurz zu unterstützen, abgeleitet aus den sichergestellten Chats von Thomas Schmid. Kurz weist diese Vorwürfe stets als falsch zurück.

Schon gegen Werner Faymann (SPÖ) ermittelten die Behörden wegen ähnlicher Verdachtsmomente, die Ermittlungen gegen den roten Kanzler wurden schließlich eingestellt. Die ÖVP-Getreuen von Sebastian Kurz lernten offenbar. Sie entwickelten das sogenannte „Beinschab-Österreich-Tool": Umfragen im Sinne der ÖVP, finanziert vom Finanzministerium, durchgeführt vom damaligen Marktforschungsinstitut von Sabine Beinschab, das parallel auf ÖVP-Vermittlung für *Österreich* arbeitete, wo das Finanzministerium eifrig inserierte.

Bei der Mediengruppe Österreich gab es zu den Verdachtsmomenten 2021 Hausdurchsuchungen, bei *Heute* im Zuge von Ermittlungen gegen die Dichands 2023.

Boulevard macht Politik, Politik macht Boulevard – Krone, Heute, Österreich

Die *Kronen Zeitung* wurde von einem Machtpolitiker überhaupt erst ermöglicht. Über Jahrzehnte machte sie Politik und Politiker in Österreich. Ein anderer Machtpolitiker half entscheidend, *Heute* auf den Weg zu bringen – ein Geschenk an den *Krone*-Boss. *Österreich* und *Oe24*, wie viele Fellner-Medien davor, leben wesentlich von ihren Geschäften mit der Politik.

Die Ermittlungen der Wirtschafts- und Korruptionsstaatsanwaltschaft gegen die Köpfe von *Kronen Zeitung, Heute* und *Österreich* ab 2021 mit Hausdurchsuchungen und Rücktritt des Bundeskanzlers Sebastian Kurz markieren nur einen Höhepunkt in einer jahrzehntelangen Geschichte von Politik, Macht und Boulevard, eines engen Zusammenspiels, und von dauerhaften, ungenierten Geschäftsbeziehungen mit immer neuen Partnern. In der Boulevardrepublik Österreich.

SPÖ-Gründung *Krone*. Ein Parteifunktionär der Wiener SPÖ hat 1959 die Gründung der *Kronen Zeitung* ermöglicht: Bau-Gewerkschaftschef Franz Olah besicherte einen Kredit der Zentralsparkasse (heute Bank Austria) mit Sparguthaben der Gewerkschaft. Später in Prozessen um die Eigentümerschaft aufgetauchte Dokumente aus 1959 besagten: Die *Krone*-Gründer Hans Dichand, zuvor schon Chefredakteur der *Kleinen Zeitung* und des *Kurier*, und Manager Kurt Falk hätten ihre 50 Prozent an der *Krone* nur treuhändig für Olah gehalten. Und auch ein Frankfurter Geschäftsmann habe die zweite Hälfte der *Krone*-Anteile nur als Treuhänder für Olah gehalten.

Der rote ÖGB versuchte, seine Eigentümerschaft an der *Krone* ab 1966, nach dem SPÖ-Ausschluss Olahs, einzuklagen – ein Formalfehler brachte Dichand und Falk zurück an die *Krone*-Hebel, die Gerichtsverfahren gewannen sie schließlich. Und Falk schaffte mit der ihm eigenen Durchsetzungskraft 1972, sich und Dichand sämtliche *Krone*-Anteile zu sichern – beim inzwischen eine Haftstrafe verbüßenden Olah (der seine Anteilsrechte inzwischen schon Eigentümern des verfeindeten *Kurier* überschrieben hatte) und vom Frankfurter Mitgesellschafter. Die *Krone* übernimmt 1970 das der SPÖ gehörende Konkurrenzblatt *Express*, Falk stellt dieses schon 1971 ein. Und die *Krone* fährt ihre ersten großen Kampagnen gegen Projekte der in Wien regierenden SPÖ und ihren Bürgermeister Felix Slavik.

Die SPÖ und ihr – ab 1970 – „Medienkanzler" Bruno Kreisky bemüht sich stetig um den Machtfaktor *Kronen Zeitung*, ihren König Hans Dichand und seine Gunst – wie praktisch alle anderen Fraktionen, nur eben über Jahrzehnte mit dem Bonus der Kanzlerpartei im Bund und der auch über Werbebudgets regierenden Bürgermeisterpartei in Wien. Die *Krone* bekommt Werbebuchungen, Druckereisonderförderung, Sonderregelungen für die Beschäftigung von Straßenverkäufern, sogenannten Kolporteuren, die noch in den 1990ern an jeder Kreuzung für die *Krone* werben. Hans Dichand lädt die Politik vor, vorzugsweise in Extrazimmer des noblen Wiener Ringstraßenhotels Bristol, um ihnen zu vermitteln, was die Stimme des Volkes in Gestalt der *Krone* so meint.

Die *Krone* erinnert die Regierenden immer wieder mit Kampagnen und Kolumnen, dass sie auch anders kann. Ressentimentgeladener, emotionalisierend zuspitzender Boulevard und rechter politischer Populismus spielen thematisch gekonnt zusammen. Der *Krone*-Brachialkolumnist Richard Nimmerrichter und FPÖ-Chef Jörg Haider etwa spielten einander über Jahrzehnte inhaltlich die Bälle zu; später pushten einander Heinz-Christian Strache und das von Richard Schmitt geführte krone.at via Facebook hoch. Aber die *Krone* kampagnisierte auch mit Grün-Themen gegen die SPÖ – etwa gegen das Atomkraftwerk Zwentendorf 1978 und gegen das Donaukraftwerk Hainburg 1986.

Dichands Wahlneffe. Ein Mann hat das Spiel von Boulevard, Macht und Politik, von Geschäft und Freundschaft und von wechselseitigem Vorteil in eine neue Dimension gehoben: Werner Faymann, von 1994 bis 2007 Wohnbaustadtrat in Wien, dann 2007/2008 Infrastrukturminister und gleich darauf SPÖ-Chef und Bundeskanzler bis 2016.

Wie sehr sich Faymann um den *Krone*-Boss bemühte, zeigt sich in ihrem Verhältnis als „Wahlonkel" und „Wahlneffe". Hans Dichand sah sich im Juli 2008 gar veranlasst, in einem seiner seltenen namentlich gezeichneten *Krone*-Texte zu erklären, Faymann sei entgegen Gerüchten nicht sein unehelicher Sohn – aber „auch auf einen Sohn wie Faymann könnte ich natürlich stolz sein ..."

Das Wiener Wohnbauressort bucht unter Faymann (und Nachfolgern) überaus eifrig Werbung im Boulevard. Infrastrukturminister Werner Faymann lässt die ihm unterstellten ÖBB große *Krone*-Advertorials buchen, in denen er als eine Art Bahn-Ombudsmann Beschwerden über die Bahn via Kolumne aufzeigt und, klar, bereinigt. Zu diesem Finanzierungsmodell ermitteln Behörden gegen Faymann und seinen Umsetzer Josef Ostermayer, das Verfahren wird schließlich eingestellt. Als designierter SPÖ-Chef initiiert Faymann im Juli 2008 einen gemeinsamen Leserbrief mit Noch-Kanzler Alfred Gusenbauer an die *Krone*, in dem sie dem EU-kritischen Herausgeber gemäß dessen Wunsch und gegen die bisherige Parteilinie eine Volksabstimmung über eine Änderung des EU-Vertrags versprechen. Bald darauf wird Faymann auch Kanzler.

Der *Heute*-Pate. Der Wahlneffe stand auch Pate für die mediale Herzensangelegenheit des späten Hans Dichand: eine Gratiszeitung für Wien, zur Absicherung der *Krone* gegen kostenlose Konkurrenzprojekte – wie *Österreich* der Fellners. Im März 2004 stellen die mit Dichand verfeindeten Mediaprint-Mitgesellschafter, die Funke-Gruppe und Raiffeisen, nach drei Jahren Dichands Lieblingsprojekt, die Gratiszeitung *U-Express*, ein. Hans Dichand bittet die Funke-Gruppe im Frühjahr 2004 um Zustimmung, eine Gratiszeitung außerhalb der Mediaprint gründen zu dürfen – die *Krone*-Mitgesellschafter lehnen ab.

Wenige Wochen darauf beschließt der bisherige Pressesprecher von Werner Faymann, Wolfgang Jansky, eine Gratistageszeitung für Wien zu gründen. Mit einem Kredit der Bank

Austria (wie ihn einst auch die *Krone* erhielt). Mit dem Exklusivvertrag des *U-Express* mit den stadteigenen Wiener Linien für Entnahmeboxen in den Stationen. Mit dem Redaktionsteam des *U-Express* und dessen Chef, dem von der *Krone* entliehenen Richard Schmitt. Mit, nach Recherchen von *Dossier*, ganz besonderer werblicher Unterstützung aus dem Wiener Wohnbauressort als Starthilfe und später aus Faymanns Infrastrukturministerium. Bald mit einer Co-Geschäftsführerin und ab 2006 Herausgeberin namens Eva Dichand, Schwiegertochter Hans Dichands, Mutter seiner Enkel und Frau seines Sohnes Christoph Dichand, zu der Zeit schon Chefredakteur der *Krone*. Und mit rätselhaften, ungeklärten Eigentumsverhältnissen.

Heute ist, wenn man so will, das Kind aus der Verbindung von Politik und Medien.

2012 werden die Offenlegungspflichten für Medieneigentum mit dem Medientransparenzgesetz verschärft. Kurz vor Inkrafttreten geben Eva Dichand und Jansky bekannt, dass hinter einer Treuhandkonstruktion schon seit Jahren eine Stiftung Eva Dichands als Mehrheitseigentümerin von *Heute* steht. Inzwischen hat Eva Dichand die Mehrheit in zwei Schritten an die von Jansky geführte Periodika Privatstiftung (Print) und die Schweizer TX Group (heute.at) abgegeben.

Die Rechercheplattform *Dossier* veröffentlichte 2014 eine große Recherche über die ersten zehn Jahre *Heute*, über öffentliche Werbebuchungen, vor allem der Stadt Wien und ihrer Firmen dort, und über eine bemerkenswerte Passage im Dienstvertrag eines *Heute*-Redakteurs: „Bei der redaktionellen Gestaltung" sei „tunlichst darauf Rücksicht zu nehmen", dass man bei einer werbefinanzierten Gratiszeitung arbeitet: „Daher ist eine wohlwollende PR-Berichterstattung der jeweiligen Inserenten für den wirtschaftlichen Erfolg unerlässlich."

Als *Heute*-Chefredakteur hatte Richard Schmitt nach eigenem Bekunden ebenfalls in seinem Vertrag „eine Klausel, dass ich nichts Kritisches über Anzeigenkunden schreiben darf". Eva Dichand nannte das, darauf angesprochen, einen „Gründungsfauxpas".

Als die WKStA 2023 den Verdacht untersucht, Eva Dichand habe für Inseratenbuchungen und andere Vorteile wohlwollende Berichterstattung versprochen, weist sie den Vorwurf solcher Gegengeschäfte als falsch zurück. Als „Blödsinn" wies *Krone*-Herausgeber Christoph Dichand 2021 zurück, was der frühere Ressortleiter Thomas Schrems über ihn berichtete: Dichand persönlich habe die erfolgreiche Berichterstattung über Misstände bei Wiener Wohnen abgedreht – mit dem Verweis auf 400.000 Euro Werbebuchungen.

Wie sich wirtschaftliche Interessen der Verleger doch irgendwie in der Berichterstattung (geradezu im Wortsinn) niederschlagen, kann man zum Beispiel an zwei knallharten Kampagnen ablesen. Seit René Benkos Signa-Gruppe zur Überraschung und Empörung der Dichands 2019 mittelbar *Krone*-Anteile der Funke-Gruppe übernahm, schießt die Redaktion der *Krone* mit Dauerfeuer und sehr persönlich gegen Benko und seine Geschäfte – etwa gegen sein Kaufhausgroßprojekt an der Wiener Mariahilfer Straße. Benkos *Krone*-Einstieg belastete auch die Dichand-Achse zu Kurz schwer.

Wiens Bürgermeister Michael Ludwig, üblicherweise kein Angriffsziel der *Krone*, holte sich schallende Ohrfeigen in Serie, als er den Fellners für *Oe24* Platz für Entnahmeboxen in Wiener-Linien-Stationen einräumte. Mit dem Vergleich beendete die Stadt 2018 ein Jahrzehnt Wettbewerbsverfahren durch alle Instanzen gegen Vorrechte für *Heute*. Bürgermeister Michael Ludwig wurde dafür von der *Krone* per Kampagne massiv abgewatscht.

Schlossgespenst Fellner. Mit *Österreich*, gestartet 2006, hatte der Boulevardkanzler Faymann zwei direkt verfeindete Mediengruppen bei Laune zu halten und – auch werbetechnisch – auszubalancieren: die Dichands mit *Krone* und *Heute* und die Fellners mit *Österreich/Oe24*.

Man kannte einander schon aus Faymanns Schultagen, Fellners Erstlingswerk, das Jugendmagazin *Rennbahn-Express*, unterstützte Schülerzeitungen mit Know-how, auch Faymanns Schülerzeitung *Schlossgespenst Henriette*. Abseits der Werbebuchungen half Wiener Wohnen etwa unter Stadtrat Faymann mit seinem sehr hoch dotierten Mietvertrag im Wiener Media Tower, die deutlich günstigeren Mieten der Fellner-Magazingruppe in den Stockwerken darüber ein wenig auszugleichen (wie der Stadtrechnungshof später monierte).

Dreiecksbeziehung. Erst Faymann. Dann Kurz. Faymann und sein Kabinettschef, der spätere Medienminister Josef Ostermayer, schafften das akrobatische Kunststück, die Dichands und die Fellners in Balance zu halten, mit viel Zuwendung für alle Beteiligten über Jahre hinweg. Bis 2016 SPÖ-Genossen Kanzler und Parteichef Faymann aus dem Amt pfiffen – und Sebastian Kurz bald den Boulevard mit Faymanns Geschäftsmodell in neuer Dimension begeisterte. Und, zunächst mit Erfolg, zu einem neuen, noch größeren Balanceakt ansetzte.

Bis die Wirtschafts- und Korruptionsstaatsanwaltschaft auf die Handykommunikation von Thomas Schmid stieß – dem zentralen Verbindungsoffizier der türkisen Truppe um Sebastian Kurz bei der Machtübernahme in der ÖVP und im Kanzleramt als Generalsekretär im Finanzministerium 2015 bis 2019. Der Ausgangspunkt der Ermittlungen wegen – so der geläufige Branchenausdruck und Vorwurf – „Inseratenkorruption". Für alle Beteiligten gilt die Unschuldsvermutung, bis Gerichte rechtskräftig darüber entscheiden.

Enge, auch allzu enge Verhältnisse zwischen Politik und Medien finden sich auch anderswo: Russmedia in Vorarlberg hatte bis zur Inseratenaffäre 2022 um den örtlichen Wirtschaftsbundchef einen gemeinsamen Verlag mit der ÖVP-Unternehmerorganisation. In Tirol pflegen Moser Holding und Landes-ÖVP eine recht innige Nähe – der Anteilsverwalter der Eigentümerfamilie war Abgeordneter und Funktionär der Landes-ÖVP. In Niederösterreich bemühen sich die *Niederösterreichischen Nachrichten,* vom Bild der politmedialen Dreifaltigkeit ÖVP/*NÖN*/ORF Niederösterreich wegzukommen.

Der ewige Streit der Krone-Eigentümer

Die Eigentümer des einflussreichsten und lange höchst profitablen Mediums im Land lähmen einander im viele Millionen teuren, jahrzehntelangen Streit mit allen Mitteln.

Warum ist die *Krone* wesentlich? Die *Krone* hat zwar nicht mehr ihre gewaltige Printreichweite von 45 Prozent aus 2005, sie erreicht 2022 gedruckt täglich noch gut 22 Prozent der Menschen in Österreich, online täglich immerhin zwölf Prozent. Aber ihre Printreichweite ist etwa so groß wie die der drei nächsten Blätter zusammen. Und sie ist für Österreichs Politik noch immer das umworbene und gern gebuchte Zentralgestirn. Heinz-Christian Strache träumte auf Ibiza vom Zugriff auf die *Krone*, die seine FPÖ zur stärksten Kraft bei Wahlen machen würde. Sebastian Kurz hofierte und umsorgte die Dichand-Blätter *Krone* und *Heute* plus *Österreich*. Mit ihren Kampagnen und ihrem zugespitzten, emotionalisierten Boulevard machte die *Krone* über Jahrzehnte Politik in Österreich.

Was ist da los bei der *Krone*? Schnell erklärt: Es geht um äußerst angenehme Vorrechte für die Gründerfamilie Dichand, der 50 Prozent an der *Krone* gehören. Die deutsche Funke-Gruppe hat sie bei ihrem Einstieg bei der *Krone* 1987 dem österreichischen Gründer Hans Dichand (2010 verstorben) zugesichert. Die Dichands haben das letzte Wort in der Redaktion und beim Personal, und sie haben vor allem einen garantierten jährlichen Gewinn in zumindest hoher einstelliger Millionenhöhe. Wirft die *Krone* ihn nicht ab, müssen die Mitgesellschafter ihn den Dichands überweisen – die deutsche Funke-Gruppe und, seit 2019 bei deren Holding für Österreich-Beteiligungen an Bord: Immobilien-Milliardär René Benkos Signa-Holding.

Kündigungsschutz. Die Rahmenverträge über diese Vorrechte der Dichands und über ihr Vorkaufsrecht über bestimmende Anteile an der *Krone* erwiesen sich trotz vielfacher Anläufe der Funke-Gruppe bisher als praktisch unkündbar. Wobei: Die Vereinbarungen sind kündbar – aber nur, wenn man damit auch die gemeinsame *Krone*-Gesellschaft aufkündigt. Und wer die gemeinsame Gesellschaft aufkündigt, der muss dem anderen seine Anteile zum spottbilligen Buchwert – kolportiert: fünfstellige Beträge – überlassen.

Schiedsrichter. Diesen Stand bestätigten jedenfalls mehrere Schweizer Schiedsgerichte bisher, die laut den Verträgen zuständig sind, bei Gesellschafterstreit in der *Krone* zu entscheiden. Mehrere Kündigungsversuche der deutschen Funke-Gruppe wurden, Stand 2023, von Schiedsgerichten stets abgewiesen. Das Schweizer Höchstgericht Bundesgericht, das deutsche Bundesgericht und auch das Oberlandesgericht Wien (rechtskräftig 2023) bestätigten nach Funke-Klagen die Zuständigkeit von Schweizer Schiedsgerichten für solche Fragen.

Was heißt hier erbitterter Streit?

→ Die Funke-Gruppe blockierte zum Beispiel die Ausschüttung von Gewinnen ab dem Geschäftsjahr 2018/19. Für 2018/19 gab ein Schiedsgericht Ende 2022 den Dichands recht, das Geld ist überwiesen, weitere Verfahren für die Folgejahre sind anhängig.

→ Die Funke-Gruppe beantragte in einer Gesellschafterversammlung 2019 schon die Abberufung von Christoph Dichand als Herausgeber (bisher ohne Erfolg).

→ Die Funkes argumentierten, durch die Aufteilung der Anteile auf vier Erben hätten die Dichands zudem Stimmrechte verloren und seien nun in der Minderheit. Der Oberste Gerichtshof widersprach 2021 einer darauf fußenden Kartellmeldung der Funke-Gruppe.

→ Richtig losgebrochen ist der Streit schon 2001, als sich die Funke-Gruppe bei der Bestellung von Christoph Dichand zum Chefredakteur durch seinen Vater Hans Dichand querlegte. Sichtlich ohne Erfolg – seit 2003 ist Christoph Dichand Chefredakteur, seit 2010 auch Herausgeber.

Kein Ausweg (fast). Dichands und Funkes streiten, öffentlich wahrnehmbar jedenfalls, etwa seit 2001. Die Verträge und die Konstellation sorgen für eine vielfache Pattstellung:
→ Die Funke-Gruppe wollte ihre Beteiligungen an *Krone* und *Kurier*, wo sie nur zahlen und blockieren, aber kaum mitgestalten können, ganz an Immobilienmilliardär René Benko und seine Signa-Gruppe loswerden. Das wurde vertraglich 2019 vereinbart: 80 Millionen Euro für fast 50 Prozent an der Funke Österreich Holding GmbH, und wenn die Vorrechte fallen, die übrigen Anteile für weitere 80 Millionen. Diese Holding hält 50 Prozent an der *Krone* (und fast 50 Prozent am Mediaprint-Partner *Kurier*).
→ Seither haben Gerichte und Schiedsgerichte die Vereinbarungen mit den Vorrechten bestätigt: Kündbar nur mit der ganzen gemeinsamen Krone-Gesellschaft – und mit Anteilsverkauf zum lächerlichen Buchwert.
→ Die Vorrechte beinhalten auch ein Vorkaufsrecht der Dichands, wenn Benko durchgerechnet mehr als ein Viertel der Anteile erwerben will, zu gleichen Konditionen. Das wäre innerhalb der Verträge ein Ausweg, wenn Benko und Funke dem bisherigen Feind Dichand verkaufen und Familie Dichand sich das leistet. Eine Frage des Preises.
→ Würde etwa nur Christoph Dichand die Funke/Benko-Anteile kaufen, müssten er und allfällige Partner künftig den garantierten Gewinn an seine zwei Geschwister und ihre Mutter schultern.
→ Die *Krone* ist nicht das einzige Patt in dem Spiel: Im gemeinsamen Verlag mit dem *Kurier*, der den Zeitungs- und Druckmarkt beherrschenden Mediaprint, entscheiden je zwei Vertreter von Dichands, Funke und *Kurier*-Mehrheitseigner Raiffeisen über alle wirtschaftlichen Aspekte von *Krone* und *Kurier* – Raiffeisen stimmt also mit über Abopreise der *Krone*, die Dichands etwa über Anzeigentarife des *Kurier*. Das eröffnet viel Potenzial für wechselseitige Blockaden. Und: Laut den *Krone*-Rahmenverträgen müssen Dichands und Funkes in der Mediaprint gemeinsam stimmen.

→ In der *Krone* müssen die Gesellschafter Geschäftsführer und Chefredakteure wechselseitig anerkennen – ein weiteres Konfliktfeld, seit Hans Dichand 2003 seinen Sohn Christoph gegen den Willen der Funke-Gruppe zum Chefredakteur machte. 2023 will die Funke-Gruppe den Sanierer und Cost-Cutter Michael Tillian in die Geschäftsführung von *Krone* und Mediaprint schicken – das birgt neues Konfliktpotenzial.

Annäherung? Christoph Dichand bemüht sich nach Jahren des frostigen Umgangs miteinander sichtlich seit 2022 um ein Gesprächsklima mit Funke-Verlegerin Julia Becker, die wiederum bereitwillig auf österreichische Branchenkongresse kommt. Dort bemüht sich Dichand um gemeinsame Bilder und Gesprächstermine. Aber: An den vertrackten Verträgen ändert das nichts. Und auch nicht am juristischen Dauerfeuer aufeinander.

Dauerfeuer. 2022 und 2023 läuft eine Kaskade von Schiedsklagen der Dichands – die Funke-Gruppe blockiert seit 2018/19 die Gewinnausschüttung. Über dieses Jahr gab ein Schiedsgericht den Dichands Ende 2022 recht – für jedes Folgejahr gibt es ein neues Schiedsgericht. Die Funke-Gruppe hat im Mai 2022 die Rahmenvereinbarung mit den Dichands neuerlich gekündigt – offenbar mit Verweis auf eine Änderung im Gesellschaftsrecht – konkret zur Gesellschaft bürgerlichen Rechts – mit 2022. Das Match geht munter weiter.

Aufstieg und Fall der Brüder Fellner

Bei ihrem größten Spiel pokerten Wolfgang Fellner und sein Bruder Helmuth zu hoch. Ihr Jahrzehnte geübtes Geschäftsmodell reichte nicht für ganz *Österreich* – und dann nahm sich noch die Wirtschafts- und Korruptionsstaatsanwaltschaft ihren größten Poker vor.

Eine neue Generation musste ran bei der Mediengruppe Österreich: Mit September 2022 übernahm Wolfgang Fellners Sohn Niki Fellner mit seiner Cousine Alexandra, der Tochter von Helmuth, die Anteile an einer neuen, zentralen Fellner Medien Holding im Verhältnis 62,5 zu 37,5 Prozent.

Wolfgang Fellner, Gründer und Mastermind der Mediengruppe Österreich, zog sich zurück für einen vielmillionenschweren Schuldenschnitt einer Vielzahl kreditgebender Banken für Fellners bisher größtes, zu großes Medienprojekt. Die Banken verloren offenkundig die Geduld. Mehr als eineinhalb Jahrzehnte nach den ersten rund 70 Millionen Kredit für den Start der Tageszeitung 2006 und ihre Druckerei. Und es kam unterwegs noch einiges dazu.

Wolfgang Fellner war zudem durch eine Vielzahl von Verfahren belastet, in denen ihm einige ehemalige Mitarbeiterinnen sexuelle Belästigung vorwarfen – und Recht bekamen.

Und Wolfgang wie Helmut Fellner werden vor allem ab 2021 von der Wirtschafts- und Korruptionsstaatsanwaltschaft als Beschuldigte geführt. Der strafrechtlich relevante Vorwurf der Behörden: Gegengeschäfte im Sinne von Sebastian Kurz auf seinem Weg zum ÖVP-Chef und Kanzler ab 2016, aufgeflogen durch die Chats von Thomas Schmid und seine Angaben bei der Behörde. Der Verdacht: Umfragen einer Marktforscherin sollen im Sinne von Kurz frisiert und indirekt vom Finanzministerium, das Schmid als Generalsekretär managte, finanziert worden sein. Die Marktforscherin wurde zugleich als Hausinstitut für *Österreich* etabliert. Dazu viel Werbegeld (zunächst insbesondere seitens des Finanzministeriums) für die Fellner-Medien zumindest in der Erwartung wohlwollender Berichterstattung. Die Fellners weisen diese Vorwürfe entschieden zurück.

Dieses Geschäftsmodell, verbunden mit Drohungen, haben mehrere Politiker wie Exvizekanzler Reinhold Mitterlehner (ÖVP) und Exkanzler Christian Kern (SPÖ) den Fellners nachgesagt. Thomas Schmid, er hofft auf den Status als Kronzeuge, spricht gegenüber der Staatsanwaltschaft von „Elementen von Drohungen" des „Runterschreibens", wenn man nicht im erwarteten Umfang schalte. Wenn doch, würde man „unsere Geschichten" bekommen.

Wolfgang und Helmuth Fellner haben mit 13 und 12 Jahren mit diesem Geschäft begonnen, 1968 mit der Schülerzeitung *Rennbahn-Express*, die sie zu Österreichs größtem Jugendmagazin pushten. Das Geschäftsmodell hielt sich über Jahrzehnte, und Thomas Schmids öffentlich gewordene Chats schildern, was die Fellners stets dementierten und auch klagten.

Dröhnendes Marketing, zahllose Abogeschenke und Gewinnspiele, oft jenseits der Grenzen des Wettbewerbsrechts, gehören ebenfalls zum ewiggleichen Geschäftsmodell. Schneller und lauter Journalismus, Gegengeschäfte auch hier – gefeiert wird, wer Exklusives liefert. Jahrzehnte war vor allem die SPÖ Partner. Bis Kurz kam.

Das ewiggleiche Fellner-Prinzip funktionierte beim Jugendmagazin *Rennbahn-Express* und etwas weniger gut beim Zeitgeistmagazin *Basta*. Beide verkauften die Fellners Ende der 1980er an den *Kurier*, wo sie kurzfristig selbst anheuern. Doch der *Kurier*, gerade um 1990 selbst gebeutelt vom Grabenkampf seiner damaligen Eigentümer, wollte ihr nächstes, größeres Projekt nicht finanzieren.

Mit dem deutschen Springer-Konzern starteten die Fellners 1992 das Wochenmagazin *News*, ihr erfolgreichstes Projekt, mit dem sie den Magazinmarkt überrollten. Und mit ihm die *Kurier*-Magazine um *Trend* und *Profil.* 2001 wird ihre News-Gruppe die in einer ruinösen Marketingschlacht sturmreif geschossenen *Kurier*-Magazine übernehmen und den *Kurier* mit 25 Prozent an der News-Gruppe beteiligen. Ein Deal gegen jedes Kartellrecht, aber mit Druck auf die Politik in Gestalt von Sozialpartnern und FPÖ doch durchgebracht. (Seit 2018 ist der *Kurier* nicht mehr an der VGN-Magazingruppe beteiligt, *Profil* ging 2019 zurück an den *Kurier,* die Fellners halten noch 25 Prozent an der VGN; die Mehrheit gehört inzwischen Verleger Horst Pirker.)

Die VGN-Magazingruppe mit damals *News, Woman, TV-Media, E-Media, Format* und aus dem *Kurier*-Portfolio *Trend, Profil, Gusto, Auto-Revue* verliert an Fahrt und Fortüne, als sich die Fellners verabschieden und, voran Wolfgang, ab 2003 das nächste, größte Projekt angehen: die Tageszeitung *Österreich,* um der *Krone* zu zeigen, wer der wahre König des Boulevards ist.

Doch die *Krone*-Familie Dichand hat den Gratismarkt, auf den *Österreich* setzen will, schon 2004 mit *Heute* besetzt. Die Fellners starten zwei Jahre danach, 2006, ohne Partner für Finanzierung, Vertrieb und Druck, kreditfinanziert und gegen die gesamte Branche. Es wird ein langer, beharrlich weiterverfolgter Weg von viel Versuch und Irrtum, von viel öffentlichem Geld und ohne Erfolg in der erwarteten und nötigen Dimension.

Ein deutscher Unternehmensberater und Sanierer, Andreas Pres, kümmert sich ab 2022 um den millionenschweren Schuldenschnitt in einem Geflecht von zeitweise mehr als 50 Firmen, das von außen keinen Einblick in die wirtschaftliche Gesamtlage zulässt. Der Sanierer reduziert Personal, Büroflächen und Firmen, schließt 2022 die Druckerei und bringt *Österreich* und die – 2018 in *Oe24* umgetaufte – Gratisversion bei der Mediaprint-Druckerei unter. Die Sonntagsausgabe wird im September 2022 eingestellt. Der 2019 gestartete bundesweite Radiosender Radio Austria sowie Antenne Salzburg und Tirol stehen 2023 zum Verkauf.

Wolfgang Fellner, 2024 wird er 70, bleibt Herausgeber und, sein erkennbar liebstes Hobby, Talker bei Oe24TV.

Wie man Österreichs größten Magazinkonzern praktisch gratis übernimmt ...

... und dafür auch noch Geld bekommt, zeigte Verleger Horst Pirker mit der Magazingruppe VGN.

Ein erstaunliches Kunststück gelang Horst Pirker, eigentlich gleich mehrere. Der Medienmanager und heutige Verleger übernahm die Mehrheit an Österreichs größter, im Grunde marktbeherrschender Magazingruppe VGN, damals noch Verlagsgruppe News, ohne dafür zu bezahlen. Im Gegenteil: Der bisherige Eigentümer (56 Prozent), der deutsche Bertelsmann-Medienkonzern, gab ihm noch zweistellige Millionen mit auf den Weg, und nur ein Teil davon als rückzahlbares Darlehen, auf das der Verkäufer schließlich auch noch verzichtete. Pirker angelte sich, ebenfalls ohne einen Euro zu zahlen, noch die *Kurier*-Anteile an der VGN. Und er verkaufte für immerhin sechs Millionen dem *Kurier* die wirtschaftliche Verfügungsgewalt über das Verluste schreibende *Profil* – dessen Redaktionsgesellschaft ohnehin stets dem *Kurier* gehörte.

Wie geht das? Wenn man's weiß, klingt es einfach. Man braucht nur die passende Konstellation und das nötige Verhandlungsgeschick. Und man muss natürlich Verleger und Eigentümer einer Magazingruppe werden wollen, die damals gerade in die Verlustzone kippte und von ihrem Mehrheitseigentümer schon aufgegeben wurde. Heute schreibt die VGN laut Pirker schwarze Zahlen, 2021 etwa sehr ordentliche einstellige Millionenergebnisse. Was einen nächsten Pirker-Deal potenziell teuer macht – aber der Reihe nach.

1 – Die Ausgangslage: Die Verlagsgruppe News, gerade noch mit 20 Millionen Gewinn eine Cash-Cow, kippt 2014 in die Verlustzone. Ohne nennenswertes Kapital droht 2015 die Überschuldung: Die Gesellschafter – damals Bertelsmann, *Kurier* und die Fellner-Brüder als Gründer – haben sich über die Jahre die fetten Gewinne komplett auszahlen lassen. Das damalige Management pushte die Gewinne im Sinne der eigenen Bonuszahlungen ohne Rücksicht auf Substanz. Ab 2010 dann wechselten die Geschäftsführer rasch und ohne tragfähige Strategie in einem immer schwieriger werdenden Markt.

2 – Der Retter? Bertelsmann holt 2014 Horst Pirker, der schon den Grazer Medienkonzern Styria geführt und groß gemacht hat, kurz auch das Red Bull Media House und zuletzt den Entsorgungsbetrieb Saubermacher neu positioniert. Nun scheint er die letzte Hoffnung der Bertelsmänner für die News-Gruppe. Sie verkaufen gerade Land für Land ihr leidendes europäisches Magazingeschäft. Pirker sucht eine neue Strategie für das einstige Flaggschiff *News* (mit überschaubarem Erfolg und Verlusten). Er verlangt Kapitalnachschüsse von den Gesellschaftern für ihre langjährigen Entnahmen. Bertelsmann immerhin willigt ein – und verabschiedet sich offenbar gedanklich schon von der Österreich-Beteiligung.

3 – Rette sich, wer kann! 2016 begräbt Bertelsmann seine Hoffnung in den österreichischen Markt endgültig. Der deutsche Konzern gibt seine rund 56 Prozent an der VGN an Pirker ab. Die Fellners hätten sich auch interessiert, sie zurückzukaufen. Aber nach fast zwei Jahrzehnten, in denen die ohnehin schon lange mühsamen Mitgesellschafter Fellner die VGN schließlich ab 2006 mit *Österreich* und seinen Magazinen direkt angegriffen haben, ist das für Bertelsmann keine Option. Lieber ein Verkauf mit zweistelliger Millionen-Mitgift an den Geschäftsführer Horst Pirker. So müssen sie die VGN in Österreich nicht selbst teuer zusperren.

4 – Auskuriert. Gut 25 Prozent an der VGN hält damals 2016 noch der *Kurier,* seit er seine Magazine um *Profil* und *Trend* 2001 in der umstrittenen „Formil"-Fusion in die News-Gruppe eingebracht und sich dafür beteiligt hat. Pirker verlangt auch von Mitgesellschafter *Kurier* Kapitalnachschüsse für stets entnommene Gewinne. Der weigert sich. Pirker zieht daraufhin

2018 eine beim *Kurier*-Einstieg 2001 vereinbarte Option: Der *News*-Mehrheitseigentümer kann die *Kurier*-Anteile zu diesem Zeitpunkt übernehmen, der Kaufpreis berechnet sich laut den alten Verträgen nach den VGN-Ergebnissen der vergangenen drei Jahre. In diesen drei Jahren schrieb die VGN Verluste, und so bekommt Pirker (zusammen mit den Fellners) die 25 Prozent praktisch kostenfrei. Für kolportierte sechs Millionen verkauft Pirker dann 2019 noch dem *Kurier* die Marke *Profil* und wirtschaftliche Verfügung über das Verluste schreibende Magazin zurück. Sechs Millionen hatte er vom *Kurier* als Kapitalzuschuss gefordert.

Wie läuft's? Pirker berichtet 2023 von solid positiven Ergebnissen und ausreichend Kapital. Die Umsätze sind über die Jahre aber merklich auf 56 Millionen Euro zurückgegangen.

→ Pirker übernimmt 2023 das österreichische Start-up-Portal „Der Brutkasten", wohl als Ergänzung zum *Trend*.
→ Pirker orientiert sich strategisch an Communities um seine Medienmarken. Marken sind etwa *Woman, Trend, TV-Media*. *News* steht im Frühjahr 2023 wieder einmal an der Kippe, Lösungen werden gesucht. *E-Media* wird als Magazin im Mai 2023 eingestellt.
→ Die VGN gehört 2023 zu 75 Prozent Horst Pirker, zu 25 den Fellners.
→ Die Fellner-Anteile dürften an Banken verpfändet sein. Pirker will sie kaufen, im Frühsommer 2023 sollen darüber Gespräche mit Erste Bank und Raiffeisen International laufen.
→ Ende 2023 wird Pirker 65, er will sich aus den operativen Funktionen zurückziehen. Auch über ein Management Buyout soll er intern 2023 schon laut nachgedacht haben.

Die Kartellrepublik: Aufsehenerregende Medienfusionen und gescheiterte Zusammenschlüsse

Der von Kartellrecht und Politik ungehinderte Zusammenschluss der marktbeherrschenden Zeitungen *Krone* und *Kurier* zur Mediaprint 1988 beschäftigte die Medienbranche lange als Super-GAU, als größter anzunehmender Unfall. 2001 wurde daraus ein Doppelmonopol, als der Mediaprint-Gesellschafter *Kurier* bei der marktbeherrschenden Verlagsgruppe News (heute VGN) einstieg und *Profil, Trend* und Co. einbrachte.

Heute spielen ganz andere Größen die Hauptrollen in Sachen Konzentration, Monopol und Wettbewerb. Längst geht es in der Medienbranche vor allem um globale digitale Marktbeherrscher, allen voran Alphabet. Und vielleicht noch um die Dominanz des ORF im kleinen österreichischen Medienmarkt.

Alphabet, der Mutterkonzern von Google und YouTube, dominiert nicht alleine die globale Suche, sondern mit ihr auch das globale Werbegeschäft auf praktisch allen technisch-wirtschaftlichen Stufen. Mit diesem Monopolisten befassen sich 2023, auch nach Beschwerden von Medienunternehmen, Wettbewerbsbehörden der EU, Großbritanniens, der USA. Ebenso beschäftigt die Nummer zwei im globalen Werbegeschäft, Meta mit Facebook, Instagram und WhatsApp regelmäßig die Kartellwächter und andere Aufsichtsbehörden.

Der wirtschaftliche Druck der globalen Giganten im Werbegeschäft, der Streamingplattformen, die Zahlungsbereitschaft der Userinnen und User und andere Faktoren werden wohl auch im österreichischen Medienmarkt zu weiterer Konsolidierung, so der Branchenjargon, und damit Konzentration führen, aber auch zu Allianzen (wie etwa eine von *Krone* und *Standard* bei der Onlinewerbevermarktung oder regionalen Verlagen und Mediaprint bei Vertrieb und Druck). Mit Konsolidierung hat Österreich schon einige Erfahrung – die größten

Fälle in einem schon hoch konzentrierten Medienmarkt im Überblick:

Der öffentlich-rechtliche ORF ist der weitaus größte Medienkonzern, dank verpflichtender Haushaltsabgabe. Mit rund 250 Millionen Euro (inklusive Sonderwerbung) ist er aber auch Marktführer in der Werbung. Er hat zwei Drittel Marktanteil am linearen Radiomarkt, ab 30 Prozent gilt man Kartellrechtlern als Marktbeherrscher, mehr als ein Drittel im linearen TV, ist Marktführer mit ORF.at bei österreichischen Newsplattformen.

ProSiebenSat1Puls 4 und ATV Mit Verweis auf die Größe des ORF sowie mit politischem Backing kann die größte private Free-TV-Gruppe 2017 den damals größten TV-Sender ATV plus ATV 2 übernehmen. Auflagen über getrennte Führung und Redaktionen laufen 2022 aus. Mit der ATV-Übernahme wird der Österreich-Ableger von ProSiebenSat1 Deutschland zum Marktführer beim Werbepublikum unter 50.

Zurückgezogen: Styria und Moser Holding Die Grazer Styria Media Group und die Innsbrucker Moser Holding wollen all ihre Regionalmedien inklusive *Kleiner Zeitung* und *Tiroler Tageszeitung* in einem Konzern vereinen.Die Wettbewerbsbehörde bringt die Großfusion zur Prüfung vors Kartellgericht, die Moser Holding zieht sich Ende 2009 daraus zurück.

Gratiswochenzeitungen von Styria und Moser Holding Styria und Moser Holding legen ihre Gratiswochenzeitungen zur Regional Medien Austria (RMA) zusammen, das Kartellgericht genehmigt den Zusammenschluss 2012. 2014 genehmigt die Wettbewerbsbehörde einen gemeinsamen Verlag der beiden für regionale Gratisfrauenmagazine, die sogenannten „Bundesländerinnen".

Verlagsgruppe News und Kurier-Magazine samt *Profil* Die sogenannte „Formil"-Fusion – eine *Falter*-Wortkreation aus den bis dahin konkurrierenden Nachrichtenmagazinen *For-*

mat und *Profil* – verleibte 2001 der schon marktbeherrschenden Verlagsgruppe News – heute VGN – noch die Kurier-Magazine um *Profil* und *Trend* ein. Der *Kurier*, Teil der den Zeitungsmarkt beherrschenden Mediaprint, konnte sich an der VGN beteiligen. Gegen alle Kartellregeln – aber ermöglicht mit Druck vor allem der VGN-Gründer Fellner auf Sozialpartner als Laienrichter im Kartellgericht und auf die FPÖ, deren Justizminister einen Rekurs gegen das in sich unlogische Urteil eines teils über Marktverhältnisse belogenen Gerichts ankündigte, den schon fertig ausgearbeiteten Rekurs aber auf Druck der Parteiführung schließlich schubladisierte.

„Formil" aufgelöst. Horst Pirker, inzwischen VGN-Mehrheitseigner, gelingt es 2018, dem *Kurier* seine VGN-Anteile kostenlos abzunehmen, er verkauft ihm 2019 auch noch *Profil* zurück (die Redaktionsgesellschaft gehörte immer dem *Kurier*). „Formil" war damit aufgelöst. *Mehr zur VGN ab Seite 173*

***Krone* und *Kurier* zum Zeitungsmarktbeherrscher Mediaprint**
Zeitungsmarktbeherrscher *Krone* und ihr größter Konkurrent *Kurier* konnten ihre Verlage unbehelligt von Kartellrecht oder Medienpolitik 1988 zur Mediaprint zusammenlegen – Marktbeherrscher in Vertrieb, Printwerbevermarktung, auch Druck.

Das österreichische Kartellrecht wurde stets nach großen Medienzusammenschlüssen verschärft, ohne diese anzugreifen – nach der Mediaprint 1988 und nach „Formil" 2001.

Heute sind mit Blick auf die globalen Digitalriesen Lockerungen der strengeren Regeln für Medienzusammenschlüsse Thema. Regionale Zeitungsverlagshäuser etwa könnten sich auf Sicht zusammenschließen – aber darüber wird auch schon seit Jahrzehnten spekuliert. Kronehit versuchte 2022/2023, das bundesweite Radio Austria von den Fellners zu übernehmen – brachte aber eine passende Änderung der Beteiligungsregeln im Privatradio wegen Widerstands von ÖVP-Koalitionspartner Die Grünen nicht durch.

Der Milliardär als Medienmacher mit Mission – und sein Wegscheider

Österreichs mit großem Abstand reichster Medienmagnat starb am 22. Oktober 2022: Red-Bull-Boss Dietrich Mateschitz war Mastermind, tonangebender und richtungsweisender Herausgeber, Financier und vor allem die wichtigste Zielgruppe für ein global operierendes Medienhaus, das zweitgrößte in Österreich nach dem ORF.

Zwei Richtungen gab der Red-Bull-Milliardär für das Red Bull Media House und parallel betriebene Medien vor:
→ Einerseits die perfekte Darstellung einer Red-Bull-Lebenswelt von Sport bis Abenteuer, von Heldenkult bis Clubkultur. Die Idee verfolgen das Magazin *Red Bulletin* (Auflage 345.000 Stück) und die Streamingplattform Red Bull TV auf redbull.com und ihre starken Präsenzen auf YouTube und anderen Plattformen und ihre Programmschienen für Red Bull auf Servus TV, zudem die vielmillionenschweren Premiumsportübertragungen dort. *carpe diem* (Auflage 143.000 Stück) liegt noch im Sinne einer Konzernmarke, Publikationsreihen aus dem Buchverlag um Ecowin zudem. Im weiteren Sinne die *Speedweek*.
→ Medien nach der Weltsicht des Konzernbosses – **Servus TV** als heimatorientierter Qualitätssender. In der Heimatschiene ergänzt um Österreichs erfolgreichstes Kaufmagazin *Servus in Stadt und Land* (Auflage 153.000 Stück). Nach der Weltsicht des Dietrich Mateschitz sollte auch die Rechercheplattform **Addendum** geformt sein, die er am 25. September 2017 startete. Offenkundig passte sie ihm nicht: Im August 2020, als das Medium gerade Relevanz und Traktion erlangte, verkündete Mateschitz von einem Tag auf den anderen sein Ende. Nun setzte Mateschitz auf das Welterklärmagazin **Der Pragmaticus** (gestartet September 2021) mit Prinz Michael von Liechtenstein und mit dem rechtskonservativen *Weltwoche*-Chef Roger Köppel als Host für das gleichnamige Servus-TV-Format.

Ganz direkt und persönlich hat Mateschitz seine Weltsicht der *Kleinen Zeitung* 2017 erklärt, aus Anlass des Medienprojekts *Addendum*. Der *Kleinen* klang Mateschitz da wie ein „Wutbürger", als er sich über „das Meinungsdiktat des politisch Korrekten" empörte, das etwa Russland als „das Böse schlechthin" abstemple, da sei „schnell Schluss mit Meinungsfreiheit, denn die wird ja nur gewährt, solange man dieselbe Meinung vertritt wie sie". Die Politik wolle „den unmündigen, kritiklosen und verängstigten Staatsbürger, Metternich war ein Lehrbub gegen das", sagt der Milliardär und Mediengründer: „Sie manipulieren, reglementieren, überwachen, kontrollieren. Und der gläserne Mensch ist genauso ein Albtraum wie die Meinungsdiktatur." Und: „Es scheint schon so, dass sich niemand mehr die Wahrheit zu sagen traut, auch wenn jeder weiß, dass es die Wahrheit ist."

In dieser Weltsicht war Ferdinand Wegscheider vielleicht noch ein Stück weiter, den Mateschitz 2014 als Infochef zurück zu Servus TV holte und 2016 zum „Intendanten" seines Privatsenders machte. Wegscheider steht für eine alternative Sicht auf die Welt in Info, Talks etwa mit umstrittenen Wissenschaftlern wie Sucharit Bhakdi und seinem Wochenkommentar „Der Wegscheider". Dort verletzte er nach dem Befund der Medienbehörde KommAustria von Jänner 2023 (von Servus TV angefochten) das auch für Privatsender geltende Objektivitätsgebot. Die Behörde verweist in ihrer Entscheidung auf eine Handvoll exemplarische Fälle. Im Zusammenhang mit Covid-Maßnahmen unterstellte Wegscheider ein Eingeständnis von Wissenschaft und Politik: „Wir haben in Wahrheit auch keine Ahnung, ob und wie die Impfung wirkt." Er warb für Ivermectin als Covid-Behandlung, sprach von „Lohnschreibern im medialen Mainstream". Die Behörde konstatiert „grob verzerrende Formulierungen und Darstellungen ohne ausreichendes Tatsachensubstrat durch den Moderator der Sendung". Die Behördenentscheidung wurde von Servus TV angefochten, das Bundesverwaltungsgericht hebt sie am 20. Juni 2023 laut Sender ersatzlos auf. Bei Redaktionsschluss war die Aufhebung noch nicht rechtskräftig: Die Behörde legte dagegen 2023 Rechtsmittel ein, entscheidende Station ist nun der Verwaltungsgerichtshof.

Bis auf wenige Ausnahmen – der *Pragmaticus* erscheint in einer Liechtensteiner Gesellschaft – gehören die Mateschitz-Medien zur Unternehmensgruppe Red Bull Media House und diese wiederum zu 100 Prozent dem Red-Bull-Konzern. Dort haben die thailändischen Mitgesellschafter, die Familie Yoovidhya die Mehrheit und seit Dietrich Mateschitz' Tod auch das Sagen, operative Vorrechte von „DM" endeten mit seinem Ableben. Sein Sohn Mark Mateschitz erbte dessen 49 Prozent Gesellschaftsanteile an Red Bull.

Solange der Red-Bull-Konzern brummt, werden die Mehrheitseigentümer wohl kein wesentliches wirtschaftliches Problem mit der Medienspielwiese des Gründers haben. Sie muss gewaltig Geld kosten – vor allem wegen der gerade in Mateschitz' letzten Jahren in Bausch und Bogen eingekauften Premiumsportrechte von Formel 1 bis Fußball-Europameisterschaften, Champions League und Co. Geschätztes Volumen: 100 bis 200 Millionen Euro. Einige Rechte teilt sich Servus aber mit dem ORF. Servus TV spielte 2022 – brutto – laut *Focus* 25 Millionen Euro mit Werbung ein.

Kolportiert wird eine Absicherung der Medienaktivitäten im Sinne von „DM" über seinen Tod hinaus – aber bei geschätzt dreistelligem Millionen-Finanzbedarf pro Jahr wird der Betrieb selbst für ein zu Lebzeiten auf gut 27 Milliarden Euro geschätztes Vermögen auf Sicht spürbar.

Der seit Ende 2022 zuständige Red-Bull-Vorstand Oliver Mintzlaff ließ die Medienaktivitäten des Konzerns 2023 auf den Prüfstand stellen.

Unbestritten dürften im Red Bull Media House die Aktivitäten im Sinne der Konzernmarken sein, also allen voran Red Bull und seiner Lebenswelt, etwa redbull.com-Videos. Dafür überweist der Mutterkonzern Jahr für Jahr mehrere hundert Millionen an das Media House – und sorgt damit zugleich auch für den größten Teil des Media-House-Umsatzes von bis zu 518 Millionen Euro im Geschäftsjahr 2021.

Exxpress-Verbindung zwischen Türkis und Blau

Der *Exxpress* und seine Köpfe, die radikale Boulevardpranke Richard Schmitt und die strategische Unternehmerin Eva Schütz, ragen unter den vielen parteinahen und parteiischen Medien als besonders eigenwilliges Konstrukt heraus. Das 2021 gestartete Onlinemedium ist die mediale Fortsetzung der türkis-blauen Koalition von Sebastian Kurz und Heinz-Christian Strache und eine geradezu logische Konsequenz ihres Scheiterns am Ibiza-Video des blauen Vizekanzlers und FPÖ-Chefs.

Was macht den *Exxpress* so besonders?

Richard Schmitt

Ein Chefredakteur und redaktionelles Mastermind namens Richard Schmitt. Schmitt hat seine publizistische Zielgruppe in der großen Gruppe der Unzufriedenen und Grantigen gefunden, die Schuld und Verantwortung bei den anderen sehen. Getriggert von Stichwörtern wie links, grün, Klimawandel, ORF, Corona-Politik, Gendern ... Diese Töne schlägt Schmitt auf *Exxpress* und, im Dauerfeuer, auf sozialen Medien an. Nicht zufällig sprechen *Exxpress*, die FPÖ und eine große Law-and-Order-Fraktion in der ÖVP eine ähnliche Zielgruppe an.

Richard Schmitt hat bei der *Krone* gelernt, als sie unter Gründer Hans Dichand den Ausdünstungen der österreichischen Volksseele noch ein Stück rücksichtsloser folgte. Er hat für den alten Dichand die Gratiszeitungen *U-Express* und *Heute* geführt mit seinem radikalen, auf den Mann (und die Frau) spielenden, ressentimentgetriebenen Boulevardjournalismus. Schmitt hat krone.at als Chefredakteur im thematischen Pingpong mit dem damaligen FPÖ-Chef Strache und seiner damals gewaltigen Facebook-Reichweite groß gemacht. Selbst der *Krone* aber schien Schmitts Zugang zu weit zu gehen.

Da kam im Mai 2019 das Ibiza-Video gerade recht im internen Machtkampf um den *Krone*-Kurs. Dort träumte Strache vor einer vermeintlichen Oligarchin von der Übernahme der *Krone*, die, personell auf Kurs gebracht, die FPÖ auf Platz eins pushen sollte. Journalisten bezeichnet Strache in dem Video pauschal als „die größten Huren auf dem Planeten". An anderer Stelle lobt er *Krone*-Journalist Schmitt indes als „einen der besten Leute, die es gibt".

Mit Strache wälzt Schmitt 2019 nach seiner Entmachtung bei und seinem Abgang aus der *Krone* laut Chats Pläne für ein gemeinsames Onlinemedium, Anteile sollten die beiden und ein oberösterreichischer Industrieller halten. Schmitt wird 2021 mit anderen Partnern ein Onlinemedium gründen – erst wird er 2019 Chefredakteur Online und TV bei der Fellner-Mediengruppe, für einige Monate jedenfalls.

Der Medienwatchblog *Kobuk* und der *Falter* beschreiben Schmitts Methode im Sommer 2023 so: „Er stellt eine Unwahrheit als Frage in den Raum und verzerrt die Fakten so, dass sie gerade nicht klagbar, aber dennoch falsch sind. Dann stalkt er sein Opfer publizistisch über Wochen."

Eva Schütz

Die karriere- und erfolgsorientierte Juristin und Unternehmerin Eva Schütz ist Haupteigentümerin der Web Exxpress Medien Holding GmbH und Herausgeberin. Sie engagierte sich nach einem ersten Anlauf bei den Neos in der ÖVP von Sebastian Kurz, war Mitglied im Kabinett des Finanzministeriums, zählte aber nicht zum engsten Kreis um Kurz' Machtmanager Thomas Schmid, der sich in Chats abfällig über sie äußerte.

Eva Hieblinger-Schütz ist verheiratet mit dem Unternehmer, Finanzinvestor und Multimillionär Alexander Schütz, der einst für die Kurz-ÖVP 100.000 Euro spendete und mit Sebastian Kurz nach dessen Abschied aus der Politik ein gemeinsames Unternehmen namens AS2K im Bereich Gesundheit/Tech startete. Schütz hat die Vermögensverwaltung C-Quadrat gegründet, war Aufsichtsrat der Deutschen Bank, bis Chats mit Wirecard-Vorstand Markus Braun öffentlich wurden, in denen er Braun auffordert, die *Financial Times* fertigzumachen (deren Recherchen das Kartenhaus Wirecard zum Einsturz und Braun vor Gericht bringen). An Heinz-Christian Strache schrieb Schütz 2019 in einem öffentlich gewordenen Chat über den ORF: „Das rote Zeckenparadies geht allen auf die Nerven!" Nachsatz: „Und die APA gehört auch aufgeräumt." Alexander Schütz erklärte dem *Standard* 2021, er sei beim *Exxpress* weder engagiert noch beteiligt, seine Inhalte teilt er aber.

Eva Schütz suchte Investoren für den *Exxpress* als „gesellschaftspolitisches Projekt", um gesellschaftliche und politische Haltungen zu verändern, zitierte der *Falter* aus einem Schreiben: „Das Bedürfnis der Menschen, etwas anderes als die linken Mainstream-Medien zu lesen, ist auf jeden Fall vorhanden."

Liechtensteiner Freiheit

Neben Eva Schütz' Beteiligungsgesellschaft an Bord bei der Web Exxpress Medien Holding GmbH, Stand 2023: 23 Prozent hält eine Liechtensteiner Libertatem Stiftung, laut Schütz von einem inzwischen verstorbenen Unternehmer gegründet. Vorstand ist der in Liechtenstein tätige Anwalt Dominik Schatzmann. Die Libertatem finanziert etwa seit 2022 den „Internationalen Journalisten-Kongress" in Bregenz mit überwiegend rechter/ rechtskonservativer/rechtsliberaler Besetzung wie Ferdinand Wegscheider (Servus TV), Roland Tichy („Tichy's Einblick"), Richard Schmitt, Gudula Walterskirchen.

Kleinere *Exxpress*-Anteile halten 2023 Schmitt (rund 10 %), Utiply Family Office (5 %), Rutter Leasing und Trapp Besitz GmbH (je 2,3 %), Johannes Strohmayer (1,7 %), der hatte auch schon Anteile an der Fellner-Druckereigesellschaft.

Die Linie

Für heftige Kritik sorgen in den ersten zwei Jahren *Exxpress* etwa 2021 Vorwürfe zu Akten-Leaks gegen die Wirtschafts- und Korruptionsstaatsanwaltschaft und *Falter*-Chefredakteur Florian Klenk in Sachen ÖVP-Ermittlungen. *Exxpress* vermutet einen „politischen Mordversuch" an Kurz, „wie der Ibiza-Coup geplant". Das Medium schießt etwa besonders heftig publizistisch gegen Justizministerin Alma Zadic (Die Grünen) wegen schließlich ad acta gelegter Plagiatsvorwürfe; es verteidigt tendenziell die ÖVP und vor allem das Kurz-Lager.

Eine langjährige enge Mitarbeiterin Schmitts wirft der *Exxpress* hinaus, als sie Nationalsozialisten, die in der Wannsee-Konferenz den Holocaust planten, auf X (früher Twitter) als „nicht nur Mörder, sondern durch und durch Sozialisten" beschrieb. Die nunmehrige Ex-Redakteurin klagte, argumentierte, ihr Tweet passe in die Linie des Mediums, berichtet, sie habe sich intern über den Umgang mit Mitarbeiterinnen und über Engagements „ideologisch eher ‚rechts' angesiedelten" Personals beschwert. Das Medium weist die Vorwürfe zurück, die Klage endet mit einem Vergleich.

Ende 2022 publiziert der *Exxpress* eine als antisemitisch eingestufte Karikatur zu einem Artikel unter dem blattlinientreuen Titel „FTX, Selenskyj, Biden: Der Krypto-Milliarden-Krimi, der vertuscht werden soll".

Im Juni 2023 publiziert Schmitt ein Gespräch mit Russlands Botschafter in Wien, Dmitri Ljubinski, in dem dieser praktisch unhinterfragt die russische Darstellung des Angriffskriegs gegen die Ukraine präsentieren kann. *Kobuk* und *Falter* dokumentieren die Russlandfreundlichkeit des Mediums 2023 in einer Titelstory über „Putins Propaganda-Exxpress": „Reine Kreml-Propaganda […] sickert in unzählige Geschichten." Schmitt indes spricht von einer neutralen Linie.

Die Förderungen

Für Diskussionen sorgen, in Kombination mit diesem Verständnis von Journalismus, öffentliche Medienförderungen für das Onlineportal *Exxpress*. 2022 erhielt der *Exxpress* 712.500 Euro Digitaltransformationsförderung und fast 400.000 Euro Privatrundfunkförderung. 2023 gibt es beim ersten von zwei Terminen 180.000 Privatrundfunkförderung und 124.000 Euro Digitalförderung.

Rechts um:
Die freiheitliche Medienwelt

Im Herbst 2023 will ein recht extrem rechter Sender aus Österreich den deutschsprachigen Raum bestrahlen: AUF1, Onlinemedium aus Oberösterreich mit Videonachrichten auch im terrestrischen Regionalfernsehen bei RTV, sammelt Spenden dafür. AUF1 findet seinen Satellitenplatz schließlich als Programmfenster im Kanal Schwarz-Rot-Gold-TV des deutschen Corona-Aktivisten Wilfried Geissler.

Auf der AUF1-Website ist die Empörung zuhause: Von „LGBTQ-Agenda: Krieg gegen die Normalität und Weg in die Regenbogen-Diktatur" über „Islamisierung deutscher Schulen", ARD- und ORF-Bashing über „Corona-Hysterie" und Impfwarnung bis zur, zurückhaltend formuliert, Verharmlosung des Klimawandels. Herausgeber und Medieninhaber ist ein „Verein für basisgetragene, selbstbestimmte, pluralistische und unabhängige Medienvielfalt" mit Sitz in Wien 1. Chefredakteur ist Rechtsaußen-Aktivist Stefan Magnet, der die Werbeagentur Medienlogistik in Oberösterreich betreibt. AUF1 gibt es nach eigenen Angaben seit Ende Mai 2021.

Die deutsche Rechercheplattform Correctiv.org über den Verschwörungssender: „AUF1 verbreitet alte Klischees und Desinformation – und macht Rechtsextremismus salonfähig."

AUF1 ist eines jener rechts stehenden Medien aus Österreich, die ihren Blick auf den deutschsprachigen Raum richten. Das erleichtert mit potenziell größerem Publikum auch die (Werbe-)Finanzierung solcher Medienprojekte.

unzensuriert.at startete am 2. April 2017 *unzensuriert.de* als deutsche Paralleladresse (die bei Google-Zugriffen hilft). *Unzensuriert* begann in Österreich schon 2009, da war Martin Graf (FPÖ) Dritter Präsident des österreichischen Nationalrats und Walter Asperl Grafs Büroleiter. Asperl managt *unzensuriert*. 90 Prozent hält „Unzensuriert-Verein zur Förderung der Medienvielfalt", zehn Prozent hält Asperl selbst.

FPÖ-TV sendet schon seit 2012 über YouTube und Parteiseiten vor allem von Pressekonferenzen der Freiheitlichen Partei und Statements von Funktionären mit im Sommer 2023 rund 194.000 Abonnenten. Wenn YouTube nicht wie im Mai 2023 vorübergehend das Hochladen neuer Videos sperrt und FPÖ-Chef Herbert Kickl zum Ausweichen auf den Telegram-Kanal „Festung Österreich" rät. Kickl erklärt den Kanal in üblicher Terminologie so: „Offensichtlich sind wir den Mächtigen, den Eliten und dem System unbequem geworden, denn wir haben es gewagt, das zu zeigen, was der Mainstream verschweigt." AUF1 beschreibt sich als „ernstzunehmende Alternative zu den Mainstream-Manipulations-Maschinen" für die „Aufgewachten".

Entschlafen ist indes ein anderes Medium für „Aufgewachte". Im Dezember 2022 gibt der oberösterreichische *Wochenblick* seine Einstellung als gedruckte Wochenzeitung und auch gleich als Onlinemedium bekannt. Geschäftsführer Norbert Geroldinger erklärt, der Betrieb sei wirtschaftlich nicht länger aufrechtzuerhalten.

Sechsmal pro Jahr erscheint in Linz *Info-Direkt*, laut Eigendefinition „das Magazin für Patrioten". Alleineigentümer der Verlagsgesellschaft ist Geschäftsführer Michael Siegfried Scharfmüller, der sich laut *Wiener Zeitung* früher beim „neonazistischen Bund Freier Jugend (BfJ) engagierte". Das Dokumentationsarchiv des österreichischen Widerstands sieht die Publikation als wichtigstes genuin rechtsextremes Printmedium in Österreich und beschreibt sie so: „Die Zeitschrift kleidet klassisch rechtsextreme Weltanschauung in ein modernes Gewand und lotet insbesondere in Form von omnipräsentem Antisemitismus, Volksgemeinschaftsdünkel, einer teils offen vertretenen antidemokratischen Stoßrichtung und quasi-revolutionärem Impetus die Grenze zum Neonazismus aus."

Der freiheitliche Denker Andreas Mölzer und der frühere ORF-Chefredakteur Walter Seledec geben das wöchentliche Magazin *Zur Zeit* heraus. Die FPÖ selbst hat eine wöchentliche Parteizeitung namens *Neue Freie Zeitung*.

Überblick über parteiische Medien auch anderer Fraktionen Seite 122

In Gottes Namen: Wenn Kirche und Co. Medien machen

Österreichs größte Mediengruppe, die gerne in Kirchenbesitz verortet wird, gehört gar nicht der Kirche: Die **Styria Media Group** mit *Kleine Zeitung* und *Presse* gehört einer Katholischen Medienverein Privatstiftung und noch mit einem Mini-Anteil dem langjährigen Styria-Alleineigentümer Katholischer Medienverein. „Protektor" des auch in der Stiftung noch bestimmenden Vereins ist allerdings der Bischof der Diözese Graz-Seckau mit zumindest einer Art Vetorecht etwa beim Obmann (oder einer Obfrau) des Vereins.

Die Medienverein Privatstiftung verfolgt „ausschließlich gemeinnützige, mildtätige und kirchliche Zwecke". Und der Verein „fördert christliche Medienarbeit, insbesondere die Bildung von Medienfachleuten, die Herstellung und Verbreitung von Medienwerken aller Art, die dem Geist der katholischen Kirche und Lehre dienen", aber etwa auch der „ökumenischen und interreligiösen Begegnung, der katholischen Soziallehre, dem Schutz der Menschenwürde und den Grundsätzen der Demokratie und Völkerverständigung".

Tatsächlich mehrheitlich in Kirchenbesitz steht das Niederösterreichische Pressehaus, das die Wochenzeitungen *NÖN* (*Niederösterreichische Nachrichten*) und *BVZ* im Burgenland herausgibt: 54 Prozent am St. Pöltener Verlag hält das römisch-katholische Bistum St. Pölten. 26 Prozent gehören dem Pressverein in der Diözese St. Pölten, 20 Prozent Raiffeisen Niederösterreich-Wien.

Die Wiener Erzdiözese hat ihre Medienaktivitäten in Stiftungen organisiert. Der Dom-Verlag mit der wöchentlichen Kirchenzeitung *Der Sonntag* und eine Beteiligung an der Facultas Dom Buchhandels GmbH sind in der St. Paulus-Stiftung der Erzdiözese untergebracht; **Radio Klassik Stephansdom** in der Stiftung Radio Stephansdom. Im Frühjahr 2023 kündigt die Erzdiözese an, sie überweise ihre – nicht bezifferten – Zuschüsse an ihre Medien nur noch bis Ende 2024. Partner werden gesucht.

An **wöchentlichen Kirchenzeitungen** gibt es in Österreich noch eine ganze Menge: *Der Sonntag* (Wien), *Kirche bunt* (St. Pölten), *KirchenBlatt* (Feldkirch), *KirchenZeitung* (Linz), *Martinus* (Eisenstadt), *Rupertusblatt* (Salzburg), *Sonntag* (Gurk/Kärnten), *Sonntagsblatt* (Graz), *Tiroler Sonntag* (Innsbruck) erhielten jedenfalls 2022 noch Presseförderung.

Weit rechts im katholischen Medienspektrum funkt noch **Radio Maria** – das nicht der Kirche, sondern dem Verein Radio Maria Österreich – Der Sender mit Sendung gehört. Die Marke Radio Maria ist nach Eigendefinition „ein Geschenk der Gottesmutter" und praktisch weltweit aktiv. Träger: „World Family of Radio Maria Onlus" mit Sitz in Rom. Die rechtskatholischen Frequenzsammler haben in Österreich 2023 Lizenzen für Wien, Baden (NÖ), Graz, Innsbruck, Jenbach (T), Salzburg, Spittal (K), St. Pölten (NÖ), Waidhofen (NÖ), Walgau (V) und Satellit.

Das **gewichtigste Medium für die katholische Kirche** ist aber wohl die *Krone bunt,* das reichweitenstarke Sonntags-Farbmagazin der *Kronen Zeitung.* Dort füllt der Wiener Kardinal Christoph Schönborn wöchentlich im vorderen Teil eine Seite „Sonntagsevangelium"; inzwischen haben evangelische Pastorinnen weit hinten in der *Krone bunt* auch eine Kolumne über eine halbe Seite, kurz vor dem Horoskop.

Das Organ der Republik – das seltsame Leben und Sterben der Wiener Zeitung

Das Ende der *Wiener Zeitung*, der ältesten noch erscheinenden Tageszeitung der Welt, mit 30. Juni 2023 war so merkwürdig wie ihre Existenz.

Am 8. August 1703 erschien erstmals der Vorläufer der *Wiener Zeitung*, das *Wienerische Diarium* mit dem Untertitel „Alles Merckwürdige so von Tag zu Tag". 1812 wurde sie offizielle Regierungszeitung, seit 1857 gaben sie staatliche Stellen heraus.

Die Republik Österreich betrieb bis Mitte 2023 mit der *Wiener Zeitung* eine eigene, staatliche Tageszeitung, organisatorisch dem Bundeskanzleramt unterstellt. Der Eigentümer bestellt Aufsichtsrat und Geschäftsführung, die wiederum schreibt den Chefredakteur aus. Erst seit 2015 sicherte ein Redaktionsstatut Redaktion und Chefredaktion Mitbestimmungsrechte zu.

Die *Wiener Zeitung* mit ihrer ausgezeichneten Redaktion und ihrem wöchentlichen Feuilleton reihte sich ins Segment der österreichischen Qualitätszeitungen ein.

Finanziert wurde die *Wiener Zeitung* über Jahrzehnte vor allem über Pflichtveröffentlichungen von Unternehmen in Ihrem „Amtsblatt" (was ihr in den 2000ern schon Klagen und Beschwerden der *Presse*/Styria wegen Wettbewerbsverzerrung eintrug). Im Geschäftsjahr 2021 brachten die Veröffentlichungen in ihrem „Amtsblatt" knapp 19,6 von insgesamt rund 23 Millionen Euro Umsatz der Wiener Zeitung GmbH.

Interessenverbände von Unternehmen sowie ÖVP und FPÖ drängen über Jahrzehnte, die Pflichtveröffentlichungen von Firmen im „Amtsblatt" der *Wiener Zeitung* abzuschaffen. Schon das Regierungsübereinkommen von ÖVP und FPÖ aus dem Jahr 2000 kündigt an, „Publikationspflichten" auf „elektronische Medien umzustellen". Ähnlich dann SPÖ und ÖVP, ÖVP und FPÖ und schließlich ÖVP und Grüne.

Den Anlass liefert schließlich die EU mit einer Vorgabe an Mitgliedsstaaten, solche Veröffentlichungen über eine zentrale

Stelle abzuwickeln – die allerdings weitere Möglichkeiten wie das „Amtsblatt" nicht ausgeschlossen hätte.

Die Redaktion versuchte bis zuletzt, die Einstellung mit Unterstützungskampagnen, einer Demonstration und Investorensuche abzuwenden. Die Regierung sah keine tragfähigen Angebote von Interessenten.

Am 24. April 2023 beschlossen ÖVP und Grüne das Ende der gedruckten *Wiener Zeitung* mit 30. Juni 2023. Die Redaktion wird großteils – soweit arbeitsrechtlich möglich – mit Kündigungsgesprächen aus dem Unternehmen verabschiedet.

Was aus der *Wiener Zeitung* ohne *Wiener Zeitung* ab 1. Juli 2023 wird, ist nicht minder merkwürdig als ihre gedruckte Existenz bis dahin.

Die Republik überweist der - weiterhin von Geschäftsführer Martin Fleischhacker geführten – Wiener Zeitung GmbH künftig 16,5 Millionen Euro pro Jahr. Wofür?

→ **7,5 Millionen Euro** bekommt sie für ein Onlinemedium mit zumindest zehnmal jährlicher Erscheinung in Print, das sich größeren Themen zu Zeitgeschichte, Gesellschaftspolitik, Politik, Wissenschaft, Politik widmen soll, die grüne Mediensprecherin nannte mehrfach die deutsche Bundeszentrale für politische Bildung als Vorbild. Stefan Apfls Digitalverlag Hashtag Media soll dabei helfen; ebenso Stephan Lassnigs Podcast-Unternehmen Missing Link Media.

→ **6 Millionen Euro** bekommt die Wiener Zeitung GmbH für Journalismusausbildung (in Kooperation mit anderen Medien) und ein Start-up-Unterstützungsprogramm, genannt Media Hub. Andere Ausbildungsinstitutionen kritisieren Marktverzerrung mit einer vielfach höheren Förderung als alle anderen Stellen.

→ **3 Millionen Euro** bekommt die Wiener Zeitung GmbH für eine elektronische Verlautbarungsplattform der Republik.

Der im öffentlichen Recht und Medienrecht versierte Jurist Hans Peter Lehofer sieht in der neuen Subvention eine EU-rechtlich „unzulässige Beihilfenfinanzierung".

Wer kontrolliert die Medien? Medienrecht, Medienaufsicht, Medienethik

Öffentliche Kontrolle der Regierenden und Verwaltung, der Justiz, der Gesetzgebung, das gilt als zentrale Aufgabe von Medien. Aber wer kontrolliert die Medien eigentlich? Ein rascher Rundgang durch Kontrollinstanzen, Recht und Medienethik.

Das Mediengesetz gibt einen Rahmen für die Berichterstattung vor. Es sieht Entschädigungen vor für üble Nachrede, Beschimpfung, Verspottung und Verleumdung, für bloßstellende Berichterstattung über den höchstpersönlichen Lebensbereich, für die Veröffentlichung von Namen, Bild oder anderen Identifikationsmerkmalen von Opfern strafbarer Handlungen und mutmaßlichen Tätern, für Verletzungen der Unschuldsvermutung. Zudem können etwa Bestimmungen aus dem Strafgesetzbuch relevant werden, zum Beispiel Kreditschädigung und Ehrenbeleidigung. Allesamt Fälle für ordentliche Gerichte. Und nötigenfalls den Europäischen Gerichtshof für Menschenrechte.

Die Selbstkontrolle. Die Medienbranche, ausgehend von den Verlagsunternehmen, hat sich zudem medienethische Regeln gegeben, den Ehrenkodex der österreichischen Presse. Über die Einhaltung dieses Verhaltenskodex wacht der Presserat mit drei von Juristinnen und Juristen geführten Senaten mit Journalistinnen und Journalisten, eigenständig oder auf Beschwerden hin. Wer sich dem Presserat unterwirft, muss dessen Entscheidungen im eigenen Medium veröffentlichen.

Der Ehrenkodex verlangt wie das Mediengesetz Persönlichkeitsschutz, Schutz der Intimsphäre und journalistische Sorgfalt. Er verlangt Schutz vor Diskriminierung und Verunglimpfung, erkennbare Trennung von Bericht und Kommentierung, umgehende Richtigstellungen. Er untersagt Einflussnahme von außen auf redaktionelle Beiträge, forderte die Offenlegung von privaten und geschäftlichen Interessen und von Einladungen etwa bei Reiseberichten oder Produkttests.

Die meisten Verstöße stellte der Presserat in den Jahren 2019 bis 2022 bei der *Kronen Zeitung* fest, die den Presserat nicht anerkennt. Ganz vorne findet sich in der Statistik auch *Österreich*/*Oe24*.

Die Medienbehörde KommAustria überwacht die Einhaltung vor allem von Regelungen für AV-Medien – vom ORF-Gesetz etwa über das Audiovisuelle Mediendienstegesetz (Privatfunk, aber etwa auch YouTuber) bis zum Privatradiogesetz. Hat der ORF in dieser oder jener Sendung ausreichend objektiv, vielfältig, unabhängig berichtet beziehungsweise Studiogäste eingeladen? Betroffene können sich ebenso beschweren wie „das Publikum" – mit 120 Unterstützungserklärungen. Es geht aber etwa auch darum, ob der ORF oder ein Privatsender die Werberegelungen eingehalten hat oder auch, ob ein Influencer auf YouTube oder TikTok Werbung als solche gekennzeichnet hat. Und es geht darum, ob der ORF mit diesem oder jenem Programmangebot die Vorgaben des Gesetzes über den öffentlich-rechtlichen Auftrag erfüllt hat. Die Medienbehörde prüft auch, ob bei Erhöhungen der GIS-Gebühr (bis 2023) oder des ORF-Beitrags (ab 2024) die Kosten des öffentlichen Auftrags gesetzeskonform berechnet wurden. Die Medienbehörde bestellt auch die Wirtschaftsprüfer des ORF. Die KommAustria wird alle sechs Jahre von der Bundesregierung im Einvernehmen mit dem Hauptausschuss des Nationalrats bestellt, formell vom Bundespräsidenten. Bis 2028 bestellt sind der langjährige Leiter Michael Ogris als Vorsitzender, Susanne Lackner als Stellvertreterin sowie Martina Hohensinn, Thomas Petz, Katharina Urbanek. 2023 wird die KommAustria um zwei Mitglieder erweitert, weil die Behörde auch für die Aufsicht zur Bekämpfung von Terrorinhalten im Netz zuständig wird. Die Medienbehörde wird von der RTR GmbH operativ unterstützt.

Im ORF wacht zudem ein Ethikrat, paritätisch aus Vertretern des Managements und der Redaktionen besetzt, ob das ORF-Personal Verhaltensregeln einhält – in ihrer Tätigkeit für den ORF, auf Social Media, bei Moderationen und anderen Nebentätigkeiten. Die Regeln werden 2023 von einer auch international besetzten „Ethikkommission" überarbeitet.

Interne Aufsichtsorgane des ORF sind der Publikumsrat (mit einem Beschwerdeausschuss für das Publikum) und der Stiftungsrat. Der Stiftungsrat ist das oberste Entscheidungsgremium des ORF über Führungspersonal, Budgets, Programmschemata und unternehmerische Fragen – mit zugleich wirtschaftlicher Verantwortung für das Unternehmen.

Mehr zum ORF ab Seite 135

European Media Freedom Act. Medien sind in der EU im Wesentlichen Sache der Mitgliedsstaaten – wenn man etwa von staatlichen Beihilfen absieht, die für den Wettbewerb relevant sind, und vor allem wirtschaftlichen Aspekten etwa bei audiovisuellen Mediendiensten. Die EU-Kommission hat 2022 aber einen Vorschlag für einen European Media Freedom Act vorgelegt, der Rat hat ihn 2023 reduziert als Verhandlungsmandat angenommen. Dieser „EMFA" sieht einheitliche Standards und Vorgaben für die Unabhängigkeit von öffentlich-rechtlichen Medien und von Medienbehörden sowie ein gemeinsames EU-Gremium dieser Behörden vor, für die Transparenz von Medieneigentum, Transparenz und Fairness bei der Vergabe staatlicher Werbebuchungen, für die sichere Arbeit von Journalistinnen und Journalisten sowie den Zugang zu Informationen. (Beim Zugang zu behördlichen Informationen ist Österreich im internationalen Vergleich Schlusslicht, jedenfalls im Sommer 2023 gab es noch das Amtsgeheimnis; ein Informationsfreiheitsgesetz ist seit vielen Jahren versprochen und liegt im Entwurf vor.)

Slapp-Klagen. Der EU-Rat hat sich zudem 2023 auf eine Direktive gegen sogenannte Slapp-Klagen verständigt. Diese „Strategic Lawsuits Against Public Participation" sind Einschüchterungsklagen, die etwa Konzerne gegen Aktivisten und Medien einsetzen – einer der spektakulären Fälle in Österreich war eine Klage der OMV gegen *Dossier*.

Österreich weit hinter Osttimor, Samoa und Namibia: Was ist eigentlich Medienfreiheit?

Rasche Antwort: die zentrale Grundlage für journalistische Arbeit.

Die Menschenrechtsorganisation Reporter ohne Grenzen erstellt Jahr für Jahr einen weltweiten Index der Medienfreiheit. Im Grund geht es um die Frage: Wie frei, unabhängig und selbstbestimmt können Journalistinnen und Journalisten im jeweiligen Land arbeiten – und welche Umstände – politisch, rechtlich, wirtschaftlich, gesellschaftlich – behindern sie dabei in welchem Ausmaß? Die Bandbreite reicht von wirtschaftlichem Druck über verbale Attacken via soziale Medien, physische Angriffe etwa bei Demonstrationen bis zu Inhaftierung und Ermordung bei beziehungsweise wegen journalistischer Arbeit.

Mit einem umfangreichen Onlinefragebogen lässt Reporter ohne Grenzen Expertinnen und Experten, Wissenschaftlerinnen und Branchenkenner die Lage der Pressefreiheit bewerten.

Österreich landet in dem Index in den vergangenen Jahren relativ weit abgeschlagen auf den Plätzen um Rang 30, 2023 etwa merklich hinter Osttimor, Samoa, Namibia und Costa Rica. 2023 kam Österreich auf Rang 29 zu liegen (bewertet wurde noch vor den Hausdurchsuchungen wegen des Verdachts auf Inseratenkorruption bei *Heute*).

Reporter ohne Grenzen Österreich und sein Präsident Fritz Hausjell führen die weiter nur „zufriedenstellende" Platzierung etwa auf das im Frühjahr 2023 weiterhin ausständige Informationsfreiheitsgesetz zurück. Als letztes Land pflegt Österreich noch sein Amtsgeheimnis. Die Organisation vermisst Obergrenzen für öffentliche Werbebuchungen (siehe Medientransparenz, S. 155), das neue Gesetz schiebe „korruptiven Verhältnissen zwischen Regierung und Medien" keinen Riegel vor. Man kritisiert die 2023 geplante Journalismusqualitätsförderung als halbherzig. Immerhin: Weil es 2022 weniger

Corona-Demos gab, habe es auch weniger physische Angriffe auf Journalistinnen und Journalisten gegeben.

Die Platzierung Österreichs im Ranking 2024 dürfte jedenfalls nicht verbessern, dass die Staatsanwaltschaft Klagenfurt im Frühsommer 2023 unter Missachtung des Redaktionsgeheimnisses Computer, Mobiltelefon und Datenträger des Kärntner Investigativjournalisten Franz Miklautz beschlagnahmt, nachdem der Recherchen über den Klagenfurter Magistratsdirektor und seine gewaltigen Überstunden-Abrechnungen veröffentlicht hat. Das sei ein massiver Angriff auf die Pressefreiheit, geht ein Aufschrei durch die Medienbranche – aber auch durch die Justiz jenseits Kärntens. Die Ermittlungen werden rasch von der Oberstaatsanwaltschaft gestoppt.

Pressefreiheit, Medienfreiheit, Meinungsfreiheit. Artikel 10 der Europäischen Menschenrechtskonvention, in Österreich im Verfassungsrang, erklärt die „Freiheit der Meinungsäußerung" schon recht anschaulich. Sie ist die Grundlage für Medienfreiheit – und setzt ihr auch Grenzen, die etwa in Mediengesetzen noch näher definiert werden:

Artikel 10 – Freiheit der Meinungsäußerung
- → Jede Person hat das Recht auf freie Meinungsäußerung. Dieses Recht schließt die Meinungsfreiheit und die Freiheit ein, Informationen und Ideen ohne behördliche Eingriffe und ohne Rücksicht auf Staatsgrenzen zu empfangen und weiterzugeben. Dieser Artikel hindert die Staaten nicht, für Hörfunk-, Fernseh- oder Kinounternehmen eine Genehmigung vorzuschreiben.
- → Die Ausübung dieser Freiheiten ist mit Pflichten und Verantwortung verbunden; sie kann daher Formvorschriften, Bedingungen, Einschränkungen oder Strafdrohungen unterworfen werden, die gesetzlich vorgesehen und in einer demokratischen Gesellschaft notwendig sind für die nationale Sicherheit, die territoriale Unversehrtheit oder die öffentliche Sicherheit, zur Aufrechterhaltung der Ordnung

oder zur Verhütung von Straftaten, zum Schutz der Gesundheit oder der Moral, zum Schutz des guten Rufes oder der Rechte anderer, zur Verhinderung der Verbreitung vertraulicher Informationen oder zur Wahrung der Autorität und der Unparteilichkeit der Rechtsprechung.

Die Grundsätze von Medienfreiheit, Medienpluralismus, Meinungsfreiheit sind auch in der Grundrechtscharta der EU in Artikel 11 festgehalten.

Im Rechtsstaatsbericht der EU zu Österreich wird auch 2022 „transparente und gerechte" Verteilung staatlicher Werbebuchungen und ein Informationsrecht gegenüber Behörden eingemahnt.

Verleger- und Medienverbände kritisieren den Vorschlag der EU-Kommission für einen European Media Freedom Act als zu weit gehende Einmischung, der deutsche BDZV (Bundesverband Digitalpublisher und Zeitungsverleger) warnt etwa, Medien sollten „einer weitreichenden Aufsicht durch eine europäische Medienbehörde unterworfen werden".

Klein, jung, anders

Zwölf neue, kleine, junge, andere Medienunternehmen abseits der bekannten Größen – eine Auswahl, Stand 2023.

Dossier Die vor allem von fördernden Mitgliedern finanzierte Rechercheplattform mit mehrmals im Jahr erscheinenden Printmagazinen zu Schwerpunktthemen wurde 2012 als Verein gegründet, seit 2016 gibt es eine Dossier GmbH, an der das Team Florian Skrabal, Georg Eckelsberger, Fabian Lang, Ashwien Sankholkar, Peter Sim und Sahel Sarinfard je rund 16,7 Prozent hält.

Datum Das Monatsmagazin mit Qualitätsanspruch begann schon 2004 als Verein und gehört nach einigen Eigentümerwechseln (darunter kurz auch VGN-Eigner Horst Pirker) seit 2021 dem Journalisten und Verleger Sebastian Loudon.

Hashtag Media von Stefan Apfl produziert digitaljournalistische Video- und Audioformate für YouTube, TikTok, Instagram wie „politik:oida" und „wien.stabil" oder auch mal für „Dok 1" im ORF. Gehört je zur Hälfte Gründer Apfl und der Bloomedia GmbH des gemeinnützigen Genossenschaftsverbands Rückenwind.

Missing Link Podcast-Produzent und Vermarkter für und mit „Ganz offen gesagt", Andreas Sators „Erklär mir die Welt", Michael Nikbakhshs „Die Dunkelkammer", er vermarktet auch diverse *Kurier*- und *Profil*-Formate. 65 Prozent hält Medienberater und Geschäftsführer Stefan Lassnig, 30 Prozent *Profil*-Managing Director Prapas Stergios und fünf Prozent Sebastian Krause, Head of Product & Data bei der *Kleinen Zeitung*.

Tagespresse Das 2013 von Fritz Jergitsch gegründete Satireportal finanzierte sich zunächst über Onlinewerbung, inzwischen über Abos. Laut Jergitsch zahlen im Frühjahr 2023 10.500

Menschen drei bis sechs Euro im Monat. Die Tagespresse Medienproduktion GmbH gehört Jergisch zu 60 Prozent, die Co-Autoren Jürgen Marschal und Sebastian Huber halten je 20 Prozent.

Fleisch Feuilletonmagazin von Herausgeber und Alleineigentümer Markus Huber in vier jährlichen Ausgaben. Das Verlagsgeschäft stützt Corporate-Publishing über Hubers Wald Verlags GmbH. Gegründet 2004 mit *Profil*-Redakteur Robert Treichler.

Biber Wiener Gratisjugendmagazin von, mit und nicht allein für Menschen und Themen mit Migrationshintergrund mit überraschenden und zwanglosen Zugängen zu Themen, auch zur Werbekundschaft. Gegründet vom damaligen *Kurier*-Politikredakteur Simon Kravagna, seit 2019 Geschäftsführer der Wiener Journalismusausbildung Fjum. Kravagna hält mit 50 Prozent den größten Anteil am Verlag, je 25 Prozent gehören Kobza Media und Investor Andreas Wiesmüller (Heuer am Karlsplatz).

Die_Chefredaktion Digitalmagazin auf Instagram, 2021 von Journalistin Melisa Erkurt gegründet für diversen, jungen Journalismus. Startfinanziert von der R2B Mega Bildungsprivatstiftung (B&C Privatstiftung, Berndorf-Privatstiftung, Romedius Bildungsförderungs GmbH).

The Gap Österreichisches Musikmagazin, erscheint seit 1997. Gehört der Comrades GmbH im Besitz von acht Kleingesellschaftern wie dem Journalisten Thomas Weber sowie Niko Alms Schmaltz GmbH.

Tageins Der Journalist Dominik Ritter-Wurnig mit Erfahrung beim deutschen *Krautreporter* startete im November 2022 das Onlinemagazin *Tageins,* startfinanziert von der Wiener Medieninitiative, mitgliederfinanziert und werbefrei. Ausrichtung: konstruktiver, lösungsorientierter Journalismus.

Andererseits Magazin für Behinderung und Gesellschaft, machte 2022 mit einer kritischen Doku über „Licht ins Dunkel" Schlagzeilen.

Dolomitenstadt Der Lienzer Medienunternehmer Gerhard Pirkner betreibt schon seit 2010 das digitale Regionalmedium samt Corporate-Publishing.

KAPITEL 6

VON A BIS Z –
WAS UND WER WO
IM BUCH VORKOMMT

Index Medien

88.6 Privatsendergruppe der deutschen Medien Union Ludwigshafen, Schwerpunkt Ostösterreich, kauft laufend zu. → Seiten 112 und ab 132 Privatradio

A1 Marktbeherrschender, teilstaatlicher Telekomkonzern. Hält 50 Prozent an der im April 2022 gestarteten Streamingplattform Canal+ Austria; die andere Hälfte hält der französische Streamingriese Canal+ aus dem Vivendi-Konzern. Leistet sich ab 2024 Mittwochspiele der Fußball-Champions-League und Topspiele der Europa League für Österreich.

AI Artificial Intelligence – Künstliche Intelligenz im Mediensektor. → Seite 64 ff.

Alphabet Der Google/YouTube-Konzern ist Weltmarktbeherrscher der Werbung. → Seite 24 ff.

Amazon Prime Video Streaming vs. TV → Seite 89

Amtsgeheimnis In Österreich bei Redaktionsschluss 2023 trotz jahrzehntelanger Versprechen eines Informationsfreiheitsgesetzes noch nicht abgeschafft.

APA – Austria Presse Agentur Nachrichtenagentur und Technologieprovider im Besitz von ORF und Zeitungen (bis auf *Krone* und *Heute*). → Seite 119 f.

ATV Erster nationaler Privatsender, im Juni 2003 gestartet, gehört seit 2017 mit ATV zu ProSiebenSat1Puls4, Fokus: Reality/Dokusoap. → Seite 111

AUF1 Paradebeispiel extrem rechter Verschwörungsmedien. → Seite 186 f.

Beitrag (ORF-Beitrag) wird ab 2024 zur Finanzierung des ORF in Form einer Haushaltsabgabe von allen Haushalten (Hauptwohnsitzen, ausgenommen besonders einkommensschwache) und Unternehmen (nach Orten mit Betriebsstätten) statt der GIS eingehoben. → Seite 135 ff.

Beta Film Die bayerische Produktionsgruppe mit internationalem Gewicht gehört dem österreichischen Staatsbürger Jan Mojto, dem etwa auch die Klassikrechte-Firma Unitel gehört. Eigentümerin der in Österreich dominierenden Produktionsholding → Gamma Film GmbH.

Bezahlbereitschaft Journalismus braucht Finanzierung – die Bezahlbereitschaft online ist (nicht nur) in Österreich ausbaufähig. → Seite 86 f.

Bezirksblatt, Wiener Vierzehntägliche Gratiszeitung des Echo Medienhaus.

Bezirksblätter Gratiswochenzeitungen der RMA → Seite 115

Bundesländerinnen Gratismonatsmagazine von Moser Holding und Styria → Seite 115

Bundesländerzeitungen Oberbegriff für regionale Tageszeitung(sverlage) mit Gewicht im Zeitungsverband VÖZ, einem wesentlichen medienpolitischen Player. → Seite 114 ff.

Canal+ Austria Im April 2022 gestartete Streamingplattform für Österreich mit Ambitionen für andere A1-Märkte. Gehört zu je 50 Prozent A1 Telekom und Canal+ aus dem Vivendi-Konzern. Leistet sich ab 2024 Mittwochspiele der Fußball-Champions-League und Topspiele der Europa League für Österreich. Streaming → Seite 89

Community-Medien Nichtkommerzielle TV- und Radiokanäle wie Okto in Wien, Dorf TV in Linz, FS1 in Salzburg oder Radio Orange in Wien.

DAB+ Der digitale Radio-Standard bietet vielfach mehr Senderplätze als UKW, das es auf Sicht ablösen soll. Weil sich UKW-Marktführer ORF lange ziert und inzwischen Audiostreaming den Markt aufrollt, kommt DAB+ in Österreich eher langsam in die Gänge.

Daten, Datenquellen über Österreichs Medienlandschaft im Daten-Teil ab Seite 77 sowie auf → Seite 24 ff. (größte internationale Werbeumsätze)

Datum Monatsmagazin mit Qualitätsanspruch von Sebastian Loudon. → Seite 128

Desinformation → Seite 12 ff.

Digital News Report Größte internationale, jährlich durchgeführte Onlineumfrage über Medientrends des Reuters Instititute mit Österreich-Sonderausgaben. → Seite 79

Echo Medienhaus Wiener Mediengruppe im Besitz des Geschäftsführers Christian Pöttler und der Feibra-Gründerfamilie Feist mit *Wiener Bezirksblättern,* Donauinselfest. Gehörte bis 2012 einem SPÖ-Wien-nahen Verein.

EU Die Europäische Union spielt in der österreichischen Medienbranche eine wesentliche Rolle. Öffentliche Beihilfen dürfen den Wettbewerb in der EU nicht verzerren. Die EU muss neue Medienförderungen „notifizieren", also nach Prüfung abnicken. Ein EU-Verfahren gegen die ORF-Gebühr führte 2010 zu genaueren Vorgaben für ORF-Auftrag und GIS. 2023 bringen private Medien das neue ORF-Gesetz mit ORF-Beitrag wieder vor die EU-Wettbewerbsbehörden. Die EU arbeitet zudem 2023 an einem European Media Freedom Act, unter anderem mit Regeln über Politeinfluss auf insbesondere öffentliche Medien. Medienrelevant auch Wettbewerbsverfahren gegen marktbeherrschende Digitalriesen wie Alphabet/Google (ab 2022 auf Beschwerde privater Medienhäuser). Zudem Vorgaben für Datenschutz und digitale Regulierung wie Datenschutz-Grundverordnung, Digital Services Act, Digital Markets Act, Vereinbarungen mit USA über Datenschutz.

Exxpress → Seite 182 ff.

Facebook Der Meta-Konzern mit Facebook, Instagram, Google hat die weltweit zweitgrößten Werbeumsätze. Emotionsgetriebene Algorithmen helfen bei Propaganda, Hate Speech, Desinformation. → Seite 12 ff.

Fake News → Seite 12 ff.

Falter Verlagsgruppe Gehört Stiftungen von Geschäftsführer Siegmar Schlager (Andante, 37,5 %) und Herausgeber, Chefredakteur, Mitbegründer Armin Thurnher (Atelaia, 27,5 %) sowie Chefredakteur Florian Klenk (10 %) und den Rechtsanwälten Hans Michel Piëch (12,5 %) und Hannes Pflaum (12,5 %) → Seite 121

Fellner-Mediengruppe → Seite 164 f., 170 ff.

Fernsehen → Seite 90, 109 ff.

Finanzierung → Seite 23 ff.

FM4 Alternative-Sender des ORF, breitere Programmierung als Flankenschutz für das kommerzielle Ö3 immer wieder Thema.

Freie Radios Nichtkommerzielle Sender mit nicht professionellen Programmmachern und -macherinnen wie Orange 94.0 in Wien, Radio Agora (Kärnten), Radio Helsinki (Graz), Radiofabrik (Salzburg), Proton (Bregenz). *www.freier-rundfunk.at*

Funke Mediengruppe Größte deutsche Regionalzeitungs- und Magazingruppe in Familienbesitz, Miteigentümerin von *Krone* und *Kurier* und in ewigem Streit mit den Dichands, wer das Sagen bei der *Krone* hat. → Seite 166 ff.

Furche, Die Katholisch geprägte Wochenzeitung der Styria Media Group.

Gamma Film Die Holding im Besitz der deutschen Beta Film von Jan Mojto dominiert den österreichischen TV- und Streamingproduktionsmarkt mit Mehrheitsanteilen an MR-Film, Gebhardt Productions und TVfriends. Sie besitzt zudem 35 Prozent am Regionalfernsehmantelprogramm R9 (mit W24) und 15 Prozent am TV-Produktionsstandort Marx Media.

Ganze Woche Österreichs auflagenstärkste Wochenzeitung, älterer Boulevard mit teils eigenwilligen Kolumnen etwa der rechtskatholischen Gudula Walterskirchen. Gehört Verleger Rudolf Noah Falk.

GIS Die Rundfunkgebühr wird 2024 von einem ORF-Beitrag von allen abgelöst, eingehoben nach Hauptwohnsitzen und von Firmen. → Seite 135 ff.

Google Globaler Werbemarkt- und Suchmaschinen-Marktbeherrscher. → Seite 24 ff.

Herausforderungen für die Medienbranche ab → Seite 11 ff.

Ibiza-Video Die heimlich aufgezeichneten Fantasien von Heinz-Christian Strache über *Krone*-Einstieg und Medienmacht sprengte im Mai 2019 die ÖVP-FPÖ-Koalition – und damit auch deren schon fixfertiges ORF-Gesetz. → Seite 35, 122, 166

Info-Direkt Extrem rechtes Magazin aus Oberösterreich. → Seite 186 f.

Instagram Wichtigste Nachrichtenquelle für Menschen von 18 bis 24 in Österreich. → Seite 84

Informationsfreiheitsgesetz Österreich hat 2023 noch immer ein Amtsgeheimnis, ein Informationsfreiheitsgesetz mit Anspruch auf Zugang zu behördlichen Informationen ist seit Jahrzehnten versprochen.

Internetnutzung → Seite 94 f.

IP Österreich Werbevermarkterin vor allem der RTL-Programme in Österreich, gehört je zur Hälfte RTL Deutschland und der *Krone*. → Seite 111 f.

Journalismus → Seiten 37 bis 76

Kartellrecht Medienzusammenschlüsse → Seite 176 ff.

KI Künstliche Intelligenz → Seite 64 ff.

Kirche Kirchenmedien und kirchennahe Medien → Seite 188 f.

Kleine Zeitung Größte Bundesländerzeitung, gehört der Styria Media Regional GmbH. → Seite 115 f.

KommAustria Medienbehörde, weisungsfrei, geleitet von Michael Ogris. Entscheidet über Lizenzen, beaufsichtigt ORF und Privatsender rechtlich, beauftragt ORF-Wirtschaftsprüfer, prüft ORF-Beitrag, vergibt Presseförderung, Publizistikförderung, Journalismusqualitätsförderung. → Seite 193

Kronen Zeitung, „Krone" Größte, politisch einflussreiche Boulevardzeitung, größtes Printnachrichtenportal. Gehört der Familie Dichand (50 %) und der deutschen Funke-Gruppe/Signa-Gruppe von René Benko (50 %). Mit *Kurier* Eigentümer des Verlagskonzerns Mediaprint. → Seiten 160 ff., 166 ff.

Kronehit Größtes, lange Zeit das einzige nationale, kommerziell erfolgreiche Privatradio von *Krone* und *Kurier*.

Künstliche Intelligenz (KI, AI) Seite 64 ff.

Kurier Bürgerliche Tageszeitung von Raiffeisen (50,6 %) und deutscher Funke-Gruppe (49,4 %). Mit *Krone* Eigentümer des Verlagskonzerns Mediaprint. → Seite 118, 166 ff.

Media-Analyse → Seite 96 ff.

Mediaprint *Krone-Kurier*-Verlag, der größte Österreichs. → Seite 166 ff., 178 f.

Media Server Die Studie vergleicht Mediennutzung über Gattungen hinweg. Im Trägerverein: Verbände von TV, Radio, Plakat, Mediaagenturen. Daten unter *www.vereinmediaserver.at/*

Medienförderungen → Seite 148 ff.

Medienfreiheit → Seite 195 ff.

Mediengruppe Österreich → Seite 164 f., 170 ff.

Medienkonzerne Österreichs größte → Seite 102

Medienminister:in Ab 2022 Susanne Raab (ÖVP). Gibt es keine Medienminister:in, liegen die Agenden üblicherweise beim Bundeskanzler oder der Bundeskanzlerin. → Seite 127 ff.

Mediennutzung Daten ab → Seite 78 ff.

Medienpolitik → Seite 127 ff.

Medienrecht → Seite 196 f.

Medientransparenz → Seite 155 ff.

Medien Union Deutsches Medienunternehmen aus der SWMH-Gruppe *(Süddeutsche Zeitung)*, besitzt in Österreich insbesondere die Privatradiogruppe 88.6.

Message Control Schlagwort für sehr kontrolliertes Themenmanagement der ÖVP-FPÖ-Koalition unter Sebastian Kurz, geprägt von dessen „Medienbeauftragtem" Gerald Fleischmann.

Meta Mutterkonzern von Facebook, WhatsApp, Instagram → Seite 12 ff.

Monopol Bis 1993 hatte der ORF ein TV- und Radio-Sendemonpol, in einzelnen Übertragungstechnologien bis 2002.

Moser Holding Tirol dominierende Mediengruppe mit *Tiroler Tageszeitung* im Besitz der Familie Moser und der BTV. → Seite 116 f.

Netflix → Seite 89

News 1992 war die Wochenillustrierte erfolgreichste Gründung der Fellners, seither abgewirtschaftet, 2023 auf der Kippe zur Einstellung. → Seite 170 ff., 173 ff.

NÖN *Niederösterreichische Nachrichten,* Kaufwochenzeitung des NÖ Pressehauses im Besitz von Diözese St. Pölten (54 %), Pressverein in der Diözese (26 %) und Raiffeisen NÖ-Wien (20 %). → Seite 116 f.

ÖAK Österreichische Auflagenkontrolle → Seite 90 f.

Oberösterreichische Nachrichten → Seite 116 f.

Oe24 Medienmarke der Fellner-Mediengruppe für Gratiszeitung, Onlineportal, TV-Sender. → Seite 164 f., 170 ff.

Ö1 Info- und Kulturradio des ORF. → Seite 135 ff.

Ö3 Breit programmiertes Popprogramm des ORF, etwa so groß wie die Privatsender zusammen, wesentlich für Werbeeinnahmen des ORF. → Seite 135 ff.

Ö3 Wecker Die Ö3-Morgenshow ist neben der „ZiB" um 19.30 Uhr im ORF-Fernsehen eine der reichweitenstärksten Sendungen des Landes – und daher auch im Interesse der Politik.

Öffentlich-rechtlicher Auftrag → Seite 137 ff.

Okto Nicht kommerzieller Wiener Communitysender.

Onlinemedien → Seite 94 f.

Onlinewerbung → Seite 24 ff., 85 f.

ORF Größter und öffentlich-rechtlicher Medienkonzern in Österreich. → Seite 135 ff.

ORF.at Reichweitenstärkstes österreichisches Newsportal, soll 2024 auch verstärkt zum Streamingportal des ORF werden.

ORF-Beitrag Haushaltsabgabe für alle Haushalte (bis auf aus sozialen Gründen Befreite) und Firmen. Pro Haushalt 15,30 Euro von 2024 bis 2026, danach Anpassungen durch Stiftungsrat/Medienbehörde möglich. Bringt dem ORF ab 2024 bis 2026 jährlich im Schnitt 710 Millionen Euro. Für 2026 hat ORF schon 742,5 Millionen Euro Bedarf angemeldet, um den öffentlich-rechtlichen Auftrag zu finanzieren. → Seite 135 ff. Wofür der ORF seine Einnahmen verwendet: → Seite 146 ff.

ORF-Finanzen → Seite 145 ff.

ORF-Gesetz Ab 2024 neu mit ORF-Beitrag und eigenen Streamingformaten. Seite 129 f.

Österreich Seit 2006 Kauf-Zeitungsmarke der Fellner-Mediengruppe → Seite 164 f., 170 ff.

ÖWA Österreichische Web-Analyse → Seite 94 f.

Parteimedien und parteiische Medien → Seite 122 f., 182 ff.

Parteizeitung Letzte tägliche Parteizeitung ist das *Volksblatt* der ÖVP Oberösterreich. Parteimedien → Seite 122 f.

Politikeinfluss → Seite 127 ff., 131 ff., 135 ff., 148 ff., 155 ff., 166 ff., 182 ff., 186 ff., 190 ff., 195 ff.

Pragmaticus, Der Das Magazin war Dietrich Mateschitz letzte größere Mediengründung. → Seite 179 f.

Presse, Die Qualitätstageszeitung der Styria → Seite 118

Pressefreiheit → Seite 195 f.

Presseförderung → Seite 149

Presserat → Seite 192 f.

Privatfernsehen Verhinderung und Entwicklung → Seite 131 ff.

Privatradio Verhinderung und Entwicklung → Seite 131 ff.

Privatrundfunkförderung → Seite 151 f.

Profil Nachrichtenmagazin, seit 2019 wieder ganz im Besitz des *Kurier*.

ProSiebenSat1Puls4 Größte Privatsendergruppe in Österreich mit ATV, ATV 2, Puls 4, Puls 24, gehört ProSiebenSat1 Deutschland. Größter Aktionär des deutschen Mutterkonzerns mit fast 30 Prozent ist die MFE-Holding der Familie Berlusconi. → Seite 111f.

Publikumsrat (ORF) → Seite 135f.

Puls 4 Nationaler Privatsender von ProSiebenSat1Puls4; Fokus: Show, Info, Kauffilm/Serie. Seit 2019 Infokanal Puls 24. → Seite 111f.

R 9 Überregionales TV-Programm österreichischer Regionalfernsehsender. Gehört zu 35 Prozent Jan Mojtos Produktionsholding Gamma Film, zu 30 Prozent Werbe- und Kommunikationsunternehmer Rudi Kobza, zu 24 Prozent W24 TV der stadteigenen Wien Holding und zu 11 Prozent Kommunikationsunternehmer Niko Pelinka.

Radio → Seite 92f., 112, 132

Radiotest → Seite 92f.

Raiffeisen Genossenschaftlich geprägter Industrie- und Finanzkonzern, ÖVP-nah. Besitzt 50,6 Prozent am *Kurier* samt *Profil,* 20 Prozent am NÖ Pressehaus, 40 Prozent an ORF-Sendertochter ORS. Raiffeisen Oberösterreich besitzt den Regionalsender LT1.

Redaktionsgeheimnis Besonderer gesetzlicher Schutz journalistischer Recherchen, Informationen und Quellen. → Seite 192

Regierungswerbung Werbung öffentlicher Stellen, oft eingesetzt als informelle Medienförderung. Nach dem Medientransparenzgesetz offenzulegen. → Seite 155ff.

Reichweiten Laut Mediennutzungserhebungen einem bestimmten Zeitraum, teils über einen bestimmten Mindestzeitraum (Radio, TV) erreichte Menschen, in absoluten Zahlen oder in Prozent einer Zielgruppe.

RMA (Regionalmedien Austria) Österreichweiter Regionalwochenzeitungsgruppe von Styria und Moser Holding. → Seite 115f.

RMS Gemeinsame Werbe-Vermarktungsfirma der meisten österreichischen Privatradio-Sender. Gehört RMS Deutschland (79 Prozent) und zu je drei Prozent Kronehit, Antenne Steiermark, Live Radio Oberösterreich, NRJ, Arabella, Radio Austria, 88.6.

RTR GmbH Rundfunk- und TelekomregulierungsgmbH. Geschäftsstelle der Medienbehörde. Ihr Geschäftsführer – seit 2022 der frühere Arabella-Geschäftsführer Wolfgang Struber – entscheidet über einen Großteil der Medienförderungen. → Seite 148ff., 192f.

Rundfunk-Volksbegehren 1964 erstes und mit 832.353 eines der erfolgreichsten Volksbegehren in Österreich. Initiiert von den Zeitungen, Ziel: ein unabhängiger ORF. Ergebnis: das ORF-Gesetz von 1967 und Gerd Bacher an der ORF-Spitze. Seither gab es vor allem – weniger erfolgreiche – Volksbegehren gegen die GIS-Gebührenfinanzierung.

Russmedia Das Land Vorarlberg dominierende Medienhaus im Besitz der Familie Russ mit *Vorarlberger Nachrichten, Neue Vorarlberger*. International im Digitalgeschäft sehr aktiv. → Seite 117

Salzburger Nachrichten Regionaltageszeitung mit Qualitätsanspruch, gehört Familie Dasch. → Seite 116f.

Servus TV Reichweitenstärkster Privatsender im Besitz des Red Bull Media House, insbesondere mit Premium-Sportrechten und alternativem Nachrichten- und Talkzugang. → Seite 179 f.

Sky Pay-Plattform etwa mit österreichischen Bundesligarechten; gehört, Stand 2023, dem US-Konzern Comcast. Stoppt 2023 seine gesamte deutschsprachige Fiction-Produktion.

SLAPP-Klagen Strategic Lawsuits against Public Participation. Einschüchterungsklagen, auch gegen Medien eingesetzt.

Social Media → Seite 12 ff., 84

Sportrechte Premiumsportrechte, in Österreich neben Spitzenfußball und Formel 1 Skisport, sind Quotentreiber und viele Millionen schwer. Servus TV/Red Bull hält die Rechte an der Formel 1 (Juniorpartner: ORF). Servus TV hat zudem die Österreich-Rechte der Fußball-EM (Herren) 2024 und 2028. Canal+ Austria kaufte Mittwochspiele der Champions League und Topspiele der Europa League ab 2024.

Standard, Der Qualitätszeitung mit einem der größten Newsportale Österreichs und Medienforen im deutschsprachigen Raum, gehört Oscar Bronner (58,91 %), seinem Sohn und Vorstand Alexander Mitteräcker (19,96 %), seiner Frau Andrea Bronner (19,64 %) und MitarbeiterInnen (1,49 %). 1995 erste deutschsprachige Tageszeitung im Web. → Seite 118

Stiftungsrat (ORF) Oberstes Entscheidungsgremium im ORF, großteils von politischen Institutionen beschickt. → Seite 141 ff.

Streaming → Seite 87 ff., 111, 130

Styria Media Group Mutterkonzern von *Presse, Kleiner Zeitung*, beteiligt an Willhaben und RMA, im katholischen Stiftungsbesitz. → Seite 115 f.

Süddeutsche Zeitung Der Mutterkonzern der deutschen Qualitätszeitung besitzt in Österreich 88.6. Die *Süddeutsche* hielt in Österreich 1998 bis 2008 49 Prozent am *Standard*.

Telegram Messaging-Dienst, entwickelt in Russland, gern genutzt auch für weit rechts stehende Propaganda.

Teletest Nutzungserhebung für TV, basiert auf Nutzungsdaten in 1670 Testhaushalten, betrieben von der Arbeitsgemeinschaft der TV-Sender. Wird um – von Red Bull entwickelte – Nutzungsdaten auf TV-Geräten mit Internetverbindung ergänzt. Daten → Seite 90 f.

Tiroler Tageszeitung Größte Tageszeitung in Tirol, gehört der Moser Holding. → Seite 116 f.

TikTok Die chinesische Kurzvideoplattform ist laut Studie der Medienbehörde Ofcom in Großbritannien 2023 schon die wichtigste Nachrichtenquelle der 12- bis 15-Jährigen. Einer der weltgrößten Werbeträger. → Seite 24 f.

Verfassungsgerichtshof Trifft medienpolitische Grundsatzentscheidungen (und macht so de facto Medienpolitik). → Seite 128 ff., 131 ff.

Verlegerverband Synonym für den Zeitungsverband VÖZ. → Seite 127 ff.

Vertrauen in Medien → Seite 79 f.

VGN Größte österreichische Magazingruppe → Seite 121 f., 170 ff., 173 ff., 176 ff.

Volksblatt, Oberösterreichisches Letzte Parteitageszeitung Österreichs, über Treuhänder im Besitz der ÖVP. → Seite 122 f.

Volksbegehren → Rundfunkvolksbegehren

Vorarlberger Nachrichten Das Bundesland dominierende Regionaltageszeitung der Russmedia. → Seite 116 f.

VÖZ Verband Österreichischer Zeitungen, wesentlicher medienpolitischer Player. → Seite 127 ff.

W24 Wiener Regionalfernsehsender im Besitz der stadteigenen Wien Holding (WH Media), beteiligt am Regionalsendermantelprogramm und Vermarkter R9.

Werbung Lange wichtigste Finanzierung von Medien und Journalismus. → Seite 24 ff., 85 f.

Werbefenster Lange bevor österreichisches Privatfernsehen starten konnte, verkauften deutsche Kanäle wie RTL, Sat.1 und ProSieben in Österreich in ihren fixfertig für Deutschland produzierten TV-Programme eigene Werbeblöcke für Österreich – sogenannte Werbefenster. Sie konnten die Werbezeiten viel günstiger als der ORF und als österreichische Privatsender verkaufen, weil das Programm schon in Deutschland finanziert war. Die Fensterprogramme besetzten den Markt; und ProSiebenSat1Puls4 übernahm nach und nach österreichische Programme. → Seite 111 f., 131 ff.

WH Media Mediengruppe der stadteigenen Wien Holding etwa mit W24.

WhatsApp Messagingdienst von Meta.

Wien Die Stadt Wien ist die werbefreudigste öffentliche Institution, sie setzt Werbebuchungen nach eigenen Angaben auch als Medienförderung ein. Medientransparenz → Seite 155 ff. Seit 2019 hat Wien mit der Wiener Medieninitiative eine eigene Medienförderung für Medieninnovationen und Start-ups von 7,5 Millionen Euro über jeweils drei Jahre.

Wiener Zeitung 2023 als Tageszeitung eingestellt, Fortführung als Onlinemedium im Besitz und finanziert von der Republik Österreich → Seite 116 f.

Wimmer Holding Oberösterreichs dominierendes Medienhaus im Besitz der Familie Cuturi mit *Oberösterreichischen Nachrichten*, Gratiswochenzeitung *Tips*. → Seite 116 f.

Yoovidhya Die thailändische Unternehmerfamilie ist Mehrheitseigentümerin von Red Bull und damit auch des Red Bull Media House. → Seite 179

YouTube Die Google-Videoplattform ist eine der wichtigsten Nachrichtenquellen junger Menschen. → Seite 84

Zeit im Bild (ZiB) Weitaus meistgesehene Nachrichtensendung in Österreich, um 19.30 Uhr durchgeschaltet in ORF 1 und ORF 2. 2022 sahen im Schnitt 1,35 Millionen Menschen die ORF-Hauptnachrichten, das 55 Prozent der Menschen ab zwölf Jahren, die um 19.30 fernsahen und 42 Prozent der Fernsehenden unter 50. Die „ZiB 2" um 22 Uhr sahen 2022 im Schnitt 680.000 Menschen, Marktanteil 28 Prozent und 20 Prozent beim Publikum unter 50. Meistgesehene private TV-News: Servus TV Nachrichten um 19.20 Uhr mit 2022 186.000 Zuschauer:innen, und acht Prozent Marktanteil, sechs beim Publikum unter 50.

Zeitungsverband VÖZ → Seite 127 ff.

Index Personen

Aigelsreiter, Hannes Langjähriger ORF-Radiochefredakteur, seit 2023 ORF-Sportchef.

Apfl, Stefan Journalist und Gründer von #Hashtag für digitalen Video- und Audiojournalismus. → Seite 198

Asamer, Florian Chefredakteur der *Presse* ab November 2022 nach dem Rücktritt von Rainer Nowak im Gefolge der Chat-Affäre, fix ab Februar 2023. → Seite 62 (Beitrag)

Bacher, Gerd (1925–2015) Legendärer ORF-Generalintendant ab 1967, zweimal auf Betreiben der SPÖ abgelöst, zweimal wiedergekehrt. Zwei Comebacks und insgesamt fünf Amtszeiten wie er schaffte keiner.

Becker, Julia Verlegerin, Eigentümervertreterin, Aufsichtsratsvorsitzende der deutschen Funke-Mediengruppe, die zusammen mit René Benko 50 Prozent an der *Krone* und fast 50 Prozent am *Kurier* besitzt und seit Jahrzehnten mit den Dichands um das Sagen bei der *Krone* ringt. → Seite 166 ff.

Benko, René Der milliardenschwere Kopf der Signa-Gruppe (Immobilien, Handel) stieg zum Jahreswechsel 2018/19 bei der Österreich-Medienholding der Funke-Gruppe ein, die 50 Prozent an der *Krone* und fast 50 Prozent am *Kurier* besitzt. → Seite 166 ff., 124

Blimlinger, Eva Die Mediensprecherin der Grünen prägte Medienpolitik und medienpolitische Debatte in der Regierung von ÖVP und Grünen.

Breitenecker, Markus Baute für ProSiebenSat1 ab 1997 Österreichs größten Privatsenderkonzern ProSiebenSat1Puls4 auf, den er seither führt. → Seite 111 f.

Bronner, Oscar ist Gründer, Herausgeber und Mehrheitseigentümer des *Standard* und inzwischen wieder vor allem Maler und Bildhauer. Bronner hat 1971 *Profil* (heute beim *Kurier*) und *Trend* (VGN) gegründet. → Seite 60 (Beitrag), 118

Bruckenberger, Johannes Chefredakteur der Nachrichtenagentur APA seit 2019. Wird im Sommer 2023 als einer von drei künftigen ORF-Chefredakteuren gehandelt. → Seite 142

Cuturi Eigentümerfamilie der Oberösterreichischen Nachrichten/Wimmer Holding. Herausgeber **Rudolf Andreas Cuturi**, im Management drei seiner Söhne, **Gino, Paolo, Lorenz**.

Dasch Eigentümerfamilie der *Salzburger Nachrichten;* Herausgeber **Max Dasch**, Geschäftsführer **Maximilian Dasch jun.** → Seite 117

Dengler, Veit 2012 Mitbegründer der liberalen Partei Neos, war von 2013 bis 2017 CEO der Schweizer NZZ-Gruppe *(Neue Zürcher Zeitung).* 2018 bis 2021 Mitglied der Geschäftsführung der deutschen Mediengruppe Bauer.

Dichand Die Nachkommen des 2010 verstorbenen *Krone*-Gründers **Hans Dichand** besitzen gemeinsam 50 Prozent an der *Kronen Zeitung* – Witwe **Helga**, Kinder **Michael, Johanna und Christoph**, zugleich Herausgeber und Chefredakteur. Christoph Dichands Frau **Eva Dichand** ist Herausgeberin und über zwei Stiftungen beteiligt an *Heute* → Seite 112 ff.. *Krone* → Seite 160 ff., *Heute* → Seite 166 ff.

Dickstein, Susanne Seit 2022 Chefredakteurin der *Oberösterreichischen Nachrichten*.

Drumm, Corinna Seit 2010 Geschäftsführerin des Privatsenderverbandes VÖP.

Falk Manager **Kurt Falk** gründete mit Hans Dichand 1959 die *Kronen Zeitung*, zerstritt sich mit Dichand. Seine Anteile gingen 1987 an die deutsche Funke-Gruppe. Kurt Falk gründete 1985 die Wochenzeitung *Die ganze Woche* und griff die *Krone* ab 1992 mit der Billigtageszeitung *Täglich Alles* an. 2000 stellte er sie ein Sein Sohn **Rudolf Noah Falk** führt die *Ganze Woche* seit Falks Tod 2005 weiter.

Fellner Die Brüder **Wolfgang** und **Helmuth Fellner** gründeten eine Vielzahl von Medien bis zu *Österreich/Oe24*. Wolfgangs Sohn **Niki** und Helmuths Tochter **Alexandra Fellner** übernehmen 2022 62,5 Prozent beziehungsweise 37,5 Prozent an der Mediengruppe. → Seite 164f., 170ff.

Fleischhacker, Michael 2004 bis 2012 Chefredakteur der *Presse*, danach Kopf der 2017 eingestellten Aboplattform NZZ.at, Moderator bei Servus TV, danach bis zur Einstellung 2020 Chefredakteur von Dietrich Mateschitz' Rechercheplattform *Addendum*.

Fleischmann, Gerald war Kommunikationschef, Medienbeauftragter und Mister „Message Control" von Sebastian Kurz als ÖVP-Chef und Bundeskanzler. Ab November 2022 ÖVP-Kommunikationschef.

Föderl-Schmid, Alexandra 2007 bis 2017 Chefredakteurin des *Standard*, ab 2012 auch Co-Herausgeberin. Ab 2020 stellvertretende Chefredakteurin der *Süddeutschen Zeitung*. → Seite 41 (Beitrag)

Forgó, Nikolaus Pointierter Digitalrechtler, leitet das Institut für Innovation und Digitalisierung im Recht an der rechtswissenschaftlichen Fakultät der Uni Wien. Interviewreihe „Ars Boni" auf YouTube und als Podcast.

Gheneff, Huberta Die Wiener Rechtsanwältin gewann für die Dichands reihenweise Schiedsverfahren gegen die Funke-Gruppe. → Seite 166ff.

Grabner, Michael Aufsichtsratsvorsitzender und Fünf-Prozent-Gesellschafter der Stuttgarter Holding Dieter von Holtzbrinck Medien (*Handelsblatt, Wirtschaftswoche, Tagesspiegel*, 50 Prozent an der *Zeit*). Mit Familie Medienberater in Wien. War Gründungsgeschäftsführer der Mediaprint (→ Seite 112 f., 176 ff.), sitzt nun für Raiffeisen in deren Gesellschafterausschuss. Lange Geschäftsführer der Holtzbrinck-Medien.

Grasl, Richard Der Vize-Chefredakteur des *Kurier* ist seit 2023 zugleich Geschäftsführer des *Profil* und hat gute Chancen auf die von Raiffeisen bestimmten Geschäftsführungsjobs bei *Kurier* und Mediaprint. Der langjährige ORF-Journalist und ORF-Finanzdirektor mit guten ÖVP-Connections versuchte 2016, ORF-Generaldirektor zu werden und unterlag damals Alexander Wrabetz. ORF-Comeback durchaus möglich.

Groiss-Horowitz, Stefanie Programmdirektorin des ORF, davor Puls-4-Senderchefin.

Grünberger, Gerald Langjähriger Geschäftsführer des Zeitungsverbands mit engen ÖVP-Verbindungen. War etwa Anfang der 2000er Medienexperte von Medienstaatssekretär Franz Morak (ÖVP).

Herrmann, Klaus Ab 2015 geschäftsführender *Krone*-Chefredakteur, ab 2023 (parallel) Chefredakteur *Steirer-Krone*.

Hofer, Alexander 2023 als ORF-Landesdirektor für Niederösterreich eingesprungen, davor ORF-2-Chef, Unterhaltungschef. Könnte noch mehr werden im ORF.

Jansky, Wolfgang Geschäftsführer, Stiftungsvorstand und Online-Gesellschafter bei *Heute*, das er – bis dahin Pressesprecher von Werner Faymann (SPÖ) – im Sinne Faymanns und Hans Dichands 2004 gründete. → Seite 114 f.

Jeannee, Michael Ab 2007 schreibt der frühere *Bild*- und *Krone*-Starreporter in der Tradition von „Staberl" Richard Nimmerrichter eine *Krone*-Kolumne als eine Art Ventil der (medien-)ethisch unschönsten Seiten der österreichischen Volksseele.

Kickl, Herbert FPÖ-Vorsitzender seit 2021 und langjähriges Mastermind der Owned-Media-Strategie der FPÖ. → Seite 187

Klenk, Florian Chefredakteur des *Falter* mit großem Social-Media-Impact; hält seit Anfang 2021 zehn Prozent der Anteile. → Seite 42 (Beitrag), 121

Kogler, Michael Stellvertretender Leiter der (legistischen) Medienabteilung im Bundeskanzleramt, einer der wichtigsten Rundfunk- und Medienjuristen.

Koller, Andreas Langjähriger Politikchef der *Salzburger Nachrichten*, Präsident des Presseclubs Concordia, medienethische Instanz. → Seite 58 (Beitrag)

König, Philipp Geschäftsführer von Kronehit ab 2021, davor Medienexperte bei Sebastian Kurz' Medienbeauftragtem Gerald Fleischmann. War im ORF-Team von Richard Grasl als Finanzdirektor.

Kotynek, Martin Chefredakteur des *Standard* seit November 2017, davor stellvertretender Chefredakteur von *Zeit Online* in Berlin. → Seite 66 (Beitrag)

Kräuter, Harald Technikdirektor des ORF

Kropsch, Peter Ab 2016 Geschäftsführer der deutschen Nachrichtenagentur dpa, davor ab 2009 Geschäftsführer der APA.

Kurz, Sebastian Bundeskanzler und ÖVP-Chef 2017 bis 2021. Trat im Zuge der Ermittlungen der Wirtschafts- und Korruptionsstaatsanwaltschaft über den Verdacht von Inseratenkorruption in der Umfrage-Affäre zurück. → Seite 18, 35 f., 165 f.

Langanger, Herwig Vorstandsmitglied der Styria Media Group ab Mitte 2022 mit Medienerfahrung, ist dort auch zuständig für die *Kleine Zeitung*. Er führte ab 2014 die *Presse*.

Lehofer, Hans Peter Richter am Verwaltungsgerichtshof, erster Leiter der Medienbehörde KommAustria, einer der wichtigsten Medien- und Telekomrechtler und -blogger.

Lieb, Silvia Ab 2004 im Vorstand der Tiroler Moser Holding, ab 2024 Vorstandsvorsitzende.

Loudon, Sebastian Eigentümer des Monatsmagazins *Datum*. Wurde zweimal nur beinahe RTR-Geschäftsführer – die jeweiligen Medienminister zogen andere vor.

Mair, Markus Vorstandschef der Styria Media Group, führte davor Raiffeisen Steiermark. 2022 für fünf Jahre verlängert. Präsident des Zeitungsverbands VÖZ, bestellt bis 2024.

Mateschitz, Mark Sohn und Erbe von Gründer und Red-Bull-Medienerfinder Dietrich Mateschitz' Minderheitsanteil am Red-Bull-Konzern und seinem Mediahaus. → Seite 193 ff.

Milborn, Corinna Infodirektorin bei ProSiebenSat1Puls4. → Seite 44 (Beitrag)

Mintzlaff, Oliver Für Medien (und Sport) zuständiger Vorstand des Red Bull-Konzerns. → Seite 193 ff.

Mitteräcker, Alexander Alleinvorstand des *Standard* und Aktionär mit 19,96 Prozent der Anteile. Baute ab 1998 *derStandard.at* wesentlich mit auf, ab 2000 als Vorstand. → Seite 118 f.

Mojto, Jan Produzent von internationalem Rang, Eigentümer der Beta Film und mit der Gamma-Holding auch dominierender Produzent in Österreich mit Mehrheitsanteilen an MR Film,

Moser Verzweigte Eigentümerfamilie der Tiroler Moser Holding/*Tiroler Tageszeitung.* → Seite 116 f.

Mucha, Christian W. Branchenmedienverleger *(Extradienst, FM, Elite)* mit den Fellners ähnlichem Geschäftssinn.

Nowak, Rainer Langjähriger *Presse*-Chefredakteur und -Herausgeber; trat 2022 wegen Chats mit → Thomas Schmid über wechselseitige Karriereförderung zurück. Seit 2023 *Krone bunt*-Kolumnist. Dabei wird es nicht bleiben.

Nusser, Christian Chefredakteur von *Heute* von 2012 bis 2023. → Seite 46 (Beitrag)

Ogris, Michael Vorsitzender der Medienbehörde KommAustria seit 2004 und bestellt bis 2028 mit Vize **Susanne Lackner** und den Mitgliedern **Martina Hohensinn, Thomas Petz, Katharina Urbanek**. Medienbehörde → Seite 148 ff., 193

Oistric, Clemens Rückt bei heute.at Ende 2019 mit 27 zum Chefredakteur der Onlineplattform auf, 2023 zum Chefredakteur Online und Print, als Nachfolger von Christian Nusser.

Pándi, Claus Ab 2018 *Krone-Salzburg*-Chefredakteur, davor langjähriger Chronik- und Innenpolitik-Chef des Kleinformats, Größe auf X (früher Twitter). → Seite 54 (Beitrag)

Patterer, Hubert Wortgewaltiger Chefredakteur und Geschäftsführer der *Kleinen Zeitung.*

Perterer, Manfred Chefredakteur *Salzburger Nachrichten*

Pig, Clemens Geschäftsführender Vorstand der APA seit 2016.

Pirker, Horst Verleger, Herausgeber, Geschäftsführer, Mehrheitseigentümer der Magazingruppe VGN, davor bis 2010 Vorstandschef und Mastermind der Styria Media Group, dann Geschäftsführer des Red Bull Media House und Vorstandschef der Saubermacher AG. Sein Sohn **Georg** besitzt und managt die Mediengruppe Medecco mit *Parnass, Architektur aktuell*

Pokorny, Oliver Mitglied der Chefredaktion der *Kleinen Zeitung* ab 2023, davor Chefredakteur der *Steirer-Krone*, davor Radiomanager im Styria-Konzern.

Portisch, Hugo (1927–2021) Legendärer Journalist und Welterklärer im ORF mit spektakulären Zeitgeschichtereihen wie Österreich II und Österreich I. 1958 bis 1967 *Kurier*-Chefredakteur, Initiator des Rundfunkvolksbegehrens 1964.

Pres, Andreas Der deutsche Unternehmensberater saniert ab 2022 als Geschäftsführer die Mediengruppe Österreich. → Seite 170 ff.

Rami, Michael Verfassungsrichter und Medienanwalt, vertritt etwa Familie Dichand in Medienangelegenheiten.

Renner, Georg Gründer des Podcasts „Ist das wichtig?", war Innenpolitikchef der *Kleinen Zeitung* davor bei *Die Presse*, NZZ.at und *Addendum*. → Seite 56 (Beitrag)

Riedmann, Gerold Chefredakteur der *Vorarlberger Nachrichten*. → Seite 48 (Beitrag)

Rosam, Wolfgang Lobbyist, Gründer und Miteigner der größten PR-Agentur Rosam Grünberger Jarosch & Partner. Herausgeber und Mehrheitseigner der Genussmediengruppe Falstaff.

Russ Die Familie um **Eugen A. Russ** und Sohn **Eugen B. Russ** führt und besitzt über Stiftungen den Vorarlberger Medienkonzern Russmedia. → Seite 117

Salomon, Martina Chefredakteurin des *Kurier*, bestellt bis Herbst 2024.

Santner, Friedrich Der Unternehmer (Anton Paar GmbH) ist seit 2011 prägender Aufsichtsratschef der Styria Media Group und Vize-Vorstandschef in der Katholischer Medien Verein Privatstiftung.

Schell, Katharina Stellvertretende Chefredakteurin der APA, treibt dort die digitale Innovation voran. → Seite 64 (Beitrag)

Schipany, Martin Leiter des Presse- und Informationsdienstes der Stadt Wien (PID). Der PID-Chef managt große Teile des Werbebudgets der Stadt Wien, das ist eines der größten öffentlichen Schaltvolumina neben dem der Bundesregierung laut Medientransparenz-Meldungen.

Schindlauer, Eva Finanzdirektorin des ORF.

Schlager, Siegmar Falter-Geschäftsführer, über eine Stiftung beteiligt. → Seite 121

Schmid, Thomas Machtmanager der ÖVP von Sebastian Kurz als Generalsekretär im Finanzministerium. Die Wirtschafts- und Korruptionsstaatsanwaltschaft ermittelte mithilfe seiner Handy-Chats in Sachen mutmaßlicher Inseratenkorruption. → Seite 18 ff.

Schmitt, Richard War schon Chefredakteur von *U-Express* und *Heute*, von krone.at und *Oe24.at* sowie Oe24.TV. Gründete 2020 mit Eva Schütz das rechtskonservativ-parteiische Medium *Exxpress*. → Seite 182 ff.

Scholl, Maria Stellvertretende Chefredakteurin der APA, könnte zur Chefredakteurin aufrücken, wenn Johannes Bruckenberger ORF-Chefredakteur wird.

Schöber, Peter Gründungsgeschäftsführer und Programmkopf von → ORF 3, sehr breit vernetzt bis ins freiheitliche Lager. Wiederholt merkbare Ambitionen auf höhere ORF-Jobs.

Schrom, Matthias Wurde nach Regierungsbeteiligung der FPÖ 2018 vom einfachen, für die FPÖ zuständigen „ZiB"-Politikredakteur zum ORF-2-Chefredakteur und überzeugt selbst sehr kritische ORF-Journalisten durch sein praktisches Können. Trat im November 2022 nach Bekanntwerden von Chats mit dem damaligen Vizekanzler und FPÖ-Chef Heinz-Christian Strache zurück. Überwintert danach erst einmal als ORF-Projektleiter „Smart Producing".

Schütz, Eva Herausgeberin und Eigentümerin des *Exxpress*. Die Rechtsanwältin war zuvor etwa Kabinettsmitarbeiterin im ÖVP-geführten Finanzministeriums bei Thomas Schmid. → Seite 182 ff.

Settele, Matthias Der österreichische Medienmanager ist 2013 bis 2023 sehr erfolgreicher Generaldirektor des größten slowakischen und privaten TV- und Streamingsenders Markiza. 2021 als ORF-General im Gespräch. Medienberater für RTL Group, MTG/Viasat und CME sowie den ORF vor Markiza. Ehemaliger Büroleiter von → Gerhard Zeiler im ORF.

Strobl, Pius Grüner Manager im ORF. War Gründungsgeschäftsführer der Grünen, später gewichtiger ORF-Kurator und Stiftungsrat der Grünen.

Struber, Wolfgang Der Geschäftsführer der RTR GmbH seit 2022 entscheidet über einen großen Teil der Medienförderungen wie Privatrundfunkförderung, Digitaltransformationsförderung, Fernsehfonds. → Seite 148 ff.

Thalhammer, Anna Chefredakteurin des *Profil* ab März 2023, davor Investigativreporterin der *Presse*. → Seite 43 (Beitrag)

Thurnher, Armin *Falter*-Herausgeber, Chefredakteur, Mitbegründer und über eine Stiftung beteiligt. → Seite 59 (Beitrag), 121

Thurnher, Ingrid Langjährige ORF-Journalistin, seit 2022 Radiodirektorin des ORF. Könnte noch Infodirektorin im ORF werden.

Tillian, Michael Medienmanager und Sanierer, wird 2023 als Kandidat für die Geschäftsführung von *Krone* und Mediaprint, entsandt von der Funke-Gruppe gehandelt. Zuvor *Freie Presse Chemnitz*, Russmedia Investment, Styria.

Traimer, Matthias Leiter der (legistischen) Medienabteilung im Bundeskanzleramt, einer der wichtigsten Rundfunk- und Medienrechtler.

Totzauer, Lisa Journalistin und Medienmanagerin. Forderte 2021 den Favoriten der ÖVP-Mehrheit im ORF-Stiftungsrat bei der Generalsbestellung heraus. General wurde Roland Weißmann, Totzauer ist seither TV-Magazinchefin. → Seite 51 (Beitrag)

Unterberger, Andreas Der sehr weit rechtskonservative ehemalige Chefredakteur von *Die Presse* und *Wiener Zeitung* betreibt mit seinem *Tagebuch* eines der erfolgreichsten Bezahlangebote österreichischer Journalist:innen.

Walterskirchen, Gudula Der *Presse* zu weit im klerikal-rechtskonservativen Spektrum, als Herausgeberin selbst den *Niederösterreichischen Nachrichten* nicht ganz geheuer, schreibt die Publizistin 2023 recht eigene Kolumnen in der → *Ganzen Woche*.

Warzilek, Alexander Langjährger Geschäftsführer des Österreichischen Presserats.

Wegscheider, Ferdinand Intendant von Servus TV mit TV-Kommentarformat „Der Wegscheider". → Seite 179 ff.

Weißmann, Roland ORF-Generaldirektor und damit Alleingeschäftsführer des größten Medienkonzerns im Land seit 2022; bestellt 2021 dank einer ÖVP-nahen Mehrheit im Stiftungsrat bis Ende 2026. Verhandelte das neue ORF-Gesetz 2023.

Windhager, Maria Medienanwältin, vertritt etwa den *Standard* und Ex-Grünen-Chefin Eva Glawischnig gegen Facebook.

Wolf, Armin „ZiB 2"-Anchor seit 2002, Macht auf X (früher: Twitter) und Blogger, vermutlich Österreichs bekanntester Journalist. → Seite 47 (Beitrag)

Yoovidhya Thailändische Unternehmerfamilie mit entscheidender Mehrheit bei Red Bull. → Seite 179 ff.

Zach, Thomas Der Unternehmensberater organisiert die ÖVP-nahe Fraktion im ORF-Stiftungsrat, die jedenfalls bis zur Nationalratswahl 2024 oder einer ORF-Gremienreform die Mehrheit stellt.

Zeiler, Gerhard Österreichs internationalster Medienmanager. 2023 President International von Warner Bros. Discovery. War davor schon Chief Revenue Officer von Warner Media, langjähriger CEO der RTL Group und von 1994 bis 1998 Generaldirektor des ORF. Der Wiener begann als Pressesekretär des SPÖ-Ministers und Bundeskanzlers Fred Sinowatz, ORF-Generalsekretär unter Thaddäus Podgorski und RTL-2-Geschäftsführer.

Zinggl, Walter Geschäftsführer der RTL-Vermarktung IP in Österreich, davor unter anderem Werbechef des ORF.

Zöchbauer, Peter Medienanwalt, vertritt etwa Mediengruppe Österreich, Novomatic, OMV gegen *Dossier*.

Mehr über Medien und über Medien in Österreich

Bücher:

Clemens Pig (2023): Democracy dies in Darkness. Fake News, Big Tech, AI: Hat die Wa(h)re Nachricht eine Zukunft? Verlag Brandstätter.

Fritz Jergitsch (2021): Die Geister, die ich teilte. Wie soziale Medien unsere Freiheit bedrohen. Residenz Verlag.

Corinna Milborn, Markus Breitenecker (2018): Change the Game. Wie wir uns das Netz von Facebook und Google zurückerobern. Verlag Brandstätter.

Medienhaus Wien: Journalismus-Report (Reihe über Journalismus in Österreich). Facultas Verlag.

Andreas Wetz (2021): Näher als erlaubt. Wie sich die Politik mit Steuergeld Medien kauft. VGN Buch.

Andy Kaltenbrunner (2021): Scheinbar transparent. Inserate und Presseförderung der österreichischen Bundesregierung. Delta Verlag. (Studienreihe)

Michael Kogler, Matthias Traimer: Rundfunkgesetze. Verlag Medien & Recht. (Reihe, neue, aktualisierte Auflage nach neuem ORF-Gesetz erwartet)

Matthew Ball (2023): The Streaming Book. *www.thestreamingbook.com/*

Links:

„Digital News Report" des Reuters Institute (jährlich)
digitalnewsreport.org (international)
digitalnewsreport.at (Österreich)

www.kobuk.at (Medienwatchblog)

www.mimikama.org (Faktencheck)

diemedien.at (Harald Fidlers Online-Medienlexikon, derzeit im Umbau, Herbst 2024 Neustart geplant)

uebermedien.at (Medienwatchblog, Deutschland)

www.niemanlab.org (Studien und News über die Zukunft des Journalismus, USA)

Medien:

derStandard.at/Etat Medienchannel des *Standard*

Falter Wöchentlicher Medienteil

kurier.at/kultur/medien Medienseite des *Kurier*

horizont.at Medien-Branchendienst Manstein-Verlag/Deutscher Fachverlag

https://www.axios.com/economy-business/media

https://www.cnn.com/newsletters/reliable-sources
CNN-Mediensendung, Podcast, Newsletter

https://www.bloomberg.com/authors/AR-UXAoIWJM/lucas-shaw
Lucas Shaw / Bloomberg Newsletter